青岛海关年鉴

2023

《青岛海关年鉴（2023）》编纂委员会　编

中国海关出版社有限公司
·北京·

图书在版编目（CIP）数据

青岛海关年鉴 . 2023 / 《青岛海关年鉴（2023）》编纂委员会编 . -- 北京：中国海关出版社有限公司，2024.6. --（中国海关史料丛书）. --ISBN 978-7-5175-0815-1

Ⅰ. F752.55-54

中国国家版本馆 CIP 数据核字第 2024J30Y10 号

青岛海关年鉴（2023）

QINGDAO HAIGUAN NIANJIAN （2023）

作　　者：《青岛海关年鉴（2023）》编纂委员会
责任编辑：熊　芬
责任印刷：孙　倩
出版发行：中国海关出版社有限公司
社　　址：北京市朝阳区东四环南路甲 1 号　　邮政编码：100023
编 辑 部：01065194242-7528（电话）
发 行 部：01065194221/4238/4246/5127（电话）
社办书店：01065195616（电话）
https://weidian.com/?userid=319526934（网址）
印　　刷：北京新华印刷有限公司　　经　　销：新华书店
开　　本：889mm × 1194mm　1/16
印　　张：20.75　　字　　数：502 千字
版　　次：2024 年 6 月第 1 版
印　　次：2024 年 6 月第 1 次印刷
书　　号：ISBN 978-7-5175-0815-1
地图审图号：GS 京（2022）1441 号
定　　价：260.00 元

《青岛海关年鉴（2023）》编纂委员会

#《青岛海关年鉴（2023）》编辑部

编写说明

一、《青岛海关年鉴》由青岛海关组织编纂，旨在全面、客观、系统地记述、反映青岛海关上一年度的工作面貌和发展历程，是集权威性、综合性、实用性为一体的资料性工具书，每年出版一卷，本卷为第二卷。

二、《青岛海关年鉴（2023）》的编纂坚持以习近平新时代中国特色社会主义思想为指导，载录2022年度青岛海关工作的基本情况，包括青岛海关改革发展的重要举措、重大事件以及成绩和经验，以记录历史、凝心聚力，为推动新时代现代化强关建设提供精神动力和史实支撑。

三、《青岛海关年鉴（2023）》记述时间为2022年1月1日至12月31日。记述范围为青岛海关及隶属海关单位、直属事业单位管辖事务。

四、《青岛海关年鉴（2023）》采用分类编辑法，设类目、分目、条目3个层级，有特载、专记、大事记、党的建设、业务建设、综合保障、隶属海关、直属事业单位、荣誉榜、海关统计资料共10个类目，以条目为基本记述单元。卷首设专题图片，撰稿人按姓氏笔画排序。

五、《青岛海关年鉴（2023）》统计数据和单位名称以及标点符号均按国家有关规定执行，计量单位采用国家法定计量单位和国际单位，技术规范、专业名词从规范要求。本年鉴所用“同比”，均指“比上年”。

六、由于统计数据来源、口径、方式、时间等不同，所载数据存在不一致的，以统计部门公布的数据为准。

青岛海关

例尺 1 ： 1 900 000　0 19 38 57 76千米

序号	隶属海关及派出机构
1	海关总署风险防控局（青岛）
2	黄岛海关
3	烟台海关
	烟台海关驻机场办事处
	烟台海关驻港口办事处
	烟台海关驻邮局办事处
	烟台海关驻芝罘办事处
	烟台海关驻八角办事处
	烟台海关驻招远办事处
4	青岛胶东机场海关
5	青岛大港海关
6	董家口港海关
7	青岛邮局海关
8	即墨海关
9	胶州海关
10	日照海关
	日照海关驻岚山港办事处
11	威海海关
	威海海关驻机场办事处
	威海海关驻海港办事处
	威海海关驻邮局办事处
	威海海关驻文登办事处
12	龙口海关
13	荣成海关
	荣成海关驻龙眼港办事处
	荣成海关驻石岛港办事处

序号	类型	口岸名称	批准开放时间	口岸性质
1	航空口岸（4个）	青岛航空口岸	1992.9	国际常年
2		烟台航空口岸	1997.1	国际常年
3		威海航空口岸	2004.10	国际常年
4		临沂航空口岸	2019.11	国际常年
5	水运口岸（11个）	青岛水运口岸	1953.3	国际常年
6		烟台水运口岸	1953.3	国际常年
7		威海水运口岸	1984.12	国际常年
8		龙口水运口岸	1984.12	国际常年
9		日照水运口岸	1986.5	国际常年
10		石岛水运口岸	1988.12	国际常年
11		蓬莱水运口岸	1996.7	国际常年
12		莱州水运口岸	1996.11	国际常年
13		龙眼水运口岸	1999.8	国际常年
14		董家口水运口岸	2016.7	国际常年
15		海阳水运口岸	2019.12	国际常年

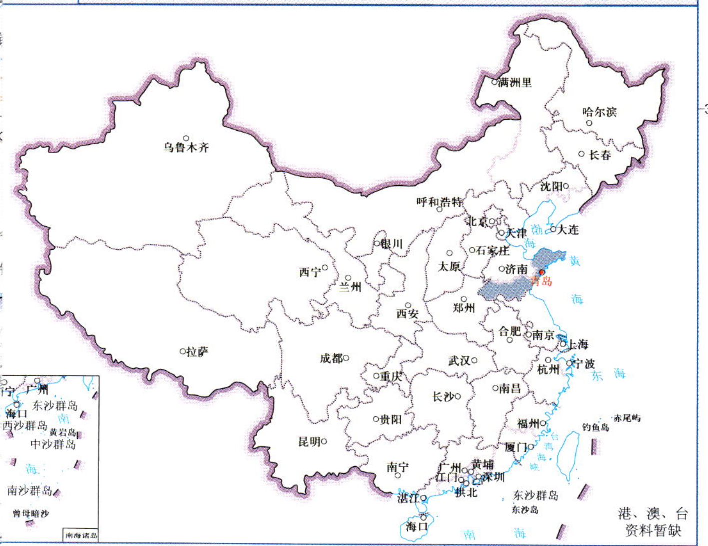

图　例

	直属海关单位	⊙廷布	外国首都		地级市界
	隶属海关		自治州行政中心 地区、盟行政公署驻地		县（区、市）界
	派出机构	⊙东城区	县（区、市）政府		铁路
	海关特殊监管区域	○庞各庄镇	乡（镇）政府、街道办事处		高速公路及编号
	口岸	北京首都国际机场	机场		国道
	铁路口岸		山峰　高程		省道
	水运口岸		国界		其他道路
	航空口岸		未定国界		河流　湖泊
	公路口岸		地区界		沟渠
	境外口岸		军事分界线		桥梁　渡口
⊙北京市	首都		省界		港口　码头
◉石家庄市	省政府		未定省界		长城
◎廊坊市	地级市政府		特别行政区界		珊瑚礁

注：本书中的关境图，不包括香港，澳门，台湾、澎湖、金门、马祖单独关税区。

海关专题图片

领导活动

^ 2022 年 8 月 12 日，驻署纪检监察组组长、海关总署党委委员王林（前排中）在海信集团调研

^ 2022 年 8 月 18 日，青岛海关党委委员、副关长兼政治部主任王学全（左二）在临沂市兰陵县长城镇“第一书记”所在村调研

^ 2022 年 8 月 2 日，青岛海关党委委员、副关长石勇参加海关、税务支持上合新区发展政策发布暨战略合作协议签约仪式

^ 2022 年 6 月 26 日，青岛海关党委委员、缉私局局长陈建新（左一）参加青岛市禁毒委举办的“6 · 26”国际禁毒日禁毒主题宣传活动

^ 2022 年 12 月 6 日，青岛海关党委委员、副关长王洪兵（中）在所属黄岛海关调研

^ 2022 年 1 月 27 日，青岛海关党委委员、党委纪检组组长闵飞（右一）在所属青岛胶东机场海关调研

^ 2022 年 9 月 22 日，青岛海关党委委员、海关总署风险防控局（青岛）局长朱宏（右二）在海阳比艾奇电子有限公司调研

^ 2022 年 6 月 9 日，青岛海关党委委员、副关长袁涛（右二）在所属日照海关调研

铸忠诚

^ 2022 年 1 月 4 日，青岛海关所属莱州海关关员集体学习党建有关辅导材料

^ 2022 年 1 月 19 日，青岛海关召开党的二十大和省第十二次党代会代表推荐提名和选举工作部署会

^ 2022 年 6 月 28 日，青岛海关举行 2022 年度“光荣在党 50 年”纪念章颁发仪式

^ 2022 年 8 月 8 日，青岛海关举行宪法宣誓仪式

> 2022年9月15日，青岛海关对新入职关员开展准军训练

> 2022年10月14日，青岛海关所属青岛胶东机场海关团总支举行“青春心向党　喜迎二十大”主题活动

> 2022年10月16日，青岛海关所属青岛大港海关原产地管理科组织集体收看党的二十大开幕会

> 2022 年 10 月 19 日，青岛海关所属荣成海关人事政工科党支部开展“数读二十大　领学我先行”主题活动

˅ 2022 年 10 月 20 日，“中国海关 752”艇关员参加青岛开放水域海上联合执法行动，为护航党的二十大筑牢海防一线

^ 2022 年 10 月 21 日，青岛海关所属青岛胶东机场海关团总支开展“纸短情长　青春寄语二十大”主题活动

^ 2022 年 10 月 26 日，青岛海关关税处党支部与海克斯康制造智能技术（青岛）有限公司党总支开展党建联建活动

> 2022 年 11 月 1 日，青岛海关技术中心党员干部集体学习党的二十大报告

> 2022 年 11 月 16 日，青岛海关所属烟台海关青年关员手绘党的二十大报告思维导图

担使命

^ 2022 年 1 月 12 日，青岛海关支持北京冬奥会、冬残奥会支援工作队整装待发，部分团队成员合影留念

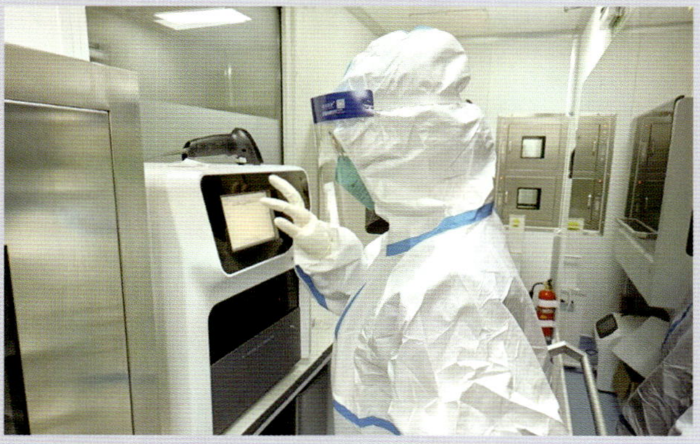

^ 2022 年 1 月 19 日，北京市卫生健康委员会专家组对青岛海关移动检测方舱进行新冠病毒核酸样本平行实验

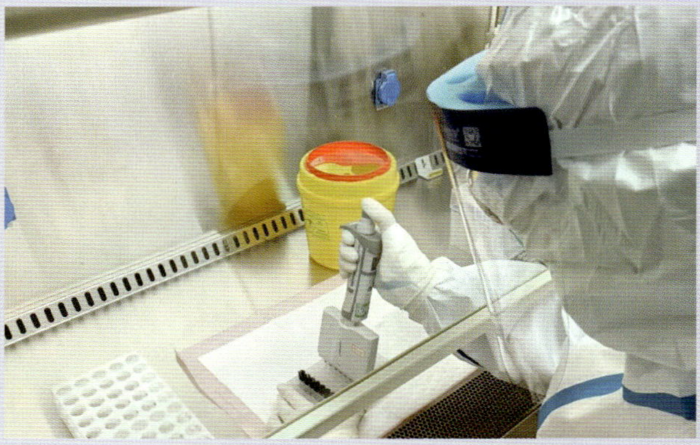

^ 2022 年 1 月 27 日，青岛海关支援人员在移动检测方舱对北京冬奥会、冬残奥会相关航班入境人员的核酸样本开展检测

^ 2022 年 1 月 31 日，青岛海关支援人员在北京冬奥会、冬残奥会入境人员检测保障现场自发录制拜年视频

^ 2022 年 4 月 20 日，青岛海关举办支援北京冬奥会、冬残奥会人员表彰会

^ 2022 年 8 月 2 日，海关支持上合新区发展政策发布暨战略合作协议签约仪式在胶州召开

^ 2022 年 10 月 18 日，青岛海关所属胶州海关关员验核上合示范区多式联运中心欧亚班列过境集装箱封志

> 2022 年 10 月 27 日，青岛海关所属胶州海关关员监管冷链集装箱

v 2022 年 9 月 28 日，青岛海关所属胶州海关关员现场监管中国上合示范区至乌兹别克斯坦撒马尔罕的首列专列

^ 2022 年 7 月 18 日，青岛海关所属黄岛海关关员通过知识产权商标智能识别应用对查验货物商标进行鉴定

^ 2022 年 8 月 29 日，青岛海关所属青岛大港海关关员运用无接触式检疫设备对入境换班船员进行测温和流调

< 2022 年 11 月 23 日，青岛海关所属日照海关关员操作无人机执行水尺鉴定任务

< 青岛海关所属黄岛海关在青岛港全自动化集装箱码头利用先期机检设备进行查验

> 2022 年 3 月 30 日，青岛海关所属即墨海关关员监管国产 H135 直升机出口海外市场

> 2022 年 8 月 15 日，黄河流域海关、港口、铁路、自贸试验区等 24 家单位共同发起“服务黄河流域生态保护和高质量发展”关港铁区大协作机制（青岛）倡议

^ 2022 年 9 月 23 日，青岛海关缉私警察联合巡查组开展码头安全巡查

^ 2022 年 10 月 19 日，青岛海关组织开展关区疫情内部防控桌面推演

守国门

^ 2022 年 2 月 18 日，青岛海关缉私警察清点查获的走私卷烟

< 2022 年 4 月 1 日，青岛海关所属日照海关关员对暂时进出境出口展销汽车进行现场监管

< 2022 年 4 月 14 日，青岛海关所属烟台海关关员查看扇贝苗养殖情况

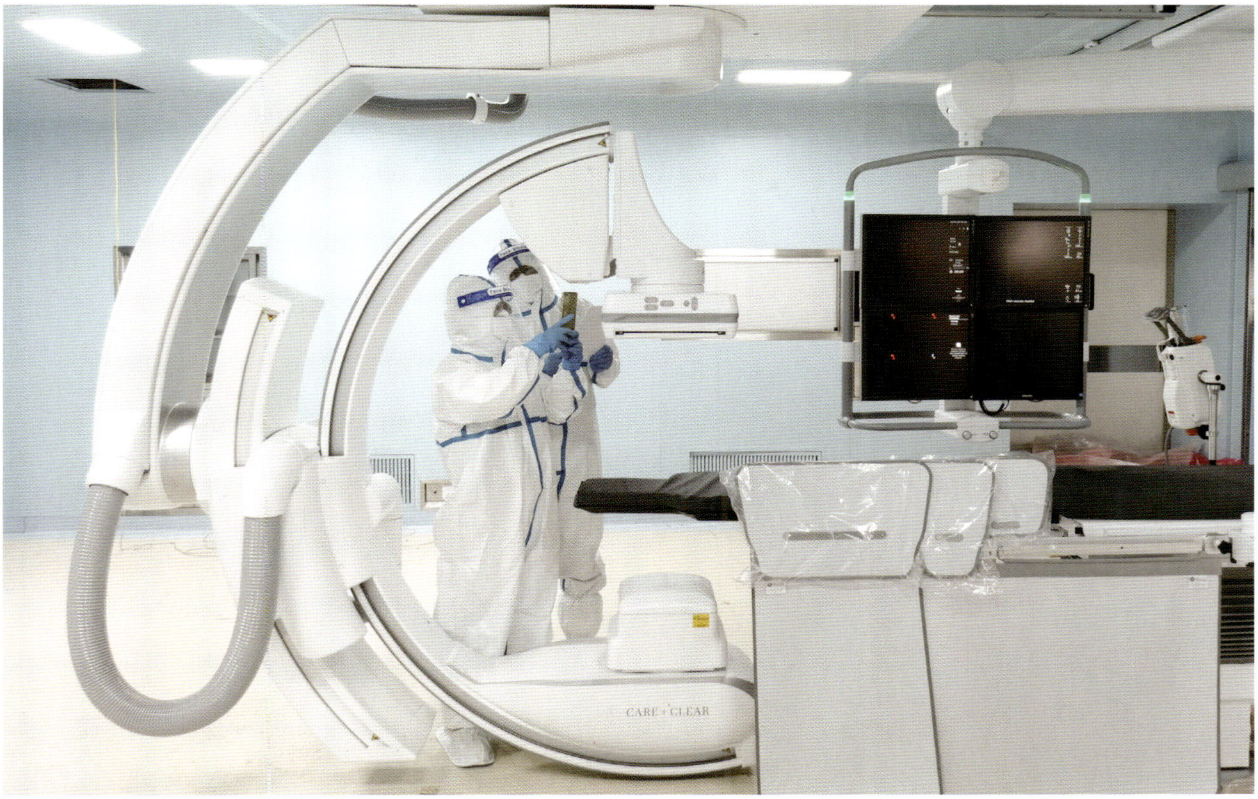

^ 2022 年 4 月 22 日，青岛海关所属青岛大港海关关员对进口医疗设备实施查验

^ 2022 年 4 月 22 日，青岛海关所属青岛胶东机场海关关员监管出口跨境电商货物

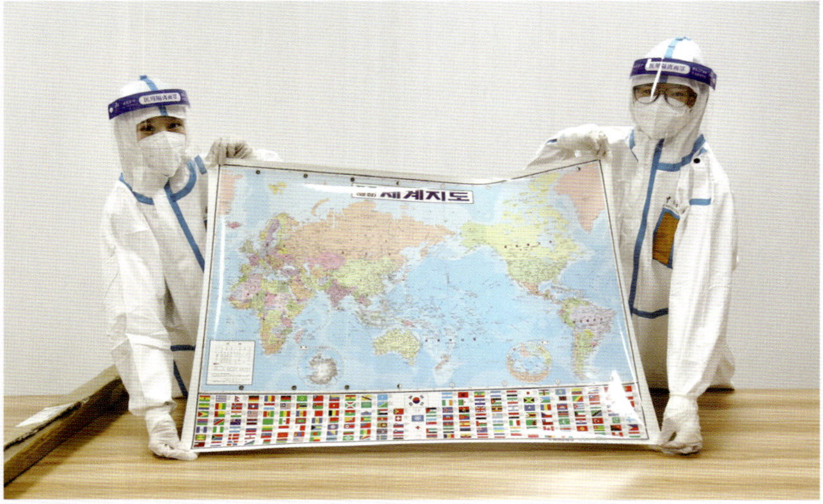

< 2022 年 4 月 25 日，青岛海关所属烟台海关关员查获“问题地图”

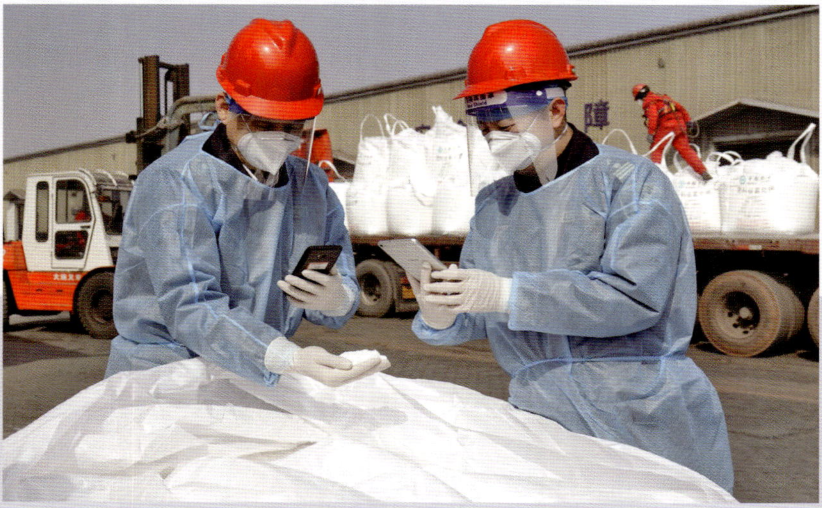

< 2022 年 4 月 29 日，青岛海关所属烟台海关关员现场监管验放进口钾肥

^ 2022 年 5 月 11 日，青岛海关所属即墨海关关员查验进境火龙果

^ 2022 年 5 月 19 日，青岛海关所属青岛邮局海关关员展示查获的走私进口服装

^ 2022年6月14日，青岛海关所属日照海关关员对进口再生铜原料实施现场查验

> 2022年6月20日，青岛海关所属青岛胶东机场海关关员对入境旅客携带的宠物进行现场检疫

^ 2022 年 6 月 20 日，青岛海关所属荣成海关关员在修船企业开展监管

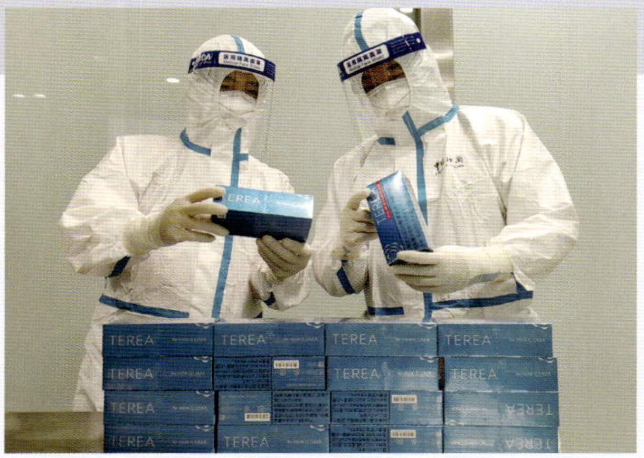

^ 2022 年 7 月 18 日，青岛海关所属青岛胶东机场海关关员查获违规超量携带入境的电子烟烟弹

^ 2022 年 8 月 4 日，青岛海关缉私局清点查获的用蟒蛇皮制作的乐器

^ 2022 年 8 月 18 日，青岛海关所属日照海关关员开展进口植物油查验

v 2022 年 8 月 24 日，青岛海关所属黄岛海关关员查获进口旧汽车

^ 2022 年 9 月 15 日，青岛海关所属烟台海关关员展示查获的博彩用品

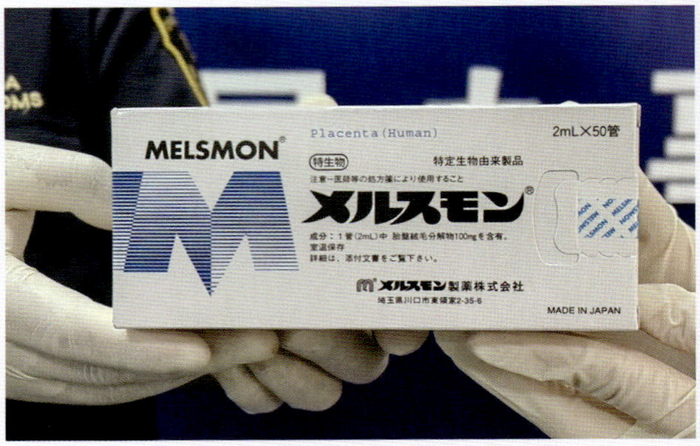

^ 2022 年 9 月 23 日，青岛海关所属威海海关关员查获违规携带入境的注射用人胎素

< 2022 年 9 月 27 日，青岛海关所属青岛胶东机场海关关员查获违规携带进境的植物盆栽

< 2022 年 9 月 29 日，青岛海关所属青岛大港海关关员对出口日本的蝴蝶兰进行现场检疫查验

> 2022年10月10日，青岛海关所属黄岛海关关员查获进口废旧木桶

∨ 2022年11月24日，青岛海关所属黄岛海关关员查获涉嫌侵权的点火线线圈

促发展

> 2022 年 1 月 21 日，青岛海关所属日照海关关员在发动机企业开展原产地调研

< 2022 年 2 月 15 日，青岛海关所属威海海关关员到辖区 AEO 企业送政策上门

< 2022 年 2 月 28 日，青岛海关所属即墨海关关员现场查验供港蔬菜装运情况

> 2022 年 2 月 28 日，青岛海关所属临沂海关关员在香菇菌棒生产基地调研

< 2022 年 3 月 3 日，青岛海关所属莱州海关关员查验出口的白醋

> 2022 年 3 月 22 日，青岛海关所属日照海关关员现场查验出口的宠物用房屋片

< 2022年4月21日，青岛海关所属青岛大港海关关员到辖区企业宣讲政策法规

∨ 2022年4月28日，青岛海关所属黄岛海关关员现场监管水水中转船舶作业

^ 2022 年 5 月 7 日，青岛海关所属烟台海关关员现场监管出境货运包机

^ 2022 年 5 月 11 日，青岛海关所属荣成海关关员到企业了解水果罐头出口中存在的困难

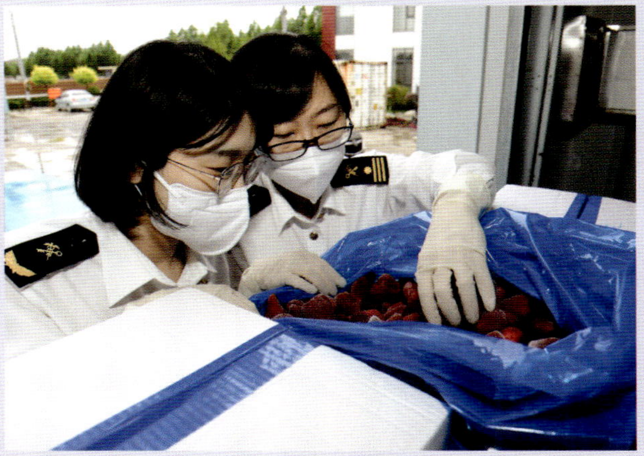

^ 2022 年 5 月 25 日，青岛海关所属青岛大港海关关员对出口冷冻水果进行现场查验

< 2022 年 6 月 17 日，青岛海关所属烟台海关关员在出口注册果园开展有害生物本底调查

∨ 2022 年 9 月 20 日，青岛海关所属黄岛海关关员到海藻产品出口企业了解通关需求

^ 2022 年 9 月 30 日，青岛海关所属青岛大港海关关员到纺织品出口企业开展现场调研

v 2022 年 10 月 8 日，青岛海关所属蓬莱海关关员在酿酒葡萄种植基地开展源头监管

2022 年 10 月 11 日，青岛海关所属蓬莱海关关员现场监管汽车整车出口

^ 2022 年 11 月 25 日，青岛海关所属即墨海关关员在企业调研世界杯比赛用旗帜生产情况

^ 2022 年 12 月 15 日，青岛海关所属济宁海关关员到企业查验即将出口的干荷叶

齐奋斗

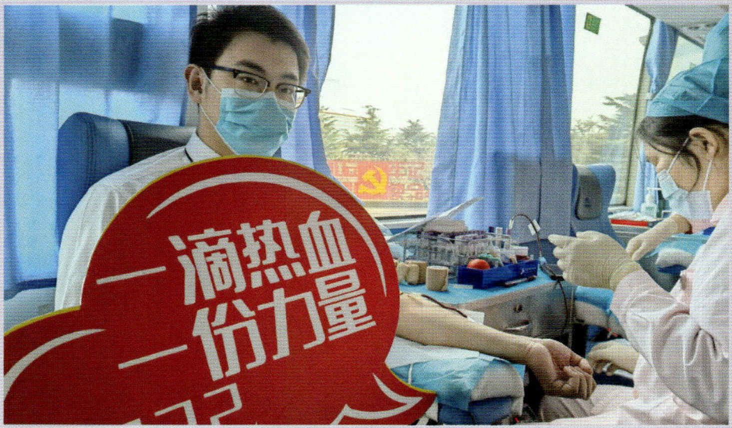

> 2022 年 3 月 1 日，青岛海关所属黄岛海关组织开展无偿献血活动

> 2022 年 4 月 10 日，青岛海关所属莱州海关关员为小学生讲解外来入侵物种标本

< 2022 年 4 月 28 日，青岛海关所属青岛大港海关机关团总支与青岛市市南区税务局团委开展联学共建活动

^ 2022 年 5 月 26 日，青岛海关所属济宁海关关员开展《中华人民共和国民法典》宣传活动

^ 2022 年 5 月 27 日，青岛海关机关工会开展爱心助农活动

> 2022 年 6 月 14 日，青岛海关所属日照海关关员在“枫桥经验”工作室为企业解答问题

v 2022 年 7 月 12 日，青岛海关举行专家工作室授牌仪式

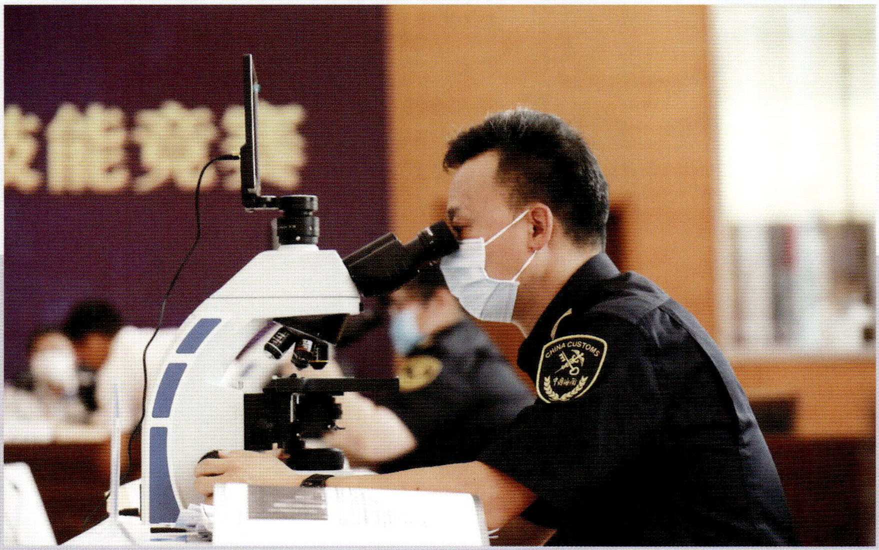

< 2022 年 7 月 22 日，青岛海关举办外来入侵植物检疫性线虫鉴定技能竞赛

< 2022 年 9 月 8 日，青岛海关所属青岛大港海关组织参观青岛市清廉家风馆

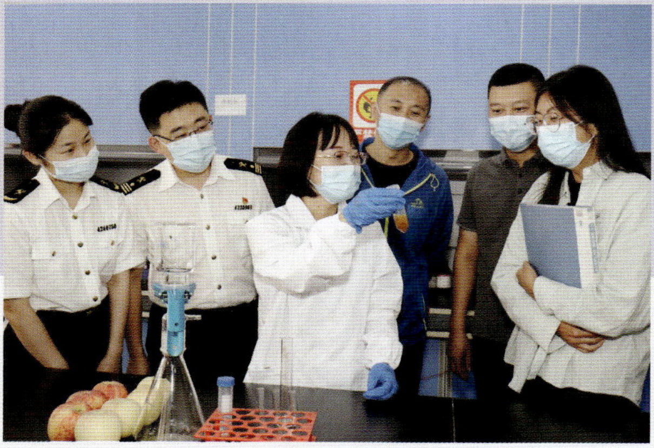

^ 2022 年 9 月 16 日，青岛海关所属莱州海关开展“全国食品安全宣传周——实验室开放日”活动

^ 2022 年 9 月 20 日，青岛海关所属烟台海关组织开展进境集装箱放射性超标应急处置演练

^ 2022 年 10 月 29 日，青岛海关举办疫情防控一线关员亲子系列活动

^ 2022 年 11 月 16 日，青岛海关所属胶州海关关员开展进境重大动物疫情防控演练

^ 2022 年 12 月 1 日，青岛国际旅行卫生保健中心开展“世界艾滋病日”主题宣传活动

目　录

第五篇　业务建设

第六篇　综合保障

第七篇 隶属海关

第八篇 直属事业单位

第九篇　荣誉榜

第十篇　海关统计资料

“中国海关史料丛书”编委会

第一篇

特载

青岛海关概况、主要职能、组织架构

一、概况

中华人民共和国青岛海关是受海关总署直接领导，负责指定口岸及相关区域范围内海关工作运行管理、监督监控的正厅级直属海关。

2022年，青岛海关以习近平新时代中国特色社会主义思想为指导，深入学习贯彻党的二十大精神，统筹疫情防控和经济社会发展，强化监管、优化服务、稳中求进、狠抓落实。推动习近平总书记重要指示批示精神落地见效，落实“第一议题”制度，完善上下贯通、执行有力的制度机制，强化政治机关建设，统筹推进政治机关建设专项教育活动和“学查改”专项工作。科学有效防控口岸疫情，织密口岸防线，巩固境内防线，延伸科技防线。维护国门安全，防范重大风险，强化检验检疫，高效监管，推进综合治税，巩固全员打私格局。服务扩大开放，释放重点领域改革红利，建设有力有效的服务开放平台，促进外贸稳中提质，口岸营商环境进一步优化。全面从严治党走深走实，稳步提升党的建设质量，加强干部队伍建设，优化干部队伍结构，坚持严的主基调推进党风廉政建设，扎实开展以案促改工作。青岛海关本级及12个隶属海关荣获“节约型机关”称号，13个集体获一星级全国青年文明号，青岛海关法规处获评全国普法工作先进单位。

二、主要职能

青岛海关业务管辖范围为山东省青岛、枣庄、烟台、济宁、威海、日照、临沂、菏泽8市的各项海关管理工作。主要职责为：

（一）负责青岛关区贯彻落实党中央、国务院关于海关工作的方针政策和决策部署，在履行职责过程中坚持和加强党对海关工作的集中统一领导，履行全面从严治党责任。

（二）负责贯彻执行与海关管理相关的法律、法规、规章、规范性文件和相关技术规范，负责青岛关区征税、监管、缉私、出入境检验检疫、统计等工作。

（三）监控研判青岛关区各类执法风险、管理风险和廉政风险并组织防范和化解，负责青岛关区基层党组织建设、队伍建设和日常管理工作。

（四）完成海关总署交办的其他工作。

三、组织架构

青岛海关内设21个机构，管理青岛海关

技术中心、青岛国际旅行卫生保健中心等5个直属事业单位，设副厅级缉私局1个，下辖21个隶属海关单位；共有行政编制公务员3441人（含缉私326人），事业编制人员700人。

（一）内设机构

青岛海关内设18个正处级机构，分别为办公室（党委办公室）、法规处、综合业务处、自贸区和特殊区域发展处、关税处、卫生检疫处、动植物检疫处、进出口食品安全处、商品检验处、口岸监管处、统计分析处、企业管理处、稽查处、财务处、科技处、督察内审处、人事处（党委组织部）、教育处。另设立机关党委（思想政治工作办公室、党委宣传部、党委巡察工作办公室）、监察室（党委纪检组）、离退休干部办公室3个正处级机构。

另设有副厅级缉私局1个。

青岛海关党委向隶属海关共派驻14个纪检组：青岛海关党委第一派驻纪检组，派驻黄岛海关；青岛海关党委第二派驻纪检组，派驻烟台海关；青岛海关党委第三派驻纪检组，派驻青岛胶东机场海关；青岛海关党委第四派驻纪检组，派驻青岛大港海关；青岛海关党委第五派驻纪检组，划片综合派驻，常驻地董家口港海关，管理片区包括董家口港海关、青岛邮局海关、胶州海关；青岛海关党委第六派驻纪检组，划片综合派驻，常驻地即墨海关，管理片区包括即墨海关、海阳海关；青岛海关党委第七派驻纪检组，派驻日照海关；青岛海关党委第八派驻纪检组，派驻威海海关；青岛海关党委第九派驻纪检组，派驻龙口海关；青岛海关党委第十派驻纪检组，派驻荣成海关；青岛海关党委第十一派驻纪检组，派驻济宁海关；青岛海关党委第十二派驻纪检组，派驻临沂海关；青岛海关党委第十三派驻纪检组，划片综合派驻，常驻地菏泽海关，管理片区包括菏泽海关、枣庄海关；青岛海关党委第十四派驻纪检组，划片综合派驻，常驻地蓬莱海关，管理片区包括蓬莱海关、莱州海关。

（二）副厅级隶属海关单位

黄岛海关、烟台海关、海关总署风险防控局（青岛）。

（三）正处级隶属海关单位

青岛胶东机场海关、青岛大港海关、董家口港海关、青岛邮局海关、即墨海关、胶州海关、日照海关、威海海关、龙口海关、荣成海关、济宁海关、临沂海关、菏泽海关、枣庄海关、莱州海关、蓬莱海关、海阳海关、青岛海关风险防控分局。

（四）所属事业单位

青岛海关技术中心、青岛国际旅行卫生保健中心（青岛海关口岸门诊部）、青岛海关后勤管理中心、中国电子口岸数据中心青岛分中心、中国质量认证中心青岛海关评审中心、黄岛海关综合技术服务中心、黄岛国际旅行卫生保健中心（黄岛海关口岸门诊部）、烟台海关技术中心、烟台国际旅行卫生保健中心（烟台海关口岸门诊部）、烟台海关后勤管理中心、青岛大港海关后勤管理中心、日照海关综合技术服务中心、日照国际旅行卫生保健中心（日照海关口岸门诊部）、威海海关技术中心、威海国际旅行卫生保健中心（威海海关口岸门诊部）、威海海关后勤管理中心、龙口海关综合技术服务中心、荣成海关综合技术服务中心、荣成国际旅行卫生保健中心（荣成海关口岸门诊部）、济宁海关综合技术服务中心、临沂海关综合技术服务中心、莱州海关综合技术服务中心、蓬莱海关综合技术服务中心。

第二篇

专记

政治机关建设专项教育活动

一、提高政治站位，加强组织推动

青岛海关党委把开展政治机关建设专项教育活动和“学查改”专项工作作为强化政治机关意识、坚决拥护“两个确立”、做到“两个维护”的重要体现，第一时间研究部署，顶格推进，狠抓落实。

（一）压实责任

党委书记履行第一责任人职责，定期听取汇报、部署推动，9次深入基层单位或通过视频调研督导。党委委员履行“一岗双责”，统筹抓好分管领域工作推进，35次深入分管部门督导检查，研究审核问题排查和整改清单，确保问题精准、措施有效。统筹推进“学查改”专项工作，做到一套班子组织推动、一本台账整改落实。

（二）加强督导

加强统筹调度，下发工作提醒8期。成立4个督导组，细化16项重点督导任务清单。根据疫情防控要求，灵活采取现场督察、材料审核、电话沟通等方式，强化整改落实全过程监督，全面审核被督导单位开展民主生活会和组织生活会查摆情况，自查问题、责任清单建立情况，整改落实情况，做到分类指导、从严督导。及时总结评估，推广行之有效的经验做法，不断延伸整改成效。

（三）宣传激励

在青岛海关管理网主页、政务信息、“青关好声音”微信公众号等平台同步开设专栏，累计发布学习资料71期，刊发亮点做法和经验成效120余条，制作专题微信宣传10篇。在“学习强国”、《中国国门时报》、“金钥匙杂志”微信公众号等媒体平台刊发相关稿件23篇。选树先进典型，开展“书记项目”、“四强”党支部、党建示范（培育）品牌、青年理论学习标兵等评选表彰活动，2家单位获评省直机关模范机关建设工作表现突出集体。

二、落实重点环节，全面推进工作

实行自上而下推动和自下而上聚力并重，落实重点环节与推进全面工作相结合，抓实“深入系统学”这个基础、“对照要求查”这个关键、“实实在在改”这个重点，推进“学查改”专项工作走深走实。

（一）学习研讨

一是以上率下“领学”。青岛海关党委始终第一时间学习贯彻习近平总书记重要讲话和重要指示批示精神，第一时间传达学习俞建华署长对青岛海关工作的指示要求，重点围绕

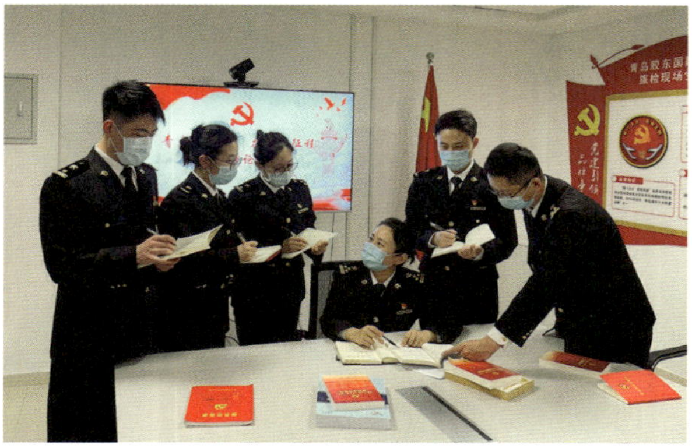

▲2022 年 2 月 25 日，青岛海关关员开展集中学习

习近平总书记在 2021 年中央经济工作会议上的重要讲话精神、习近平经济思想开展学习讨论，建立党委理论学习中心组学习议题征集制度，确保政治要求学习贯彻全覆盖、无遗漏。党委理论学习中心组开展相关学习 10 次，隶属海关开展专题学习 160 余次。成立专班开展深化政治机关建设关级课题研究，深入查找问题不足，研究提升政治机关建设质量的方法措施，确定风险防控相关关级课题 6 个。二是交流研讨“深学”。把《习近平经济思想学习纲要》等作为关区党支部学习的重要任务，通过“三会一课”、主题党日等形式开展学习研讨 1250 余次。深入开展青年政治理论大学习，优化调整 121 个青年理论学习小组，每月发布政治理论学习要点，开展“青年跟党走　建功新时代——强化政治机关建设”学习交流活动，编发“青年大学习”交流材料 7 期，评选青年理论学习优秀案例 15 个。三是联学联建“促学”。法规处、卫生检疫处机关党支部分别参加海关总署政策法规司、卫生检疫司党支部的专题线上联学活动。卫生检疫处、部分隶属海关同海关总署“百名科长百日督查”督导组开展联学活动，共同查找问题、研究解决方案。综合业务处党支部与隶属海关基层党支部联合开展“云聚共建促发展”线上联学共建活动。商品检验处与 17 个隶属海关“一对一”视频连线交流研讨，收集意见建议 76 个。

（二）查摆问题

一是条线牵头找准政治要求。发挥机关部门专业性强、力量精干的优势，牵头组织本业务条线的骨干力量，全面对照梳理涉及本部门的政治要求，形成 106 个工作岗位 130 项具体政治要求清单，为对照查摆明确参考依据。二是全业务领域梳理风险隐患。党委专题研判关区风险态势，开展业务部门间风险关联性分析，梳理风险隐患，提出 9 条针对性防控措施，做好全链条、宏观性风险防控。三是上下联动查实突出问题。机关查与基层找相结合，上下联动、互相补充，“学查改”专项工作开展以来，对照习近平总书记重要指示批示精神和党中央经济工作决策部署持续深入查摆，按照“四个是否”（是否存在贯彻落实习近平总书记重要指示批示精神态度不坚决、措施不到位、效果不明显的问题；是否存在对“国之大者”不关心，对政治要求、政治规矩、政治纪律不上心，对各种问题的政治危害不走心，对贯彻落实党中央的大政方针不用心的问题；是否存在讲政治虚化、抽象化，没有做到讲政治见行动，没有将政治要求体现和落实到指定业务规范、办理具体业务中的问题；是否存在以“业务部门”“业务干部”自居，重业务、轻政治的问题）、“六对照六看六查”（对照坚持党中央集中统一领导要求，看是否做到“两个维护”、心怀“国之大者”，查是否存在自由主义、本位主义、保护主义，缺乏大局意识、全局观念；对照政治过硬、本领高强要求，看是否学懂弄通做实习近平新时代中国特色社会主义思想特别是新时代中国特色社会主义经济思想，查是否理论联系实际不够、专业能力不强、学用脱节；对照党的初心使命和性质宗旨，看是否树牢以人民为中心的发展思想，坚持正确政绩观，查是否漠视侵害群众利益、加重基层负担，干自以为领导满意却让群众失望的事；对照把握立足新发展阶段、贯彻新发展理念、构建新发展格局、推动高质量发展要求，看是否做到稳字当头、稳中求进，尊重规律、尊重客观实际和群众需求，统筹发展和安全，查是否存在不按经济规律办事，一刀切、理想化、乱作为；对照加强调查研究和“三严三实”要求，看是否坚持走党的群众路线，先调研后决策，以“钉钉子”精神坚韧不拔抓落实，查是否存在形式主义、官僚主义，关起门决策、拍脑袋决策，不担当、不作为；对照党的各项纪律规定，看是否自觉遵规守纪，做到令行禁止，查是否妄议党中央大政方针，擅自对应当由党中央决定的重大经济政策问题作出决定、对外发表主张，泄露、扩散尚未公开事项或应当保密的内容，违反有关规定干预和插手市场经济活动）要求，组织全员参与、全业务领域深入查找。机关部门整合 93 个问题，研究制定 182 条整改措施；隶属海关查摆 803 个问题，制定 1037 条整改措施。

（三）改进提高

一是强化整改落实。党委研究制定政治机关建设专项教育活动和“学查改”专项工作梳理排查问题及整改清单，责任部门按照整改方案的内容分工和时限要求，实行项目化推进、销号式管理，逐条逐项抓好整改落实，并定期向分管关领导汇报工作进展。领导小组办公室定期调度，将整改情况列入督办，确保落地见效。每月梳理整改进度，全部问题均按期整改完毕。二是实行联动整改。与国家审计、巡视巡察整改、“海关重点项目和财物管理以权谋私”专项整治、以案促改等工作统筹推进，将整改落实情况纳入青岛关区纪检监察、巡察和督查重要内容，多向发力促进整改工作见实效。结合专项巡察和党建调研，对所属黄岛海关、技术中心等 9 家单位部门开展情况进行实地检查，并结合检查情况发布工作提醒，推动各单位各部门按要求落实关键环节和规定动作。强化整体条线管理和条线间的协同统筹，建立健全风险提前预警和定期提醒机制。三是巩固拓展成果。举一反三，做到发现一个问题、查找同类问题、补强短板弱项；标本兼治，着眼长远建设，建立常态化分析研判工作机制；及时总结经验、建章立制，打一仗进一步，形成长效机制。把开展“学查改”专项工作与基层党建“双提升”行动、迎接宣传党的二十大各项工作相结合，开展“‘走在前列　全面开创’‘三个走在前’我在行动”模范机关主题创建活动，党委书记围绕“走好第一方阵　我为二十大作贡献”讲专题党课，持续推动党建与业务深度融合，引导各级党组织和党员干部走在前、作表率。

三、注重统筹结合，确保工作实效

认真贯彻落实俞建华署长提出的“‘两个维护’一定要有感悟、有表达、有情感、有行动、有成效”指示要求，以“学查改”专项工作推动重点工作，促进外贸保稳提质举措落地见效，用实际行动展现政治机关建设专项教育活动和“学查改”专项工作成果。

（一）落实习近平总书记重要指示批示精神更加坚决

准确把握海关工作政治要求，从政治和

大局高度审视海关业务工作，不折不扣抓好习近平总书记重要指示批示精神落地。落实“第一议题”要求，打击“洋垃圾”、打击象牙等濒危物种走私刑事立案数列全国海关前列；参加海关总署打击“水客”走私集中收网行动，刑事立案9起，案值3.32亿元，切实把讲政治从外部要求转化为内在主动，实现政治效果和业务效果相统一。

（二）口岸监管能力持续提升

深化“全面筛查＋动态监测＋重点复测”疫情防控模式，优化进出口食品安全监管机制，加强危险化学品、矿产品、“两高”产品等重点敏感商品检验监管，深入推进安全生产大检查并排查整改31项安全隐患。完善“集中审像＋先期机检＋智能审图”模式，推进“多查合一”、核查分类改革，依托“科研＋实战”攻关持续提升监管效能。

（三）重点领域改革纵深推进

推动“放管服”措施提档升级，行政审批保持“零超时、零差评”。完善业务改革“问题清零”机制，推进改革创新“样板田”打造行动。推进自由贸易试验区创新发展，累计出台创新性举措48项，7项在海关总署备案，24项入选中国（山东）自由贸易试验区制度创新成果。持续做好“中国对上合组织成员国贸易指数”发布，创新实施“区港一体化”监管模式，建设国内首个以服务上海合作组织（简称“上合组织”）成员国经贸合作为特色的原产地证书审签中心，助力新设6家保税仓库。发挥黄河流域关际合作领导小组协调办公室作用，27个重点合作项目走深走实，6个项目纳入省际合作特色项目重点推进。

（四）外贸发展实现稳中提质

抓好各项惠民举措落地，落实海关总署促进外贸保稳提质10条措施，联合济南海关出台19条细化措施，高标准实施促进跨境贸易便利化“百日冲刺”行动。抓好2项全国海关“三智”（智慧海关、智能边境、智享联通）国际合作项目落地见效，推出加快“三智”建设服务共建“一带一路”高质量发展17条措施。助力山东抢抓《区域全面经济伙伴关系协定》（RCEP）机遇，签发RCEP生效后全国首份原产地证书。

（五）履行管党治党政治责任更加扎实

持续深化强基提质工程，扎实推进基层党建“双提升”行动，开展“党的组织生活规范月”活动，深化文明单位创建，争创模范机关。部署开展以案促改工作，召开青岛关区警示教育暨以案促改试点工作动员会，严查快处相关涉案人员问题线索，做实做细“后半篇文章”。深化打私反腐“一案双查”（指海关在查办走私案件过程中查处海关工作人员违纪违法问题），扎实开展“海关重点项目和财物管理以权谋私”专项整治，梳理重点项目1450个，一体推进不敢腐、不能腐、不想腐（简称“三不腐”），大力净化青岛关区政治生态，营造风清气正的良好氛围。

撰稿人

侯　康

黄河流域“11+1”关际一体协同机制建设

2022年，青岛海关深入学习贯彻习近平总书记在深入推动黄河流域生态保护和高质量发展座谈会上的重要讲话精神，着力深化黄河流域“11+1”［包括黄河流域9省（区）涉及的太原、呼和浩特、满洲里、青岛、济南、郑州、成都、西安、兰州、西宁、银川海关11个海关和黄河流域西部重要通道涉及的乌鲁木齐海关］关际一体协同机制，全力助推沿黄省（区）高质量发展和高水平对外开放。全年，黄河流域9省（区）进出口值合计6.1万亿元，同比增长9.2%，增速高出我国外贸整体增速1.5%。

一、聚焦区域外贸态势，构建多层面协同机制

强化关际协同，发挥协调办公室作用，牵头区域海关推动海关总署12条重点服务措施全面落地见效，联合确定27项关际合作项目重点推进，在共促物流畅通、风险联防联控、原产地签证管理等方面开展跨关区业务协同和全业务领域一体化探索。强化关地协同，会同港口、铁路、自由贸易试验区（内陆港）等24家单位共同发起“关港铁区”协作机制倡议，从“扩大陆海联动模式”等4个方面开展

▲2022年11月6日，青岛海关参加在上海举行的山东省“黄河流域国际贸易便利化合作论坛”

合作，共促黄河流域各物流节点对接贯通。联合青岛市纪委监委、山东省港口集团有限公司、青岛发展改革委建立5项“关港地”常态化协同工作机制，部门合力助力青岛打造黄河流域高质量发展桥头堡。

二、聚焦生态环境保护，全力筑牢国门生物安全防线

深化黄河流域动植物检疫监管关际协作机制，共同开展区域动植物疫病疫情动态研判和应对处置，加强沙漠蝗、非洲猪瘟等黄河流域重点警戒动植物疫病疫情联合监测。2022年，共截获大豆北方茎溃疡病菌、小麦线条花叶病毒、四纹豆象等多种检疫性有害生物，均实施

检疫除害处理，有效维护了区域农林牧渔业生产安全和生物多样性。开展“国门利剑2022”专项行动，严防“洋垃圾”入境和野生动物及象牙等濒危物种走私，全年共查获固体废物1万余吨，均实施退运处理，实现固体废物零进口目标。加强域内风险信息收集，开展风险联合验证处置，就危险化学品逃检风险开展专题风险联合研判、联动处置，实施稽查作业18起，涉及均苯四甲酸二酐、橡胶促进剂等危险化学品8993吨。

三、聚焦高效便捷通关，助力黄河流域物流通道建设

拓展海港辐射功能，推广“陆海联动、海铁直运”监管模式，赋予内陆港码头前沿功能，境内综合运输成本下降20%，目前已推广到6个内陆港，正在向西安等黄河流域重点物流节点地区拓展。实施智能“水水中转”模式，实现无纸化申报、全天候通关、电子化自动放行，单箱降低中转成本约200元。创新实施“先期机检、码头直提”模式，比传统模式缩短通关时间70%。加强铁路口岸海关与区域海关协作，在中欧班列各节点开展“铁路快通”，实现进出口货物班列直运。在西安开展全国首个陆路启运港退税试点，货物从西安启运后，企业最快3个工作日拿到出口退税，较以往提前1个月左右。支持“客改货”航班、跨境电商包机和快件企业包机出运，推行“零接触”通关作业模式，保障疫情下航空物流通道畅通。2022年，黄河流域省（区）空港进出口值1.47万亿元，同比增长5.8%。

四、聚焦产业发展需求，精准施策培育壮大特色产业

支持优质种质资源引进，设立进出口鲜活易腐农食产品属地查检绿色通道，对出口水果等试点“采信第三方检测”，便利山西水果、山东蔬菜、河南花卉、内蒙古农畜产品、甘肃种子等特色农产品出口。2022年，黄河流域省（区）农产品出口1829.3亿元，同比增长15.6%。建设黄河流域农食领域技术性贸易措施研究基地联盟，新设蓬莱葡萄酒等3个技术性贸易措施研究评议基地，对黄河流域2036家农食企业开展技术性贸易措施影响调查，解决企业诉求156个。强化境外技术性贸易措施交涉应对，助力苹果、梨等仁果类水果恢复对俄罗斯出口、软壳类动物制蚝油出口欧盟，推动欧盟取消出口含明胶复合食品必须提交残留监控要求等。依托黄河流域原产地技术服务队，联合商务、贸促会等部门开展“线上+线下”自贸协定政策宣传贯彻，为黄河流域农产品、纺织服装、化工等特色优势产业开展RCEP关税减让政策推介和原产地技术服务。全年，为13万批74.2亿美元出口商品签发RCEP原产地证书，促进沿黄地区对RCEP成员方出口货值同比增长20.2%。

撰稿人

王玉军

服务上合示范区发展

2022年，青岛海关围绕上合示范区（中国—上海合作组织地方经贸合作示范区）“四个中心”（区域物流中心、现代贸易中心、双向投资合作中心、商旅文交流发展中心）建设任务，拓通道、优服务、搭平台、创模式，推出支持上合示范区建设的“532”工程，即：支持建设“中国—上海合作组织地方经贸合作综合服务平台”、RCEP海关监管服务创新试验基地（上合）、青岛空港综合保税区、上合示范区高级认证企业产业园、上合国家食品农产品示范口岸5大平台，支持打造智慧物流、特色班列、保税集群3大品牌，拓展优化口岸营商环境、海关统计分析2类服务。助力上合示范区打造共建“一带一路”国际合作新平台，推动共建“一带一路”高质量发展。全年，青岛市对上合组织其他成员国进出口600.70亿元，较2019年（示范区成立当年）增长74.11%。

一、畅通国际物流新通道，提升“上合速度”

一是打造物流枢纽。将“智慧海关”与上合国际枢纽港建设相结合，推进海、陆、空、铁等各监管区间的闸口联网和物流作业数据互联互通，实施“区港（上合示范区、上合国际枢纽港）一体化”监管。2022年，多式联运中心完成集装箱铁路到发办理量27.91万标箱，同比增长5.42%。二是支持中欧班列提速增效。推动“跨境电商+中欧班列”双赢模式发展，支持海铁集装箱自由换装和“日韩陆海快线”“上合快线”开通，培育过境特色班列品牌，实施过境运输业务无纸化申报改革，降低企业运营成本，全年办理过境运输业务7122票。年内，上合示范区国际班列线路拓展到19条，到发中欧班列775列、6.36万标箱，较2019年分别增长126.61%、105.23%。三是提升海关查检能力。截至2022年年底，上合示范区核心区已设立海关监管场所4处、指定监管场地2处、动物隔离检疫场1处，上合跨境电商综合服务平台、上合示范区跨境电商监管中心均已启用，跨境电商海运、空运、铁路运输出口物流通道实现互联互通。

二、拓展贸易指引新思路，完善“上合智库”

一是持续完善“中国对上合组织成员国贸易指数”。从贸易规模、发展速度、贸易质量和贸易主体4个维度编制科学合理并具上合组

▲2022 年 2 月 18 日，青岛海关所属胶州海关关员现场监管（中国青岛—德国曼海姆）中欧班列开行

织特色的指标体系，对我国与上合组织成员国贸易发展状况进行量化评价，每月定期在“中国对上合组织成员国贸易指数”网站和海关总署门户网站更新展示。二是深化贸易发展研究。形成了关于推动上合示范区高质量发展的报告、关于山东省中欧班列发展状况的调研报告，在海关总署相关载体上发表《强化上合示范区数字赋能　助力打造“一带一路”国际合作新平台研究》。推动建设上合示范区进出口食品研究中心，探索建立上合组织国家食品贸易争端解决机制；开办“上合海关大讲堂”，截至年底累计培训 5 万余人次。三是强化监测预警。在上合示范区建设进出口商品质量安全风险监测点，并将其纳入全国进出口商品风险预警监管体系，针对上合组织成员国进出口商品开展风险监测和分析评估。

三、解锁国际合作新空间，共建“上合平台”

一是搭建经贸合作平台。依托国际贸易“单一窗口”，支持建设“中国—上海合作组织地方经贸合作综合服务平台”，嵌入一站式通关、原产地规则预判、通关信息智能查询、转关业务无纸化等特色服务，为开展与上合组织国家经贸合作提供一站式解决方案。“支持建设上合示范区综合服务平台　打造数字丝绸之路”获评“青岛海关　济南海关 2022 年度促进跨境贸易便利化典型案例十佳案例”第一名，获评“2022 青岛年度数字经济发展典型案例”（2022 青岛年度经济成就宣传发布活动，由青岛市委宣传部指导，青岛市企业联合会、青岛市企业家协会、青岛日报社、青岛市广播电视台、青岛出版集团主办）、“中国—上合组织国家数字领域合作案例”（由工业和信息化部批准，中国信息通信研究院组织征集，旨在为中国与上合组织成员国间开展数字技术领域的能力建设、应用创新、联合研究和产业合作搭建交流合作平台）。二是共建信用培育平台。与地方政府联合选企、联合培育、联合激励，共建上合示范区高级认证企业产业园，建立以信用为基础的新型监管机制，培育 13 家当地企业成为高级认证企业。借助上合示范区国际合作平台、专业语言人才等资源优势，协助海关总署推进与上合组织成员国的 AEO（经认证的经营者）互认能力建设援助，与乌兹别克斯坦等 8 个上合组织成员国就 AEO 互认工作开展沟通对接。三是建设检验检测平台。牵头 185 家机构成立青岛检验检测认证协会，吸收上合组织成员国的相关检验检测认证机构加入，加强检测标准、方法合作研究。

四、支持建设保税产业集群，打造“保税平台”

支持上合示范区申建综合保税区，强化

政策指导服务，推动青岛空港综合保税区于2022年2月顺利获批。通过支持有实际需求的企业设立保税仓库，拓展上合示范区贸易集散分拨功能。全年，支持在上合示范区及周边地区新设立保税仓库5家，总数达到17家。保税仓储货物呈现多样化特点，由传统的冻水产品向棉花、纸浆、润滑油等商品逐步拓展。

撰稿人

范莹莹

推进《区域全面经济伙伴关系协定》（RCEP）实施

2022 年 1 月 1 日，RCEP 正式生效。青岛海关将“统筹推进 RCEP 等自贸协定实施”作为 2022 年大事实事，发挥海关原产地管理等职能优势，指导企业、产业抢抓 RCEP 生效之初的“窗口期”机遇，助力提升山东外贸发展质量和效益。全年，山东省对 RCEP 其他成员方进出口 1.27 万亿元，同比增长 24%，较山东省进出口整体增速高 10%，占山东省进出口总值的 38%。

一、抢抓关键节点，打造 RCEP 落地的先发优势

以 RCEP 生效为契机，争取海关总署关税征管司支持，于 2022 年 1 月 1 日签发全国首份 RCEP 原产地证书，并联合山东省商务厅、青岛市政府等单位主办 RCEP 生效落地青岛启动仪式。央视《新闻联播》、新华社、《人民日报》等 10 家中央主流权威媒体在新年伊始重要时段、重点版面密集报道青岛海关推动 RCEP 落地实施工作。6 月和 8 月，青岛海关分别应邀在第三届跨国公司领导人青岛峰会和第二届 RCEP 区域（山东）进口商品博览会向海内外嘉宾推介高质量实施 RCEP 的经验和成果。

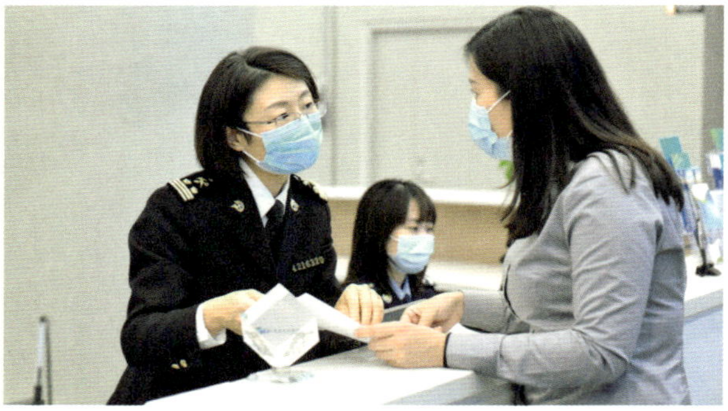

▲ 2022 年 1 月 1 日，青岛海关所属青岛大港海关关员为企业签发全国首份 RCEP 原产地证书

二、整合相关资源，提升 RCEP 实施整体管理效能

针对山东省原产地签证单位多、管理资源分布散等问题，建立山东省内海关、贸促会原产地管理协同机制，有效整合各单位数据、信息和资源，提升抢抓 RCEP 新机遇的整体效能。2022 年，山东省内海关和贸促会签发 RCEP 原产地证书超 15 万份，青岛海关认定经核准出口商 35 家，有关企业自主出具 RCEP 原产地声明 2962 份。

三、丰富推介方式，促进企业享受 RCEP 政策

发挥黄河流域出海口优势，组织黄河流域

直属海关关税部门成立“11+1”原产地技术服务队，举办56场RCEP政策宣讲会，并争取央视、《大众日报》等新闻媒体支持，围绕RCEP项下关税减让、原产地累积规则和经核准出口商等优惠政策进行专题解读。2022年8月，组织山东省商务厅、山东省贸促会、济南海关等6家单位评选，发布10个RCEP最佳实践案例和10个RCEP优秀实践案例，通过示范引领，引导地方政府和企业用足用好RCEP政策。联合RCEP山东企业服务中心共同打造“鲁贸通”平台，为企业提供关税税率查询和比对、RCEP原产地认定等服务，已在山东省推广。自主开发智慧征管系统，利用数据分析精准定位享惠不足的企业，通过“一对一”享惠方案设计，指导有关企业利用RCEP的低门槛原产地规则，使无法享惠中韩自贸协定商品适用RCEP优惠税率。全年，青岛关区RCEP项下自韩进口享惠货值43.66亿元，税款减让金额2.64亿元。新旧动能转换标志性工程——裕龙岛炼化一体化项目自日本进口设备享受RCEP项下减税红利，节约建设成本逾2700万元。

四、创新原产地管理模式，提升享惠便利化水平

不断深化原产地管理改革创新，成立原产地证书虚拟审签中心，打破隶属海关原产地签证辖区界限，优化人力资源配置，构建“按协定分类审单”新模式，推广应用智能审核和自助打印等便利化措施，实现原产地证书签发的集约化、专业化和智能化，为企业降本增效。2022年，青岛海关签发RCEP原产地证书“零等待”“零跑腿”的比率均超过90%，原产地核查流程时长压缩三分之一。与上合示范区管委、青岛市市北区政府共同推进上合示范区原产地证书审签中心和RCEP原产地证书审签中心建设，通过叠加地方政府平台和海关专业技术优势，为企业提供个性化享惠方案设计、证书签发等RCEP实施“一站式”服务。依托山东省原产地签证技术联盟，推动海关与贸促会联合开展原产地核查、互认原产地调查结果，形成监管合力，有效解决不同签证机构针对原产地签证事项对企业开展重复核查情况，提高企业享惠便利化水平。

五、强化协同防控，严厉打击原产地领域违法行为

加强关税、风险防控、缉私等部门协同，对享惠进口的马来西亚等RCEP成员方原产油品、冷冻榴莲等高风险商品进行布控，加强人工审单，做好与海关总署税收征管局的联系配合，对申请适用协定税率的沥青混合物及高风险签证机构签发证书逐批对外核查，并要求企业提供税款担保，有效防控税收风险。2022年，青岛海关查发虚假进口原产地证书28份，立案6起，案值约28亿元。与山东省贸促会、青岛市贸促会共享原产地签证风险信息、加强联合研判，共同对96家原产地备案企业开展年度监督管理检查，查发企业通过伪报进口成分等方式骗取的出口原产地证书181份，并查处全国首起变造RCEP原产地证书案件。年内，青岛海关对15家企业立案处罚，对青岛关区原产地领域违法行为形成有效震慑。

撰稿人

赵广英

第三篇

大事记

2022 年青岛海关大事记

1 月

1 日　2021 年青岛关区税收创 2014 年以来历史新高。

青岛海关签发 RCEP 生效后全国首份原产地证书。

4 日　山东省内首条中澳海运临时邮路开通。出口澳大利亚的邮件通过对监管车加施电子锁方式，由青岛邮局海关转关至黄岛海关口岸发运出境，为山东省内首条中澳海运临时邮路。

7 日　青岛海关首次对开展终末消毒效果评价的航空器签发检疫证书。经消毒效果评价单位实验室检测合格，青岛胶东机场海关对 QW9902 次航空器签发“航空器入境卫生检疫证书”。

10 日　“口岸外来有害生物联合监测与预警防控研究应用”项目启动，该项目是青岛海关主持承担的首个山东省重点研发计划（重大科技创新工程）项目。

13 日　青岛海关首家合作（临沂海关与枣庄海关）共建实验室获得中国合格评定国家认可委员会（CNAS）认可，收到 CNAS 认可证书。

17 日　威海市委副书记、市长闫剑波到青岛海关走访。

青岛海关法规处被中宣部、司法部、全国普法办授予“七五”（2016—2020 年）全国普法工作先进单位荣誉称号。

18 日　青岛海关党委召开党史学习教育专题民主生活会。

19 日　烟台市委副书记、市长郑德雁到青岛海关走访。

上合示范区—青岛海关区关联动贸易便利化政策宣讲会暨 RCEP 监管服务创新试验基地（上合）揭牌。

25 日　2022 年青岛海关工作会议召开。

青岛海关领导班子 2021 年工作总结会、青岛海关党委 2021 年度选人用人工作报告会召开。

2 月

8 日　国务院批准日照市设立跨境电商综合试验区。实行对综合试验区内跨境电商零售出口货物按规定免征增值税和消费税等支持政策。

21 日　胶州市委书记、青岛胶东临空经济示范区党工委书记张新竹到青岛海关走访。

青岛海关“纺织服装及原材料品质提升关

键技术与系列装备的研发和应用”项目获得2021年度山东省科技进步奖二等奖。该项目由青岛海关技术中心主持完成，项目研发纺织服装及原料中关键危害物快检技术和装置，制定标准23项。

22日 青岛海关首份2020版报关单申报成功。海程邦达国际物流有限公司作为关区唯一试点企业，通过“单一窗口”企业端“进口整合申报（2020版）”功能成功申报一份进口报关单。

23日 全国海关首票通过“快件通关管理系统（2021）”申报的涉税报关单在青岛海关顺利通关。

28日 青岛海关“推广进出口货物‘提前申报’通关模式”“提升口岸基础设施和监管智能化水平”两项案例入选国家发展改革会编著的《优化营商环境百问百答》。

3月

10日 青岛海关办理首票跨境电商出口商品与退货复出口商品拼票“合包”出境手续。

14日 青岛空港综合保税区获国务院批复。该综合保税区位于青岛胶东临空经济示范区，规划面积1.44平方千米，是山东省首个临空型海关特殊监管区域。

16日 青岛海关首次截获检疫性有害生物四齿长小蠹。在对黄岛海关送检的美国去皮红橡原木中发现数头活体昆虫，经鉴定为检疫性有害生物四齿长小蠹（*Platypus quadridentatus*），为禁止进境的检疫性有害生物。

21日 央视《新闻30分》《朝闻天下》《共同关注》等多档栏目报道青岛海关疫情防控工作。

23日 青岛海关完成海关总署“食品化妆品安全监督抽检和风险监测管理系统”与“实验室管理系统”对接试点工作。

25日 《法治日报》长篇通讯报道青岛海关践行新时代“枫桥经验”打造执法纠纷“终点站”。

青岛海关12项创新制度入选中国（山东）自由贸易试验区第二批可推广制度创新成果，占创新成果总数的23.5%，其中改革试点经验7项、最佳实践案例5项。

26日 央视《新闻联播》报道青岛海关精准实施口岸卫生检疫严防境外疫情输入。

29日 青岛海关辖区赛轮集团股份有限公司、山东腾达紧固科技股份有限公司、山东威达机械股份有限公司3家高级认证企业入选全国海关首批80家AEO互认观摩企业。

中国电子口岸数据中心青岛分中心“海关特殊监管区域信息化管理系统V4.1”计算机软件著作权登记获批，并正式收到国家版权局颁发的“软件著作权登记证书”。

31日 青岛海关首次验放进口俄罗斯木片。该批落叶松木片从日照口岸进境，重2520吨，货值32万元，进口后用作制造纸浆，为山东口岸首次进口。

4月

6日 《人民日报》头版头条报道青岛海关跨境电商工作。

青岛海关率先完成海关总署“快件通关管理系统（2021）”切换工作。

9日 央视《新闻联播》报道青岛海关签

发 RCEP 原产地证工作。

11 日 青岛海关行政许可场景式服务平台正式上线运行。

19 日 《中国国门时报》头版头条报道青岛海关支持"海上高速公路"提速山东对日韩贸易工作。

20 日 青岛海关党委委员、副关长石勇参加青岛海关支援北京冬奥会、冬残奥会人员表彰会，受海关总署委托对 8 名援奥同志进行表彰，并代发由北京冬奥组委颁发的证书。

《人民日报》头版报道青岛海关落实暂定税率政策助企纾困。

青岛海关签发山东省首份 RCEP 背对背原产地证书。为青岛欣丰和贸易有限公司出口到日本的一批货值 54 万元的食品添加剂签发 RCEP 背对背原产地证书。

21 日 青岛海关查办的知识产权侵权案件入选中国海关知识产权保护典型案例、青岛市知识产权保护典型案例。

"青岛关区查检取样送检货物实验室检测状态信息"推送服务正式上线运行。

22 日 日照市副市长张金梅到青岛海关走访。

青岛、满洲里、西安、乌鲁木齐海关举行黄河流域海关科技协作"云签约"仪式。

25 日 青岛海关与山东报关协会签订合作备忘录。

青岛海关保障首个澳门—青岛复航航班顺利通关。

青岛海关查发全国首起跨关区协作境外通报核查案件。接丹东海关协查通报，对某贸易公司开展出口水产品境外通报核查，查发该公司存在逃避检验检疫与夹藏出口情事。

29 日 青岛海关保障首列"威海—莫斯科"中俄冷链班列开行。

5月

1 日 全国海关首票公式定价货物税收征管改革试点报关单在青岛海关顺利申报通关。

5 日 上合示范区开具山东省首份中国—新西兰原产地声明。

6 日 青岛海关参加海关总署法治工作第五协作区联席会议。青岛海关作为协作区组长单位主持会议，共同学习海关总署政策法规司关于海关法治工作协作区工作管理办法，审议《海关法治工作第五协作区互助工作实施细则》及协作模式，并对 6 部海关规章的立法后评估工作进行研究。

10 日 青岛海关召开关区警示教育暨以案促改工作动员会。

11 日 青岛海关向俞建华署长汇报青岛海关业务和队伍建设工作情况。

青岛海关首次截获检疫性有害生物多条木蠹象。对自法国进口的一批海岸松原木实施现场检疫时截获活体昆虫，经鉴定为多条木蠹象（*Pissodes castaneus*）。

12 日 青岛海关召开定点帮扶工作座谈会。就聚焦夯实农村基层基础，发挥海关职能优势，以组织振兴推动乡村振兴等与山东省派"加强农村基层党组织建设"工作队驻青总联络员、山东省文化和旅游厅党组成员、副厅长张明池进行座谈交流。

13 日 青岛海关办理关区首笔关税保证保险减免税税款担保业务。指导现代汽车研发中心（中国）有限公司采用关税保证保险方式，为其进口的 9 台设备办理减免税税款担保业务。

16日 青岛海关完成2022年度海关总署科研项目推荐申报工作。

青岛海关完成金关二期加贸及保税监管系统风险预警功能业务测试工作。

中国电子口岸数据中心青岛分中心“进出境船舶信息无纸化管理系统数据查询功能模块V1.0”计算机软件著作权登记获批，并收到国家版权局颁发的“软件著作权登记证书”。

19日 青岛海关首次从日本进境苗木中检出短体线虫。

21日—28日 青岛海关举办以“走进科技 你我同行”为主题的科技活动周宣传活动。

23日 青岛海关关区首家合作共建实验室通过CNAS复评评审。CNAS派出10名专家，通过“现场评审＋远程评审”方式对临沂海关、枣庄海关合作共建实验室体系运行、体系文件进行复评评审，评审组一致认为合作共建实验室管理体系和技术能力满足CNAS认可和CMA（检验检测机构资质认定）资质认定要求，推荐认可参数达1242个。

26日 青岛海关推荐的“打击洋垃圾走私关键技术与标准体系”等6项科研成果获得2021年度海关科技成果评定。其中，二级成果3项、三级成果3项。

青岛海关首次从进境种子中检出马铃薯斑纹片病菌。在一批自意大利进境的芫荽种子中，检出马铃薯斑纹片病菌。

31日 青岛海关在入境集装箱中截获大量活体猛蚁。在对自德国进口的集装箱云杉原木查验时，发现近千只活体蚂蚁，体长在10毫米以上，活力良好，已在集装箱内筑巢繁殖，经鉴定为猛蚁。

青岛海关保障关区首列中蒙班列发车。该班列由威海国际物流多式联运中心始发，经二连浩特口岸出境开往蒙古国首都乌兰巴托，主要搭载商品为汽车配件和日用品等，共100标箱，货重669吨，货值200余万元。

6月

2日 青岛海关党委完成“五年全覆盖”实地巡察任务。

青岛海关完成2022年度第一批公务员招录面试评分工作。参加录像面试考生涉及14个职位45人，15人通过面试进入体检环节。

8日 青岛海关提出的《商品名称及编码协调制度》修订议题首次被海关总署提报至世界海关组织审议。青岛海关报送的《商品名称及编码协调制度》第七审议循环议题《建议针对甜玉米细粉归类问题修订品目11.02注释》和《建议修订品目78.04项下相关子目条文》均被海关总署采纳并向世界海关组织提报。

10日 山东省商务厅副厅长吕伟到青岛海关走访。

13日 济宁市副市长张东到青岛海关走访。

青岛海关独立策划完成央视《新闻联播》关于中欧班列有关报道。

《光明日报》通讯报道青岛海关“验估单证一次性告知”制度。

16日 青岛海关完成边角废料网上拍卖全国统一信息化系统功能业务测试工作。5月31日—6月16日，青岛海关承接海关总署关于边角废料网上拍卖全国统一信息化系统功能业务测试工作。与广东分署、福州海关、黄埔海关、杭州海关合作，组建工作专班远程测试，完成系统测试用例7例，提出相关修改完善建议10余条，完成该系统功能的测试工作。

17日 《青岛海关 济南海关 山东省市场监督管理局加强重点领域战略合作协议》签署。

18日 青岛海关参加山东省公共卫生与消毒感控学会卫生毒理分会成立大会暨首届学术交流会。青岛关区11名卫生检疫业务骨干当选分会委员。

20日 受海关总署委托，青岛海关召开第三届跨国公司领导人青岛峰会海关闭门会。

青岛海关助力烟台综合保税区开展山东省首批游戏机全球维修业务。

24日 胶东机场进境肉类指定监管场地获海关总署批复设立，为山东省首个空港进境肉类指定监管场地。

青岛海关1项特别贸易关注议题提交世界贸易组织卫生与植物卫生措施（WTO/SPS）委员会第83次例会讨论。6月20日—24日，世界贸易组织卫生与植物卫生措施（WTO/SPS）委员会第83次视频会议在瑞士日内瓦召开，青岛海关所提输欧复合食品遇阻的特别贸易关注议题被海关总署采纳并在大会提出，青岛海关5名同志远程在线参加会议。

青岛关区首次在货运渠道检出输入性活体鼠类。黄岛海关对来自鼠疫疫源地印度的1批27.44吨辣椒干实施检疫查验时，在集装箱内检出活体鼠类4只，为青岛关区首次在货运渠道检出输入性活体鼠类。

27日 青岛海关快速监管验放全国口岸最大单船进口原木。该批进口原木共103599立方米，为乌拉圭火炬松，刷新国内单船原木最大载货量纪录。运载船舶全长近300米，可载重最大吃水18.4米，是目前全球最大装载原木的好望角型船舶，单船装载原木重量相当于普通原木船舶装载货量的2～3倍。

28日 青岛海关城阳AEO孵化基地正式启用。

7月

1日—2日 青岛海关在2022年全国海关年中工作会议分会场围绕“坚决筑牢口岸检疫防线”主题作交流发言。

5日 青岛海关会同上合示范区管委会召开中国与吉尔吉斯斯坦海关AEO国际互认合作工作研讨会。

12日 青岛海关7个基层党组织被海关总署党委授予2022年度全国海关党建示范（培育）品牌。经海关总署党委认定，青岛海关政工办机关党支部“润物无声”党建品牌获评2022年度全国海关党建示范品牌，另有6个基层党组织党建品牌通过全国海关党建示范（培育）品牌复审。

14日 《人民日报》报道青岛海关提升贸易便利服务外贸增长。

19日 青岛海关联合济南海关在山东省政府新闻发布厅召开新闻发布会，对外发布2022年上半年山东外贸进出口有关情况，并就社会关注的外贸高质量发展、促进外贸保稳提质措施等回答记者提问。

20日 青岛海关首次以政府购买服务引进外部专家参与技术性贸易措施工作。济宁海关综合技术服务中心贸易摩擦预警服务事项采购项目开标，这是关区首次以政府购买服务方式引进外部专家参与技术性贸易措施和贸易摩擦预警工作。

22日 青岛海关举办首届外来入侵植物检疫性线虫鉴定技能竞赛。

26 日　青岛海关验放青岛口岸首批国际转口保税原油。该批原油于 2020 年 7 月由黄岛口岸保税入境后转运至潍坊原油期货库区，后在黄岛口岸申报转口，经该关查验合格后，随“光彩”轮驶离中国运往缅甸，共 11.9 万吨。

27 日　青岛海关保障首票进口煤炭中欧班列顺利通关。该班列自俄罗斯顿涅茨克发车，经满洲里口岸入境达临沂朱保站，动力煤炭整列编组 61 车，1574 吨，价值 62.6 万元。

8 月

2 日　青岛海关参加海关税务支持上合新区发展政策发布暨战略合作协议签约仪式。

青岛海关获“中国入世 20 周年：全球经贸治理与中国海关贡献”主题征文活动优秀组织奖，论文《打造国际化海关治理体系路径与建议》获得二等奖，论文《海关实施 RCEP 框架下技术性贸易措施研究》获得三等奖。

4 日　青岛海关法规处机关党支部获评第一批山东省省直机关党支部建设示范点。

9 日　青岛海关顺利完成事业单位绩效工资入轨工作。

10 日—12 日　驻署纪检监察组组长、海关总署党委委员王林在青岛海关调研。

12 日　青岛海关监管山东省首架快递货运专线通关。该航班由 DHL 包用韩国仁川航空公司执飞，青岛至韩国仁川往返，试航期间计划每周 2 班次，系 DHL 山东省内首架快递包机。

15 日　青岛海关组织召开海关服务黄河流域生态保护和高质量发展 2022 年度联席会。海关总署综合业务司副司长林少滨出席会议。

青岛海关与黄河流域海关、港口、铁路、自由贸易试验区等 24 家单位共同发起“服务黄河流域生态保护和高质量发展”关港铁区大协作机制（青岛）倡议。太原、满洲里、济南、郑州、成都、西安、兰州、西宁、银川海关相关领导出席倡议发布会。

21 日　青岛海关保障我国高铁列车首次出口境外。该货物计划用于印度尼西亚雅万高铁的 1 组高速动车组和 1 组综合检测列车，是“一带一路”建设和中印（度尼西亚）两国合作的标志性项目，也是我国高铁首次全系统、全要素、全产业链在海外的建设项目。

22 日　青岛海关组织收听收看全国海关加强新时代廉洁文化建设暨警示教育大会。

24 日　青岛海关试用山东省首个恒温查验库有效提升检验监管水平。

25 日　青岛海关同亚美尼亚共和国国家税收委员会就“AEO 国际互认合作”开展视频对话。为推动中国与亚美尼亚共和国经贸合作，提升中亚两国贸易便利化水平，双方就两国海关开展 AEO 互认合作意向达成一致，建立 AEO 互认合作沟通联系机制。

26 日　青岛海关与济南海关联合推广“陆海联动、海铁直运”监管模式。实现济南内陆港与口岸港口无缝对接，进一步畅通黄河流域物流大通道。该模式已在枣庄、即墨、淄博、滨州、济南 5 个内陆港常态化运行。

青岛海关同斯里兰卡民主社会主义共和国驻华大使馆就“AEO 国际互认合作”开展视频对话。

30 日　青岛、济南海关与山东省商务厅、山东省贸促会联合评选公布山东省 RCEP 最佳实践案例。这是我国首次开展省级范围内 RCEP 实施典型案例的培育评定。

31日　青岛海关同巴基斯坦伊斯兰共和国海关、驻华使馆就“AEO国际互认合作”开展视频对话。

9月

1日　全国海关首单“零成本”关税保证保险单落地中国（山东）自由贸易试验区烟台片区。

5日　蓬莱葡萄酒技术性贸易措施研究评议基地顺利通过海关总署评审。这是青岛海关创建的第5个技术性贸易措施研究评议基地。

13日　青岛海关独立策划完成央视《新闻联播》上合示范区多式联运中心中欧班列有关报道，自2018年6月我国宣布在青岛建设上合示范区以来，海关已监管验放中欧班列超2200列。

14日　“中俄快线”上合示范区—符拉迪沃斯托克港首航开行。

18日　青岛海关监管首条“烟台—土耳其伊斯坦布尔”国际货运航线顺利开通。此航线由土耳其麦纳谷航空公司执飞，是烟台空港首条往来共建“一带一路”国家和地区的欧洲远程国际货运航线，每周2班。

22日　青岛海关技术中心牛增元、高宏伟成功申领“山东惠才卡”。

23日　青岛海关13个集体被认定为一星级全国青年文明号。根据全国创建青年文明号活动组委会关于认定一星级全国青年文明号集体的通报，黄岛海关报关大厅、烟台海关驻港口办事处税收征管科、烟台海关驻芝罘办事处稽查二科、青岛大港海关综合业务一科、日照海关综合业务科、威海海关综合业务一科、龙口海关业务大厅、荣成海关综合业务一科、济宁海关报关大厅、临沂海关综合业务科、莱州海关综合业务科、蓬莱海关报关大厅和技术中心化工矿产品检测中心13个集体获评一星级全国青年文明号。

27日　青岛海关验放全国单批最大数量羊驼，来自智利的1170只羊驼从青岛胶东机场海关顺利通关。

青岛海关强化协同共建推动2个技术性贸易措施研究评议基地建设获批。威海海关对韩技术性贸易措施研究评议基地和济宁海关专用车及零部件技术性贸易措施研究评议基地顺利通过海关总署专家组评审获批建立，成为全国首家区域性评议基地和首家专用车评议基地。

28日　青岛海关知识服务子系统上线试运行并取得良好成效。

29日　青岛海关同乌兹别克斯坦共和国海关、驻华使馆就“AEO国际互认合作”开展视频对话，并达成一致意向，建立AEO互认合作沟通联系机制。

30日　青岛海关同阿塞拜疆共和国海关、驻华使馆就“AEO国际互认合作”开展视频对话，向阿方分享中国海关实施AEO制度的实践经验和AEO互认程序。

《法治日报》长篇报道青岛海关践行新时代“枫桥经验”化解行政争议工作做法。

10月

9日　青岛海关率先实现进出境个人物品类（B类）快件随附单据无纸化监管。青岛胶东机场海关成功完成测试工作，成为全国首个实现个人物品类快件随附单据无纸化的业务现场。

14日　青岛海关组织完成署级进出口食

品安全监管信息化工程（一期）项目线上业务测试工作。

16 日　青岛海关组织收听收看党的二十大开幕会。

18 日　青岛海关综合保税区在海关总署公布的 2021 年度全国综合保税区（含其他类型特殊区域）发展绩效评估中表现优异，青岛关区 7 个参评综合保税区在全国 137 个参评区域中整体表现优异，其中 3 个综合保税区在全国综合排名中进入 A 类，烟台综合保税区、青岛前湾综合保税区综合排名位居全国前 10 位，6 个综合保税区综合排名均进入全国前 50。

20 日　青岛海关所属烟台海关、青岛胶东机场海关、青岛邮局海关入选第六批山东省“扫黄打非”进基层示范点名单。

24 日　青岛市市南区委书记王锋到青岛海关走访。

青岛海关组织收听收看全国海关学习宣传贯彻党的二十大精神视频会议。

31 日　青岛海关组织收听收看海关总署党委理论学习中心组（扩大）学习暨司局级主要负责同志学习贯彻党的二十大精神培训班开班动员会。

11 月

1 日　青岛海关参加中国—乌兹别克斯坦海关 AEO 互认工作组线上会议。双方深入介绍各自 AEO 制度，讨论前期制度比对结果，就 AEO 互认安排文本草案和下一步认证观摩工作达成共识。

2 日　青岛海关组织收听收看中央党校专家辅导讲座和直属海关党的二十大代表等宣讲演讲。

3 日　青岛海关组织收听收看海关总署党的二十大精神学习交流会。

4 日　青岛海关组织收听收看海关总署党的二十大精神宣讲报告会。

青岛海关组织收听收看海关总署党的二十大精神学习交流会。

5 日　青岛海关组织收听收看海关总署党的二十大精神学习总结会。海关总署党委委员作交流发言，党委书记、署长俞建华作总结讲话。

6 日　青岛海关参加第五届中国国际进口博览会山东省“黄河流域国际贸易便利化合作论坛”，介绍青岛海关促进贸易便利化具体做法、黄河流域关际合作情况和下一步支持措施。山东省副省长、中国工程院院士凌文，海关总署总工程师韩森出席。

7 日　青岛海关党委传达学习国家主席习近平在第五届中国国际进口博览会开幕式上的重要讲话精神。

青岛海关 2023 年度考试录用公务员网上报名资格审核工作结束。

8 日　青岛海关参加第五届中国国际进口博览会海关总署“非关税贸易措施高质量发展论坛”，介绍青岛海关发挥技术性贸易措施研究评议基地平台优势助力经济高质量发展情况，与海关总署标法中心、烟台市蓬莱区政府共同签署（蓬莱）葡萄酒技术贸易措施研究评议基地合作协议。第十二届全国政协副主席马培华，海关总署党委委员、副署长孙玉宁出席。

青岛海关邹新荣获“2022 年全国海关十佳科普讲解员”称号。

10 日　青岛海关 3 个科研项目获得 2021 年度青岛市科技进步奖二等奖。青岛海关“离子化合物分析创新在实体清单中的国产应用替代及标准体系的建立”“危险化学品安全事件信息采集及应急防控技术研究与应用”“食品用材料及制品失效分析与安全评价体系创新”3 个项目获得二等奖。

16 日 青岛海关首次完成国际集装箱班轮沿海捎带业务。该票进口货物由丹麦起运，全程为马士基船公司运载，在上海搭载“马士基迈克凯尼穆勒”轮转关至青岛。

17 日 青岛海关 4 件普法作品初选入围第十八届全国法治动漫微视频作品。

18 日 青岛海关 1 项特别贸易关注议题提交世界贸易组织 WTO/TBT 例会双边磋商。11 月 14 日—18 日，世界贸易组织 WTO/TBT 委员会第 89 次例会在瑞士日内瓦召开。青岛海关提报的对英国 UKREACH 议题被海关总署选作双磋议题。

青岛海关组织对海阳三贤电装有限公司进行实地认证，这是《海关高级认证企业标准》实施后青岛关区首家开展实地认证的企业。

23 日 青岛海关连续 18 年完成新产季花生原料黄曲霉毒素等污染水平产地普查工作，并发布 2022 年花生产地普查报告。此次普查覆盖山东、河北、河南、吉林、辽宁、内蒙古 6 个省份（自治区）的主要花生种植地区，取样 668 个。

28 日 国家口岸管理办公室副主任王可到胶州海关调研。

青岛海关首次从日本进境苗木中检出检疫性线虫朱顶红短体线虫。

30 日 青岛海关在全国海关口岸首次截获拟鹿天牛等 3 种外来物种，在寄自日本、申报品名为“零食”的邮件中查获活体甲虫 10 只，经实验室鉴定为鲁贝利细身赤锹形虫（*Cyclommatus zuberi*）、拟鹿天牛（*Epepeotes desertus*）、球背象鼻虫（*Pachyrhynchus speciosus*），经海关总署核定为外来物种。上述 3 种甲虫在我国均未发生报道，为国内口岸首次截获。

12 月

1 日 青岛关区首票“跨境电商特殊区域出口海外仓零售”货物顺利出境。该批商品主要是冰箱等小家电，出口至美国海外仓后，将通过亚马逊、易贝等平台店铺进行网络销售。

6 日 青岛海关完成我国首艘深海海洋多学科交叉研究综合科考船“向阳红 01”入境检疫工作，对 32 名船员及 27 名科考队员实施入境检疫。

15 日 青岛海关 6 篇论文被中国海关学会分别评为优秀和入选论文，其中《双循环视角下海关服务国家种业振兴战略研究》《双循环新发展格局下海关优化 RCEP 实施的路径研究》《国际视域下中国关税水平与关税结构优化路径——基于 RCEP 国家及其他重要经济体的比较研究》《充分发挥关税政策调节作用助力构建国内国际双循环新发展格局》4 篇论文被评为优秀论文，其他 2 篇论文被评为入选论文。

22 日 根据 2022 中国关务发展大会发布的 2022 年“十大海运集装箱口岸营商环境测评”结果，青岛口岸连续两年总分排名第一，位列四星级最优等。

30 日 青岛海关实现 2022 年度全员培训学时学分达标，培训总人数 3603 人，人均 133 学分，培训覆盖率、学时学分达标率均达 100%。

第四篇

党的建设

党建工作

【概况】2022年，青岛海关党委以习近平新时代中国特色社会主义思想为指导，以党的政治建设为统领，把学习宣传贯彻习近平新时代中国特色社会主义思想和党的二十大精神作为首要政治任务，聚焦围绕中心、建设队伍、服务群众，全面推进党的建设高质量发展。深入推进政治机关建设，扎实开展政治机关建设专项教育活动和“学查改”专项工作。大力实施青年理论学习提升工程，相关做法被《中国共青团》杂志登载刊发。统筹推进文明创建和模范机关建设，青岛海关获评省级文明单位，2个集体获评省直机关模范机关建设工作表现突出集体。聚焦党建高质量发展目标，开展基层党建“双提升”行动，1个案例获评“全国海关基层党建创新案例”，1人获评“全国海关党务之星”。规范基层党组织建设，修订直属机关党的工作管理办法，部署开展“党的组织生活规范月”活动。深入推进“四强”和“三级”党支部建设，法规处机关党支部获评省直机关党支部建设示范点。深化党建品牌创建，政工办机关党支部品牌获评2022年度全国海关党建示范品牌。持续推进“我为群众办实事”实践活动，4个项目（“破解欧盟技术性贸易壁垒　助力出口花生产业发展”“优化出境竹木草制品检疫查检/监管模式　助力老区乡村振兴”“‘不夜卫士’引领定制‘包船出海’海关监管新模式　助力我国企业畅通稳定全球海运供应链”“青岛大港海关多措并举帮助企业出口享惠”）获评全国海关“百佳项目”。推动党建课题攻关，确定“5+5”个“书记项目”，2个课题成果（《发挥“第一方阵”作用服务海运产业链供应链高水平开放合作体系构建探析——以高质量海关党建引领构建新发展格局的实践与探索》《以党建品牌创建破解党建业务两张皮》）分获山东省机关党建优秀研究成果一、二等奖。聚力推进党风廉政建设和纪律作风建设，部署以案促改工作，开展“警示教育月”活动。深入推进廉洁文化建设，21件作品分获海关总署一、二、三等奖。加强机关纪委建设，制定机关纪委、纪检委员职责清单，健全完善机关纪委工作运行机制。深化准军事化纪律部队建设，开展“内务规范强化月”活动，牵头开展署级课题“新形势下准军事化纪律部队建设新特点探索研究”研究。

【党建宣传工作】2022年，青岛海关把学习贯彻习近平新时代中国特色社会主义思想作为首要政治任务，发挥党委理论学习中心组示范作用，全年围绕习近平总书记最新重要讲话、党的二十大精神、全国两会精神等开展专题学习14次。学习宣传贯彻党的二十大精神，关网主页开辟专栏，发布学习体会、情况交流等300余篇，在海关总署专题网站、《中国国门时报》以及“海关发布”“金钥匙杂志”微信公众号等发布信息稿件7篇。党委委员带头宣讲党的二十大精神，各级领导班子成员到所在支部、分管领域、工作联系点开展宣讲115场。举办“思想理论学用讲坛”、“学习贯彻党的二十大精神、以讲促学共提升”大讲堂、“学习党的二十大精神，我心永向党——青年关员谈”、“勇担使命开新局　青春献礼二十大”主题演讲比赛、“诵赞新时代　奋进新征程”等活动，创作《领航》传唱视频在海关总署相关媒体发布。抓牢意识形态主阵地，每季度开展干部职工思想动态调研分析，有的放矢做好思想政治工作。开展疫情一线防控人员思想状况专题调研，有针对性制定12条服务保障措施。加大对口岸疫情防控工作宣传力度，5篇作品入选全国海关抗击疫情纪实文学图书，“青关好声音”发布“我在国门抗疫”专题17期。

▲2022年5月24日，青岛海关举办处级领导干部学习贯彻党的十九届六中全会精神培训班

【文明创建和模范机关建设】 2022年，青岛海关深入推进文明创建和模范机关建设，青岛海关机关获评省级文明单位，关区9家全国文明单位、10家省级文明单位全部通过复审评定。组织开展模范机关建设主题活动，推报的2个集体获评省直机关模范机关建设工作表现突出集体。挖掘宣传青岛关区各条战线先进典型，1人入选海关总署“奋斗者、正青春”主题宣讲并被中央媒体宣传报道，1人获评第四届省直机关道德模范。

【基层党建】 2022年，青岛海关把党史学习作为必修课、常修课，制发推动党史学习教育常态化长效化实施意见，明确6个方面12条措施任务，持续推进“我为群众办实事”实践活动，4个项目获评全国海关“百佳项目”。细化党委、党委书记和党委委员履行机关党建主体责任、全面从严治党主体责任清单27项，压紧压实党建主体责任。统筹开展隶属海关党委书记和基层党组织书记党建述职工作，选择12家单位部门党组织书记进行现场述职，层层传导党建压力。部署开展“党的组织生活规范月”活动，抽查110个党支部“三会一课”等组织生活开展情况，发现共性问题4类，督促整改落实到位。锚定党建高质量发展目标，修订直属机关党的工作管理办法，编写支部标准化规范，细化11项支部日常工作流程。开展基层党建“双提升”行动，15项研究成果入选海关总署专刊，“创新‘三项议事’制度，推动党建与中心工作深度融合”获评“全国海关基层党建创新案例”，李志获评“全国海关党务之星”。统筹海关总署“四强”党支部和山东省“三级”党支部建设要求，细化57项考评指标，法规处机关党支部获评省直机关党支部建设示范点，复核评选“四强”党支部80个。深化党建品牌创建工作，青岛海关政工办机关党支部“润物无声”党建品牌获评2022年度全国海关党建示范品牌，“老牟团队”“舱单尖兵　监管先锋”“国门卫士旅检先锋”“青关税政通”“关企连心桥”“国门‘稽先锋’”6个基层党组织通过全国海关党建示范（培育）品牌复审，评选69个党支部品牌为青岛关区党建示范（培育）品牌。实施基层党建重点难点项目攻关，确定“5+5”个“书记项目”，解决党建业务融合难题。加强党建课题研究，2个课题分获山东省机关党建优秀研究成果一、二等奖。加强党内关怀，春节期间走访慰问困难党员、老党员和因公牺牲党员家属52名。开展庆祝中国共产党成立101周年系列活动，为30名老党员颁发“光荣在党50年”纪念章。加大党员教育监督管理力度，发展预备党员9人。线上线下相结合，分类别、分层次、分批次开展新任党支部书记、新发展党员以及专兼职党务干部等专题培训，结合海关系统全员培训，推进党员集中培训工作。

【党风廉政工作】2022年，青岛海关统筹落实全面从严治党各项工作任务。召开青岛海关全面从严治党工作会议，印发青岛海关2022年全面从严治党工作重点任务分工方案，明确5个方面59项具体工作，细化青岛海关全面从严治党工作任务表、路线图。系统梳理总结各隶属海关2021年度全面从严治党工作成效，对存在问题进行通报。开展廉政警示教育，召开警示教育大会，编写2017—2022年青岛海关关员违纪违法典型案例汇编，从案情通报、原因剖析、反思忏悔等方面进行全面解析，用身边事教育身边人。开展“警示教育月”活动，制发活动方案，深入推动落实。开展“海关重点项目和财物管理以权谋私”专项整治学习教育，组织904名关员参加海关总署专项整治学习测试，全部通过测试。组织899名关员撰写个人剖析报告，审核把关，有序推进专项整治工作向纵深发展。深入推进廉洁文化建设，制发青岛海关落实海关总署党委加强新时代海关廉洁文化建设实施意见的任务分解表，围绕海关总署党委提出的16项主要任务细化具体措施77条，明确任务分工和完成时限，并将落实情况纳入青岛海关全面从严治党主体责任考核。参加海关总署“清风国门”廉洁文化创意作品活动，征集推报廉洁文化创意作品139件，21件作品分获海关总署一、二、三等奖，青岛海关获优秀组织奖。持续加强机关纪委建设，印发青岛海关直属机关党委关于推动直属机关纪委委员、直属基层党组织纪委书记（纪检委员）履行职责发挥作用的意见，明确机关纪委、纪检委员职责清单，进一步健全完善机关纪委工作运行机制，完成对16

名违纪党员的纪律处分。开展领导干部配偶、子女及其配偶从业情况自查抽查工作，完成青岛关区3874名关员自查和954名关员抽查工作（含青岛海关管理干部185人、隶属海关管理干部769人）。组织领导干部任职前廉政法规考试23人次，指导技术中心开展领导干部任职前廉政法规考试25人次。

【准军事化纪律部队建设】2022年，青岛海关围绕“铸忠诚、担使命、守国门、促发展、齐奋斗”的工作要求，始终用准军事化理念管理队伍，用准军事化作风锤炼队伍，用准军事化标准检验队伍，建设堪当新时代重任的现代化准军事化纪律部队。4月，开展“内务规范强化月”活动，制发实施方案，明确“一把手”总体抓、分管领导重点抓、政工部门专门抓、各基层党支部抓落实的工作责任制。将海关内务规范纳入“三会一课”、主题党日等支部活动学习内容，组织4119人参与海关总署网上测试，平均成绩达90分以上。选派培训51名教官，开展形式多样集训，累计3680人次参加。录制内务规范讲解视频5部，重点纠正仪容着装不规范、关衔佩戴不

▲2022年2月25日，青岛海关直属机关妇委会组织舞蹈协会录制视频《“她”力量　正绽放》

标准等问题。将纪律作风建设情况纳入年度绩效考核，通过“明察暗访”“线上＋线下”不定期督查等方式，对办公业务现场开展着装仪容、办公秩序、纪律作风、会议纪律等督察54次，通报3次，点对点督促整改到位。研究新形势下队伍建设的新特点新要求，牵头完成海关总署署级课题“新形势下准军事化纪律部队建设新特点探索研究”。

【群团工作】2022年，青岛海关实施青年理论学习提升工程，成立121个青年理论学习小组，召开青年理论学习推进会，4家单位部门作交流发言，确定3个调研课题，开展“知行合一”调研实践活动，促进学习成果转化。依托“智慧团建”系统，建立工作台账，严肃团的组织生活，开展主题团日活动，指导3个团组织按时换届，夯实组织基础。开展“学、研、宣、评、做”系列活动，庆祝建团100周年。组织“喜迎二十大、永远跟党走、奋进新征程”微作品征集活动和“勇担使命开新局　青春献礼二十大”主题演讲比赛，发布视频5个、图文16篇，评选奖项39个。加强典型培树和经验总结，评选表彰学习标兵集体和个人45个（名）、优秀案例15篇，4人获市级以上表彰，有关做法被《中国共青团》杂志登载刊发。

【工会工作】2022年，青岛海关发挥工会、妇委会桥梁纽带作用，服务民生，解决干部职工急难愁盼问题。助力

乡村振兴，捐赠电脑、打印机、图书、文具等4000余件；开展“爱心助农”活动，订购当地特色苍山大蒜1500余斤，糖醋蒜、辣椒酱70余箱。加强防控一线关怀，开办心理疏导课程5次等；编写并派发《职工心理健康手册》，开通心理咨询热线。提升工会组织效能，先后获评“工会财务会计工作竞赛优胜奖”、山东省省直机关工会统计调查工作先进个人、青岛市“三八红旗手”、山东省省直机关最美家庭等；表彰青岛海关“三八红旗手”36名、“三八红旗集体”18个；“外来入侵植物检疫性线虫鉴定技能竞赛”入选省直机关工委重点支持竞赛项目。丰富干部文化生活，开展“新春送福”活动，书写“福”字近千张、对联200余副；举办纪念“三八”妇女节“五个一”系列活动，拍摄舞蹈作品《万疆》；组织青岛地区海关足球比赛，举办“技术中心杯”机关健步行；编排文艺汇演话剧《接管》。落实民生暖心工程，多层次开展2022年春节“送温暖”活动，办理青岛市职工医疗互助保障计划，举办“考前压力和情绪管理”专题讲座；发放节日慰问券，组织健康体检和妇女查体，完成残疾人就业申报工作，组织开展“慈心一日捐”。

撰稿人

王　浩　王增江　李　志　李家存　侯　康
姜　海

巡视巡察

【概况】2022年是十九届中央巡视全覆盖的收官之年，青岛海关党委按照海关总署党委的部署要求，启动青岛关区巡视整改集中清查及海关总署党委巡视发现共性问题对照自查整改工作，并同步启动青岛关区巡察整改集中清查行动，巡视巡察联动整改、统筹整改、全面整改，着力构建上下联动、同频共振、对照自查、举一反三的巡视发现共性问题整改工作链条，确保上一轮海关总署巡视整改工作取得实效。在青岛关区巡察方面，青岛海关党委围绕“有序、精准、高效”的关区巡察目标，坚守政治监督定位，聚焦海关职能职责，稳中求进、守正创新，将巡察工作纳入强关建设方案和年度重点任务一体谋划、一体部署、一体推进，实现巡察全覆盖目标。

【巡视整改“回头看”】2022年，青岛海关党委深入学习贯彻习近平总书记关于巡视整改“四个融入”要求，按照“当下改”与“长久立”相结合、集中改与持续改相统一的工作思路，对照海关总署巡视整改集中清查方案，成立工作专班，制发工作方案，组织专题学习，深入对照自查，对2020年海关总署巡视反馈整改工作组织“回头看”，对持续整改工作进行再调度，对整改台账进行再清点，对相关档案资料进行再梳理，先后新建档案材料8卷。纪检监察部门结合“海关重点项目与财物管理以权谋私”专项治理工作，对海关总署第三巡视组反馈的问题线索处置情况进行再起底，对巡视整改监督责任落实情况进行再盘点，形成巡视整改监督情况专题报告。对干部人事、调配选任等整改任务措施进行再梳理，对落实巡视整改监督职责情况进行再自查。统筹开展巡视巡察整改集中清查工作，组织开展了面向青岛关区全体干部职工的巡视巡察整改满意度调查，共有3352人参加问卷调查，巡视整改满意率97.31%。集中清查阶段先后开展巡视整改专项调度4次，通过会议、文件通报巡视整改工作5次，建立健全巡视整改工作台账21卷，编撰青岛海关巡视整改资料汇编1册20余万字。

【巡视发现共性问题自查整改工作】2022年9月，青岛海关党委印发关于整改海关总署党委巡视发现共性问题的工作方案，统筹组织推动青岛关区对照自查、整改落实工作。海关总署党委巡视发现的具体问题，被青岛海关党委全部认领并逐一对照检视。通过逐项认领、逐项检视、逐项落实，举一反三，制定对应整改措施38条。至9月30日，立行立改措施已经全部完成，其他8项需长期执行的长效措施也在持续推进。

【关区巡察工作】2022年，青岛海关党委认真履行巡察主体责任，科学应对疫情形势变化，采取“一次动员、分批进驻”“线上+线下”“现场+远程”等形式，统筹开展常规、专项巡察，量身定制谈话要点和问卷重点，增设总联络员跟踪督促、调度协调，完善巡察组长与被巡察单位部门主要负责人沟通机制，开展复盘总结推动巡察工作质量提升，完成5年一轮巡察全覆盖任务。本轮巡察全覆盖，青岛海关党委共派出26个巡察组，分10轮次对46个单位部门开展了常规、专项巡察和巡察“回头看”。被巡察单位部门扎实履行整改责任，制定整改措施1538项，建立完善各类制度规范391项。党委会听取巡察综合情况1次，领导小组研究巡察工作情况4次，全面总结本轮巡察全覆盖工作经验，提炼优秀做法。

【“1+N”联动监督】2022年，青岛海关综合分析中央巡视、海关总署党委巡视，以及青岛关区巡察发现的问题，开展“持续整治形式主义问题为基层减负”专项巡察；选派1名人员参加海关总署党委巡视，全力配合保障全国海关巡察办主任培训班召开。建立健全“人事、政工、监察、巡察”4支力量联系配合和巡审联动机制，召开联席会议2次。打造“1+N”联动监督模式，巡察组与选人用人专项检查组、审计组、相关职能条线专项检查组开展7次联合检查，发现问题30余个。

【成果运用与巡察队伍建设】2022年，青岛海关对巡视反

▲2022年4月16日，青岛海关党委第二巡察组在巡察技术中心领导班子期间开展专项检查

馈问题和党的十九大以来青岛关区巡察发现的问题逐一排查梳理，一体推进巡视巡察整改集中清查。制定进一步强化巡察整改责任推进巡察整改落实的意见，编发海关总署政治工作简报、青关工作呈报等6篇次。本轮巡察全覆盖，形成巡察报告、政治生态报告、专题报告等各类巡察材料270余份，制发巡察告知函80余份，制修订青岛海关党委巡察工作实施细则等配套制度14项，持续更新完善工作手册和工作流程图，建立17项614条检视内容、362个依据文件和302个典型问题的巡察工具包，形成50万余字的《青岛海关党委巡察工作指引与实务》。选育管并举锻造高素质巡察干部队伍，建立240余人的巡视巡察人才库，选派31人次参加海关总署巡视，遴选200余名同志参加青岛海关巡察。

撰稿人

李　博

纪检监察

【概况】2022年，青岛海关深入落实海关系统全面从严治党工作会议和纪检监察工作会议精神，注重标本兼治、强化监督检查、从严执纪问责，推动全面从严治党向纵深发展。截至年底，青岛海关共配备纪检监察干部67人，71.64%的人员配备在基层一线派驻监督岗位，在19个隶属海关及海关总署风险防控局（青岛）、青岛海关风险防控分局派驻14个纪检组，向后勤管理中心、技术中心等6个直属单位派驻3名纪检监督员，不断提升监督工作质效，实现派驻监督“有形覆盖”到“有效覆盖”。

【政治监督】2022年，青岛海关各级纪检机关盯紧抓牢“国之大者”，强化政治监督。加大疫情防控监督力度，组织“挑毛病”专家组，实行闭环监督和问题清零机制，提升科学防控水平。深入推进黄河国家战略，作为“11+1”关际一体协同机制牵头单位，签订“关港地”协作备忘录，建立8项机制，相关做法被山东省纪委和青岛市推广。紧盯青岛关区安全生产开展监督检查，制发监督建议书。研究制定廉洁文化建设任务分解表，细化措施77条，持续涵养清风正气。党委纪检组组长与党委委员、35名部门负责人、52名下级班子成员“一对一”谈话。实行会商通报制度，派驻纪检机构与驻在单位党委开展全面从严治党专题会商35次，协调解决问题43个，着力破解“一把手”监督难题。以民主生活会为抓手，梳理各级班子成员2021年度被谈话函询、问责、处分等情况，为精准监督打牢基础，选派纪检干部全程参与督导，确保民主生活会

▲2022年8月25日，青岛海关所属黄岛海关关员在“漂流本”上书写廉政感言

"红脸出汗"。

【"海关重点项目和财物管理以权谋私"专项整治工作】 2022年，青岛海关党委深入贯彻落实海关总署党委、驻署纪检监察组部署要求，"高站位部署、高效率推进、高标准落实"，靶向分析、精准研判、解决"海关重点项目和财物管理"领域问题及廉政风险。印发青岛海关专项整治工作实施方案，细化5个方面27项具体任务，明确"时间表"和"线路图"。召开青岛海关动员部署会和工作推进会，关领导约谈相关部门和派驻纪检机构"一把手"26人次，实地调研9家单位，压紧压实责任。召开人事、政工、监察、巡察"四支力量"联席会，细化工作任务、明确配合内容，各司其职、同频共振。实行"每日一调度、每周一总结、每月一检查"，事事有跟进、环环有监督；成立5个检查组开展实地检查，推动责任落实、任务落地。开展5轮排查，召开重点项目核查汇报会、分析研判会，逐项分析、集中研判，全面起底梳理2012年以来重点项目，强化问题整改，印发整改工作方案，制发海关总署检查反馈问题、青岛海关自查发现问题"两张清单"，修订完善制度28项，规范工作流程25项，制定廉政风险防控措施275条。

【日常监督】 2022年，青岛海关做好日常监督工作，持之以恒纠治"四风"。推进解决形式主义问题为基层减负，进一步优化政务运行机制，精简会议数量；抓住关键节点正风肃纪，每次节前发布纠治"四风"问题的通知，通报典型案例。进一步健全完善青岛海关党委派驻纪检组与驻在单位党委会商通报工作办法，建立健全职责分明、流程规范、协同高效的会商通报工作机制，各派驻纪检机构向驻在单位制发监督建议书，推动解决监督发现问题124个，与驻在单位党委开展会商通报46次，形成同向发力、协作互动的工作格局。用好用足"第一种形态"，其中党委纪检组组长开展廉政工作谈话、提醒谈话、任前廉政谈话、常规谈话。建设、用好电子廉政档案，实现电子廉政档案建设"全覆盖"，为实现科学精准监督执纪问责提供信息化支撑。构建具有青岛海关特色的"四位一体"监督模式，用好"四支力量"联系配合机制，与人事、政工、巡察部门各司其职、信息共享、同频共振。探索在"智慧监管"中推进"智慧监督"，成立廉政风险数据分析工作专班，精准监督执法权力运行情况。

【执纪审查】 2022年，青岛海关不断拓展"组地关"协作配合工作机制，统筹协调地方纪委监委、派驻纪检机构、职能部门、隶属海关各方优势互补、同向发力，不断提升办案质效。在问题线索处置、初步核实、立案审查等环节，落实"以上为主"要求，加强请示汇报，共立案19起。健全完善"室组"联动工作机制。对青岛海关14个派驻纪检组实行划片管理，开展跨区域联合办案，整合办案力量，改变派驻机构"单打独斗""忙闲不均"的状态，立案4起。建立健全问题线索移交、分析研判、初核、联合惩戒等协作配合工作机制。对于涉及海关业务复杂、专业性强的问题线索，抽调特殊区域监管、财务、基建等业务领域专家参与初核，立案5起。与地方纪委监委保持密切沟通，实现借助地方纪委监委办案措施常态化。青岛海关党委纪检组与山东省、青岛市纪委监委，青岛海关14个派驻纪检组与驻地纪委监委均建立联系配合机制，主动走访沟通，通报重要情况、联合开展审查调查，在提供谈话场所、信息查询等审查措施方面取得地方纪委监委的大力支持，共与地方纪委监委联合办案3起。深化以案促改，标本兼治，办案中同步分析深层次原因，通过纪律检查建议书、监督建议书等形式，督促案发单位担负起以案促改主体责任，制发纪检（监督）建议8份。拓展风险防御的“战略纵深”，从重点案件立即排查、历史案件集中起底、监督发现随时移送3个层面，建立“反围猎”联合惩戒机制。

【问责追责】2022年，青岛海关进一步完善问责工作指引，强化问责工作统筹和审核把关，细化规范工作程序，着力提高党内问责工作的政治性、精准性、实效性。紧盯领导班子和领导干部等“关键少数”，严肃追究失职失责党组织和党的领导干部的主体责任、监督责任及领导责任。对青岛海关立案查处的1起违纪违法案件开展责任分析，对案件暴露出的管党治党责任落实不到位等问题启动问责程序。

撰稿人

杨海峰

干部队伍建设

【概况】2022年，青岛海关共有缉私局、黄岛海关、烟台海关、海关总署风险防控局（青岛）4个副厅级机构，正处级机构84个，副处级机构8个，直属事业单位5个，隶属海关单位21个。青岛关区人员4141人，其中行政编制3441人（含缉私326人）、事业编制700人，平均年龄43.7岁，硕士研究生以上学历的占30.70%，享受国务院政府特殊津贴专家4人次和省部级优秀中青年专家4人次。

2022年，青岛海关党委贯彻新时代党的组织路线，落实新时代好干部标准，在急难险重任务中考察识别干部，选优配强各级领导班子，培育优秀年轻干部，锻造忠诚干净担当的高素质专业化干部队伍。分领域、分层级建立涵盖22个业务领域、1000余人的专业人才库，打造关税技术、卫生检疫等5个专家工作室，推荐事业单位82人参加海关总署高级职称评审，对黄岛海关等4个单位开展选人用人监督检查，对在疫情防控、查缉走私、打击出口骗税等工作中表现突出的1个集体和358名个人表彰奖励，完成青岛关区22个事业单位绩效工资改革入轨工作。

【领导班子建设】2022年，青岛海关聚焦选育管用全链条管理，突出育用结合，持续提升选人用人的科学化水平。聚焦岗位历练，组织开展16名处级领导干部交流任职，推荐9名干部在省市各级人大、政协任职，选派9名干部参与乡村振兴、自由贸易试验区、上合示范区等重大国家战略，组织4名优秀执法一线科长参加"百名科长百日督查"、信息系统互联互通专项调研等工作，推动干部在艰苦复杂环境和急难险重任务中开阔视野、接受锤炼、提升能力。健全常态机制，大力培育优秀年轻干部。制定进一步加强优秀年轻干部培养使用的工作措施，明确进一步做好新入关干部培养、管理和使用等相关工作的制度。压实压紧隶属海关、直属事业单位党委主体责任，注重常态化发现、培养、使用，分层级建立优秀年轻干部库，为更多优秀年轻干部进入组织视野提供机会、搭建平台。

【人才队伍建设】2022年，青岛海关加强组织领导和规划统筹，成立两级人才工作领导小组，印发青岛海关关于加强关区人才队伍建设的实施方案，制定专家工作室、专业人才库、岗位聘用等配套管理办法。优化人才引进机制，定期分析研判人才需求，采取人才引进方式招聘事业单位紧缺专业博士研究生 2 人；新招录接收干部 44 人，90% 以上为急需紧缺专业人才，全部安排到基层业务一线工作。完善人才储备机制，分领域、分层级建立专业人才库，涵盖 22 个业务领域，入库 1000 余人。优化人才使用机制，发挥专家人才引领作用，整合优质专家资源，重点打造关税技术、卫生检疫等 5 个专家工作室，实行动态管理、定期评估、终期考核，依据工作计划建立任务台账，明确目标任务、完成期限，责任到人、挂账销号。持续强化能力建设，推荐优秀干部参加海关总署重点工作任务 72 人次，参加各类专家技术委员会，参与海关总署科研项目及标准制修订的评审及审定工作；以技能比武、专项工作和日常"传帮带"为抓手，先后开展实训 39 期，培训 1856 人次，组织技能比武、岗位竞赛、实操演练 139 次。完善激励保障机制，组织 32 名专业技术类公务员参与评定高级专业技术任职资格，范围涵盖海关监管技术和海关科技 2 个系列的 6 个专业方向，23 人经海关总署评审取得正高级专业技术任职资格，6 人经考试取得副高级专业技术任职资格。事业单位 4 人取得副高级职称，19 人取得中、初级职称。

【监督管理】2022 年，青岛海关落实以案促改工作要求，下发落实以案促改进一步做好选人用人工作的通知，进一步规范和改进青岛关区选人用人工作。将选人用人检查与巡视巡察等工作紧密结合，加大对隶属海关、直属事业单位干部选拔任用、岗位聘用等工作检查力度。结合党委巡察工作部署，重点对黄岛海关等 4 家单位开展选人用人监督检查，共计发现干部选拔任用、干部监督管理、干部队伍建设、人事基础工作 4 个方面问题，并持续跟进、挂账销号、监督指导。从严管理监督干部，统筹发挥人事、政工、监察、巡察"四支力量"监督合力，通过信息共享、协同配合，确保有效监督。落实领导干部报告个人报告制度，多措并举强调纪律、宣讲政策、加强指导、详细审核，组织 465 名干部进行年度集中填报。全面开展企业兼职（任职）问题专项自查自改工作，组织关区 5200 余名在职及离退休人员开展两轮违规投资企业及在企业兼（任）职自查，公开约谈问题较重的 3 家单位，对审计发现问题相关人员给予党纪处分 1 人、撤销专项奖励 3 人。按照"海关重点项目和财物管理以权谋私"专项整治工作要求，对青岛关区 2012 年以来共计 890 名离岗离职人员从业情况进行摸底排查。用好监督执纪"四种形态"，在干部监督管理工作中运用"第一种形态"处理 21 人次。

【激励保障】2022 年，青岛海关立足"三位一体"考核，组织开展防范化解重大、系统性风险等专项考核，平时考核评优继续向疫情防控一线倾斜，年度考核差异设置优秀等级比例，领导班子考核优秀的单位部门评优比率不低于 25%，其他单位部门不高于 20%，综合表现较差的单位部门降低比例、减少名额，疫情防控一线人员、执法一线科长优秀比率分别达到 35%、47%，发挥考核"指挥棒""风向标"作用。保障疫情防控人力，制订应急预案和关爱一线人员工作方案，有计划做好人员增补、撤回和轮岗轮休工作，新入关人员分批安排到疫情防控一线实战锻炼，跨单位分批调配干部96人次开展应急支援，20余人次支援省市疫情防控指挥部、驻广东专班。持续加大公务员奖励力度，修订青岛海关工作人员奖励办法，对在疫情防控、查缉走私、打击出口骗税等工作中表现突出的1个集体和358名个人表彰奖励。

【教育培训】2022年，青岛海关秉持“小而精、务实管用、干部欢迎”理念，服务业务改革、助力人才强关，促进干部队伍能力素质提升。强化规范达标，扎实开展法定培训。分处级、科级及以下开展学习贯彻党的十九届六中全会精神全员网上专题班，3646人参训；开展处级领导干部学习贯彻党的十九届六中全会精神集中调训，青岛关区处级领导干部共403人参加轮训；开展初任培训、晋衔培训、任职培训，244人应训尽训。制发学习宣传贯彻党的二十大精神方案，制定14项具体措施，全员配发学习书籍，关区各级党组织运用“三会一课”、主题党日、青年理论学习小组等形式开展学习研讨活动，在青岛海关官网学习专栏发布研讨文章150余篇。强化重点保障，持续服务疫情防控。按照“业务全领域、人员全覆盖、常态化施训、动态化补缺”持续深入开展疫情防控培训，月均培训在岗人员520人次，685人次通过实操培训考核取得上岗证书；制定青岛关区三级梯队人员疫情防控课程清单并持续更新线上课程资源，常态化开展岗前培训和在岗实操培训；瞄准提升“关键少数”疫情防控能力，开展领导干部专业化能力提升（疫情防控）专题培训。强化质量效果，不断丰富办训方式。采用“网络学习+集中答疑”“分片集中+远程直播”等混合方式培训，开展稽查、关税、进出口食品安全等重点业务培训15期，开展RCEP、检验检疫行政处罚等业务直播讲座6期，第一时间解读最新政策；开展

▲2022年10月20日，青岛海关所属莱州海关与中化工储运有限公司开展“学习二十大　奋进新征程”联合党建活动

进口再生原料检验、病媒生物监测、外来物种查验截获等送教上门6期，结合董家口港海关急需的14个业务领域开展定制式培训，精准解决基层业务难题和一线岗位人员培训需求。强化骨干培养，深化“青关好师傅”培训模式，围绕具体领域和业务需求组建、调整团队，开展集知识讲授、经验传承、课题研究、行业调研于一体的团队学习模式，25个团队开展培训59次，850余人次参训。强化科技意识，开发用好教培资源，打造精品课件，录制并推荐15门课程入选海关总署课程库，在全国海关政治机关建设、执法一线科长、教培管理者等培训班使用。加大以考促学，组织学习党的十九届六中全会、党的二十大精神、疫情防控、法规、稽查等各类考试33余场，6000余人次参考；做好岗位资质培训考核保障，94人参加2022年执法资格考试，179人通过考试取得动植物检疫岗位资质；助力岗位练兵，5000余人次参加55期次稽查条线岗位练兵模拟训练。

撰稿人

王　姗　胡宗尧

第五篇

业务建设

法治建设

【概况】2022年，青岛海关全程参与《中华人民共和国海关法》修订工作，对《中华人民共和国海关关衔条例》等4部法律法规进行修法法治审查，对《进出口商品免验办法》等6部规章进行立法后评估。创新“讲明法理、讲清事理、讲透道理、讲通情理”四讲工作法，践行新时代“枫桥经验”，在执法纠纷易发多发领域建成14个工作室。办理复议诉讼案件23起，均胜诉。出台“加强行政许可管理、优化行政许可服务”的16条措施，搭建“场景式”许可服务平台，对3项行政许可实行办理时限承诺制。落实“谁执法谁普法”普法责任制，制定年度普法责任清单35项，4件动漫微视频普法作品获评海关总署优秀普法作品，青岛海关获评山东省“八五”普法依法治理工作联系点。

【法规管理】2022年，青岛海关参与海关总署立法及立法后评估工作。全程参与《中华人民共和国海关法》修订工作，承担“监管与检查、查验、检验、检疫等概念的逻辑关系论证”“通过对海关监管区、海关监管货物等用语的修改厘清海关职责边界”两项专题修法研究工作，撰写研究报告9.5万余字。组织研究《中华人民共和国海关法》(修订草案第6稿)，对40个条款提出修改意见。对《中华人民共和国海关关衔条例》等4部法律法规进行法治审核，提出审查意见39条。就59部海关总署规章的立法后评估向海关总署政策法规司提出“立改废”意见101条，均被采纳。牵头海关法治第五协作区海关，重点对《进出口商品免验办法》等6部海关总署规章开展立法后评估，撰写修法意见报告3.5万余字。完善“规范性文件—制度—岗位操作手册—操作规范”相互配合、相互协调的青关特色制度体系。加强制度“立改废”，按照“谁主管、谁起草、谁负责”的原则，共“立改废”制度56项，其中制定13项、修改36项、废止7项。持续开展制度评估3年行动，已评估107项，完成率70.39%。强化合法性审查，将规范性文件、制度、支持地方发展举措、合作备忘录，以及以党委名义出台的制度性文件全部纳入合法性审查范围，对73份制度性文件提出法律审查意见235条。丰富完善岗位操作手册，涵盖25个门类、167个岗位，规范基层执法与管理。组织手册应用情况评估，将法律文书和业务单证填制模板、涉检类工作依据等嵌入手册。修改手册实行“月提醒、季通报、年考核”，年内修改1157条次，维护文件721件。为服务“双循环”新发展格局、促进黄河流域生态保护和高质量发展、自由贸易试验区、上合示范区、企事业单位改革等重大改革举措提供法治保障，进行法律论证，提出合法性审查意见11条。审查5项自由贸易试验区创新举措。审查民事合同1065份，提出法律审查意见2550余条，合同不规范情事同比下降45%。发布新法速递18期，涉及法律、行政法规、海关规章9部和海关总署公告134份。

【执法规范化建设】2022年，青岛海关开展“法治青关”示范创建活动，发挥6家示范单位和11个示范点的典型示范引领作用，做好成果展示验收和推广应用。参与海关总署海关系统权责清单编制工作，涵盖11个权责类型、16个业务领域的375个事项。落实行政执法“三项制度”，动态完善清单45项。完善自由裁量权规制措施，8个部门13个业务领域制定规制措施21项。深入践行新时代“枫桥经验”。成立领导小组，制发青岛海关践行新时代“枫桥经验”指导

▲2022年9月5日，青岛海关法规处关员在新时代“枫桥经验”孵化中心为来访企业解答法律疑难问题

意见，在商品归类、行政处罚等争议多发领域建成践行新时代“枫桥经验”工作室14个。开展纠纷溯源治理，化解执法纠纷381起。加大宣传力度，在《法治日报》《中国国门时报》等发布青岛海关践行新时代“枫桥经验”做法10篇。创新行政复议“1330”工作法，办理复议案件17起，复议化解率达94%；6起行政诉讼案件终审胜诉。加强涉法疑难问题研究，解决执法疑难问题66个。制发涉法风险提示、解决基层涉法疑难问答5期。

【法治化营商环境】2022年，青岛海关加强行政许可管理，优化行政审批服务。编制青岛海关行政许可事项清单，出台“加强行政许可管理、优化行政许可服务”的16条措施；搭建青岛海关行政许可“场景式”服务平台，集成、拓展、优化行政许可网上办理功能；逐步实施行政许可事项办理时限承诺制，已对3项行政许可实行办理时限承诺制，办结时限可压缩60%。加强法治化营商环境建设。出台贯彻落实全国“放管服”会议精神、优化执法方式等各类“放管服”举措60项；实施15项海关涉企经营行政许可事项“证照分离”改革举措。

撰稿人

卢西高　刘培海　孙延明　徐　璐

业务改革与发展

【概况】2022年，青岛海关牵头黄河流域区域海关推动海关总署12项服务黄河流域生态保护和高质量发展重点举措全面落地见效，联合确定27个关际合作项目重点推进，开展跨关区业务协同和全业务领域一体化实践，其中2项举措（“深化关际一体协同”“陆海联动、海铁直运”）入选山东省典型案例。会同港口、自由贸易试验区等24家单位共同发起“关港铁区”协作机制倡议，联合青岛市纪委监委等单位部门建立5项“关港地”常态化协同工作机制，共助青岛打造黄河流域高质量发展桥头堡。落实《国务院关于支持山东深化新旧动能转换推动绿色低碳高质量发展的意见》，会同济南海关联合开展专题研究，量身定制各项服务措施，并逐项与海关总署相关司局对接沟通，争取支持，促进海关总署出台支持山东深化新旧动能转换推动绿色低碳高质量发展的若干措施。落实海关总署促进外贸保稳提质10条等系列措施，结合山东实际与济南海关联合推出19条细化措施。制定优化海关行政执法促进外贸保稳提质的指导意见，在黄岛海关开展试点。建立“跨境贸易便利化直通车”工作机制、产业链供应链“白名单”企业通关保障机制，解决重点企业问题233个。明确51项具体任务，实施促进跨境贸易便利化“百日冲刺”行动，建立工作台账及“月调度”制度推动落实。各类媒体宣传报道150多篇次，创新做法被国务院推进政府职能转变和“放管服”改革协调小组、国家口岸管理办公室宣传推广。依托国际贸易“单一窗口”，支持打造全国首个“中国—上海合作组织地方经贸合作综合服务平台”，为外贸企业提供一站式解决方案和全周期综合服务体系。深入推进提前申报、两步申报，12月关区进、出口整体通关时间较2017年分别压缩54.30%和89.85%。建立“境外技术壁垒交涉应对重点企业库”企业问题闭环解决机制，解决出口难题33个；威海输韩食品农产品等3个评议基地获批建立；累计对33项境外通报提出评议意见119条，提报特别贸易关注26项。开展“龙腾”等专项执法行动，采取扣留措施2132批次，扣留侵权货物61.12万件，刑事立案2起。解决“好品山东”品牌企业知识产权保护难题21个，挽回经济损失1800余万元。查办案件连续16年入选中国海关知识产权保护典型案例，知识产权状况预确认创新举措入选知识产权强国

▲2022年11月6日，青岛海关相关负责人参加第五届中国国际进口博览会山东省“黄河流域国际贸易便利化合作论坛”，并介绍跨境贸易便利化“百日冲刺”行动

建设第一批典型案例。

【通关运行管理】2022年，青岛海关持续推动两步申报、提前申报，巩固压缩整体通关时间工作成效，两步申报应用率接近20%，进口提前申报率提高10%。开发“数e通—关员便捷助手”，梳理汇总境外证书格式，实现单证审核对检验检疫证书样本的一键调取，进口食品单证审核时间压缩40%；实现AEO企业自动标识，AEO企业转人工处置报关单每票可减少办理时间4个小时。作为“全国货物通关运行监控分析专项工作组”成员单位，完成进口能源、粮食、船舶滞港等研究分析材料。自主开发通关监控系统，为现场开展业务运行监控提供手段，编写综合业务规范性监控手册，围绕滞报金减免、长期未结关、特殊通道申报等10项工作设立指标体系并动态调整，面向青岛关区19个隶属海关开展“1+19”模块化监控，实现运行监控全覆盖。全年在滞报金减免、长期未结关等基础业务领域核查报关单5000余票。参与海关总署综合业务司各类制度修订，协助完成进出口货物申报管理规定、报关单修撤管理办法等的修订工作；对涉检单证审核、报关单取代入境货物检验检疫证明等改革措施进行研究。完善通关作业各项管理规定，修订岗位操作手册，进一步规范特殊通道、滞报金减免等业务；梳理单证审核要求和境外证书格式，加强对单证审核岗的指导。做好进口粮食、能源等重点物资通关保障，定期对进出

口量和通关时间进行监控，及时发现并解决进口粮食、冷链食品压港等情事。落实进口能源保供要求，指导现场做好在港煤炭的处置和进口煤炭的通关保障，全年共进口煤炭1508万吨，同比增长8%。

【业务改革协调】2022年，青岛海关参与海关总署健全“三应”（响应、呼应、反应）运行机制深化业务改革融合课题研究，梳理分析收集106个具体问题，提出改革优化方案，形成青岛海关以“化学反应”理念推动一线执法业务深度融合的调研报告、优化业务风险防控一体协同机制提升新时期海关综合监管能力等专题报告和政研文章。会同大连海关按照海关总署综合业务司要求做好海关总署业务改革信息化系统升级，开展任务书撰写、系统开发测试等工作，提出各类优化意见建议30余项，组织全国系统上线培训并授课。梯次推进“检查异常处置功能模块”试点，已推广至荣成、龙口、海阳、邮局等5个业务现场，实现检查异常处置事件的智能甄别和自动流转。全年向海关总署上报流程异常、系统故障等问题建议40余项。持续优化业务改革“问题清零”长效机制，建立“现场触发—集中收集—联合研判—动态清零”的闭环管理模式、“跟班作业+问题清零”联动机制，共享问题清单，共商“业务+科技”解决方案。全年共收集各类问题83个，已解决63个。优化“双随机、一公开”监管工作机制，根据海关总署行政检查随机抽查事项清单，结合实际调整青岛海关行政检查随机抽查事项清单，针对22个行政检查随机抽查事项，逐一明确检查对象和检查依据，细化“查谁”规则、“谁查”规则、实施抽查及结果公开的具体负责部门。在青岛海关门户网站设立《双随机、一公开》专栏，组织隶属海关对海关行政检查随机抽查事项清单进行自查并整改，全年公开检查结果1800批。

【促进外贸保稳提质】2022年，青岛海关落实海关总署促进外贸保稳提质10条等系列措施，结合山东外贸实际，与济南海关联合推出促进山东外贸保稳提质19条措施。联合济南海关开展专题研究，精准聚焦山东产业转型升级和新旧动能转换要素流通，量身定制各项服务措施，助力海关总署出台14项支持山东深化新旧动能转换推动绿色低碳高质量发展措施。制定优化海关行政执法促进外贸保稳提质的指导意见，在黄岛海关开展试点并取得良好效果，业务流程更加标准，执法作业更加透明，关企互动更加常态。与青岛市口岸办、青岛自贸片区管委共建“跨境贸易便利化直通车”工作机制，推动企业问题快速响应、协同处置、滚动清零。建立产业链供应链“白名单”企业通关保障机制，纳入“重点企业帮扶台账”开展靶向服务，解决重点企业问题233个。与山东省口岸办等单位开展“助企促贸”政策宣讲，与上合示范区管委等单位联合开展“上合海关大讲堂”政策宣讲，线上线下近5万人次参与。在青岛海关管理网和门户网站开设专栏，发布文件、政策解读、动态等各类信息486篇，与济南海关、山东报关协会共同开展优秀案例评选，提升青岛关区促进外贸保稳提质工作水平。

【优化口岸营商环境】2022年，青岛海关开展促进跨境贸易便利化“百日冲刺”行动计划，明确51项具体任务，建立工作台账及“月调度”制度推动各项任务有效落实，多渠道对相关工作加大宣传力度，营造良好舆论环境，各类媒体宣传报道150多篇次。国务院推进政府职能转变和“放管服”改革协调小组、国家口岸管理办公室分别在《全国优化营商环境简报》和《口岸简讯》宣传推广有关经验做法。依托国际贸易“单一窗口”，支持打造全国首个“中国—上海合作组织地方经贸合作综合服务平台”，为外贸企业提供一站式解决方案和全周期综合服务体系。

【技术性贸易措施】2022年，青岛海关扎实开展技术性贸易措施工作，进一步夯实工作基础，发布交涉应对企业库、技术性贸易措施研究评议基地工作指引，设立青岛关区技术性贸易措施工作管理岗位，建立47名专家组成的关区专业人才库，联合山东省贸促会、青岛市商务局等部门，开展企业培训60余次，宣传贯彻企业1500余家。进一步强化内外部协作，将技术性贸易措施工作列入《青岛海关　济南海关促进山东省外贸保稳提质19条措施》；会同济南海关、山东省市场监督管理局签署战略合作协议，联合开展企业影响调查、质量认证服务企业出口调研等工作；分别向山东省政府和青岛市政府报送2021年出口企业受境外技术性贸易措施影响调查报告。着力助企纾困，青岛关区“境外技术壁垒交涉应对重点企业库”企业数量由36家增加至45家，建立企业问题闭环解决机制，解决企业出口难题33个。强化对外交涉应对工作。累计对33项境外通报提出评议意见119条，30余条被海关总署采纳并对外交涉，日本、韩国对我国9项意见进行答复；提报特别贸易关注26项，9项在世界贸易组织大会对外提出，促成欧盟修改含明胶复合食品进口要求和维生素D3归类标准，恢复相关产品出口欧盟，我国年超10亿元出口产品获益。

【建设技术性贸易措施研究评议基地】2022年，青岛海关继续推进技术性贸易措施研究评议基地建设，青岛白色家电和济宁大蒜基地创新工作模式，并通过海关总署基地年度考核；威海输韩食品农产品、蓬莱葡萄酒和梁山专用车及零部件基地获得海关总署批复建立，其中蓬莱葡萄酒基地在第五届中国国际进口博览会海关总署“非关税贸易措施高质量发展论坛”正式签约并介绍基地创建经验；指导烟台、胶州海关推进基地创建前期调研和筹备工作；青岛关区现有基地5个。

【进出口货物禁限管理】2022年，青岛海关加强进出口货物禁限管理防范化解风险。完善工作机制，制发通知明确青岛海关进出口货物禁限管理工作目标原则、职责分工及管理要求；完善管理证件事后核查机制，制发监管证件审核及核查操作指南3项，定期通报青岛关区监管证件管理情况，构建隶属海关自查和职能部门监督两道防线。强化职能监督指导，在“云擎”平台构建部署漏交证件、证件超量使用等重点风险数据筛选监控模型，监控功能11项，覆盖监管证件23种；开展日常监控和专项核查，全年共筛查涉证报关单12500余票，开展出口易制毒化工品漏交证件、自动进口许可证贸易国比对不符2项专项核查，查发漏交两用物项许可证等异常报关单232票，制发监控处置联系单18份，相关问题均已整改完毕；开展青岛关区进出口货物禁限管理证件合规管理实务线上培训，赴业务现场开展“量体裁衣”式业务培训。提升成果转化效能，每季度向海关总署报送进出口货物禁限管理证件监控核查情况报告；分析总结事后核查经验，向海关总署提报H2018系统合规管理意见建议6项。

【知识产权海关保护】2022年，青岛海关加大知识产权保护力度，开展“龙腾”“蓝网”“净网”专项执法行动，采取扣留措施2132批次，同比增长13.20%，扣留侵权货物61.12万件，刑事立案2起。持续优化服务举措，为“好品山东”品牌企业解决知识产权保护难题21个，为企业挽回经济损失1800余万元。以“CPTPP框架下知识产权海关保护研究”等4项课题为引领，提升青岛关区知识产权保护水平。与山东省市场监督管理局签署战略合作协议，推动构建大保护工作格局。查办的知识产权案件连续16年入选中国海关知识产权保护典型案例，知识产权状况预确认创新举措入选知识产权强国建设第一批典型案例。

撰稿人

王志鹏　王润飞　孙晓静　李　红　高　天
谭加强　魏同欣

自贸区和特殊监管区域管理

【概况】2022年，青岛海关贯彻落实全国海关工作会议精神，推进自由贸易试验区、海关特殊监管区域高质量发展。中国（山东）自由贸易试验区青岛片区、烟台片区共实现进出口总值3942亿元，同比增长21.61%，占山东省进出口总值的11.83%。青岛海关辖区共有9个综合保税区，分别为青岛前湾、烟台、威海、青岛胶州湾、青岛西海岸、临沂、日照、青岛即墨、青岛空港综合保税区，其中青岛空港综合保税区2022年年底尚未封关运作。综合保税区进出口总值4396.52亿元，同比增长19.21%。

【自由贸易试验区建设】2022年，青岛海关以制度创新为

▲2022年5月12日，青岛海关所属烟台海关关员现场查验进境货物

核心，以企业需求为导向，推动中国（山东）自由贸易试验区深化改革方案出台，推进海关监管制度创新。支持并参与中国（山东）自由贸易试验区深化改革创新方案研究制订工作，结合实际提出优化完善意见建议，推动深化改革创新方案出台。对方案涉及海关的任务事项，建立工作台账，明确责任分工，全面推进落实。以问题为导向、需求为导向，发挥关港联席会议、区关港联合创新机制等作用，依托自由贸易试验区平台，深入推进海关监管制度创新。探索推出各类监管创新举措20余项，“企业集团加工贸易新模式”在全国海关复制推广，“移动查验单兵集成知识产权商标智能识别应用”“进口海洋生物样本‘清单式’检疫审批服务”2项在海关总署备案，22项创新制度分别入选中国（山东）自由贸易试验区第二批、第三批制度创新成果，占山东省新推出创新成果总数的近四分之一。以“实事求是、因地制宜”为原则，从业务发展实际和企业实际需求出发，重点围绕国务院6批在全国复制推广的改革试点经验、海关总署复制推广的创新制度，抓好复制推广工作。截至年底，涉及海关的共计69项任务中，65项已落地实施，有效释放了自由贸易试验区改革试点政策红利。

【海关特殊监管区域监管】2022年，青岛海关贯彻落实《国务院关于促进综合保税区高水平开放高质量发展的若干意见》等文件要求，强化监管、优化服务，探索综合保税区智慧化管理新路径。支持综合保税区申建，推动青岛空港综合保税区于2022年2月获批。推进实施综合保税区“强基提质”工程，对综合保税区开展系统调研，围绕账册管理、货物过卡、区内流转、区区流转等关键环节，委托加工、保税维修等敏感业务，粮食、食糖、棉花等重点商品，深入调研摸排，摸清底数，排查风险。在风险分析基础上，优化监管措施，完善监管链条。强化粮食加工等涉配额管理类商品监管，召开关长专题办公会，先后制发3个规范性文件；系统规范综合保税区监管，制发规范综合保税区监管和明确综合保税区账册管理的通知。发挥综合保税区政策功能优势，持续打造联通国内国际双循环的重要节点。

【综合保税区改革试点】2022年，青岛海关推进综合保税区有关改革创新举措落实落地，开展增值税一般纳税人资格试点，赋予综合保税区内企业一般纳税人资格，88家企业参与试点，促进企业灵活有效利用国内国外“两个市场、两种资源”，增强企业国际竞争力。全面推进仓储货物按状态分类监管，允许非保税货物以非报关方式进入综合保税区，与保税货物集拼、分拨，盘活区内仓储资源，41家企业开展试点。支持区内企业开展跨境电商网购保税进口业务，按照包容审慎监管原则，推进跨境电商进口退货中心仓政策及跨境电商特殊区域出口海外仓试点，推进跨境电商网购保税进口业务量提质上量。跨境电商“1210”进出口值45亿元，同比增长50.94%。支持期货保税交割业务做大做强，落实与上海期货交易所签署的战略合作协议，通过制度、技术、手段创新，提升标准仓单金融属性和流通价值。青岛海关辖区6家20号胶期货指定交割库共生成期货标准仓单

12950手、13.05万吨，实际参与交割14375手、14.49万吨，占全国实际参与交割量的91.22%。

【加工贸易转型升级】2022年，青岛海关推进加工贸易转型升级，提升贸易便利化，促进外贸稳增长。建立内销联系协调机制，推进边角料网上拍卖改革，持续推动内销便利化。推动企业集团保税监管模式改革，关区参与改革集团数量增至14个，涉及企业52个，开展余料结转等业务1545次，涉及货值6.3亿元，为企业节省风险保证金等资金占用9833.3万元。承接轮胎加工贸易单耗管理试点改革，助力企业降本增效，联合中橡协组织专题调研、制订改革方案，以橡胶轮胎行业为重点，稳步探索单耗管理模式改革，相关试点改革措施已在全国范围推广。组织开展关区加工贸易业务专项整治，牵头开展跨关区交叉互检，查摆薄弱环节、完善监管链条。优化海关总署金关二期预警功能，提出新增24项监控指标，完成第一批8项指标的开发、测试工作；协同稽查部门开展定期管理类选查、核查工作，提查企业200余家。

撰稿人

王　刚　朱光冬　李　超　范莹莹

风险管理

【概况】2022年，青岛海关聚焦风险工作高质量发展，全面推进防控体系和能力建设，推动各项工作行稳走深做实。全年人工分析布控查验报关单2.06万票，贸易渠道下达稽核查指令983起，刑事立案34起、行政立案19起，案值共约3.42亿元。

【制度建设】2022年，青岛海关成立风险管理委员会。按照海关总署统一部署，成立由关长任组长、所有党委委员任副组长、各业务职能部门主要负责人为成员的风险管理委员会。起草制定风险管理委员会运行机制实施细则，统一研究部署青岛关区业务风险管理工作。贯彻落实2022年全国海关年中工作会议精神，在青岛关区范围稳步推进现场即决式风险布控试点工作。全年共下达即决式布控129票。

【落实重大决策部署】2022年，青岛海关落实各项重大决策部署。打击海南离岛免税品“套代购”走私。成立工作专班，结合网络地图，滚动筛查、链式扩线。构建“套代购”走私风险甄别大数据模型10余个。以资金流、集中收货信息为突破口，强化跨关区协同配合。防控“洋垃圾”入境风险，查获固体废物53票，共计3427.33吨，查获起数、货重同比分别增长69.23%、4.41%。其中旧轮胎、橡木桶和高尔夫球棍（旧）、氧化铁红等固体废物系全国首次查获。刑事立案4起，行政立案8起。持续开展濒危动植物及其制品、野生动物及其产品专项风险防控。根据《濒危野生动植物种国际贸易公约》、国内重点保护野生动物名录、国内重点保护野生植物名录，将所涉及的物种录入参数表，下达参数布控规则。全面加大研判力度，开展重点来源地、中转地、消费地货物以及高风险企业、商品分析监控。及时调整正面防控规则，精准开展青岛关区伪瞒报分析布控。青岛关区货运渠道查获濒危野生动植物及其制品89票，非贸渠道查获70起。下达稽核查相关指令54起，刑事立案1起，行政立案1起。依托口岸安全风险防控机制，与山东省扫黄打非办、国家安全部门、地方文旅局等部门开展联合研判5次，签署合作备忘录1份，实现风险信息和成果共享。年内对地图、日历、宣传册、集成电路、文化衫等高风险商品加载布控规则9条。开展跨境电商寄递“异宠”综合治理专项行动风险防控。截获违法进境动植物及其产品和其他检疫物邮件482起，截获外来物种近百种次，检出有害生物200余种次，其中预定式风险布控占比54%。扎实开展疫情防控。密切监控旅客舱单信息，实时开展疫情分析，累计发布重点航班疫情风险评估材料周报48期，研判航班1125架次、旅客舱单信息13.77万条，向现场发布疫情高风险旅客布控处置要求907人次，收集阳性旅客、船员病例上报海关总署风险防控局（上海）。收集因体温不合格等被远端拒载人员信息，提出一级风险布控指令137条。

【风险预警评估】2022年，青岛海关加强风险预警转化，针对海关总署风控管理司下发的55篇风险预警采取下达布控规则和组织隶属海关开展稽核查等方式进行核实排查，预警处置率为55.56%，下达布控规则52条。编发风险预警和态势报告，自主分析撰写出口“毛皮类”服装、出口甲油胶、进口韩国儿童牙刷等风险预警，寄递渠道新精神活性物质走私风险态势分析报告被海关总署风险管理司采用。拓展深化布控检查业务评估角度。根据海关总署布控检查统计口径调整情况，及时修改“云擎”评估模型4次。开发并正式发布隶属海关查验查获、高级认证企业查验查获、专新特精企业评估、日监控上限等评估模型15个，2个模型通过平台级认证全国推广。不断优化监测评估角度，撰写货运渠道布控评估报告12期。

【风险分析处置】2022年，青岛海关侧重加强与现场知识产权保护部门的联系沟通。货运渠道查获侵犯知识产权报关单21票、33.26万批次、货值49.38万美元。非贸渠道查获侵权188起397件。强化毒品及易制毒化学品风险防控。动态调整易制毒化学品风险防控，针对易制毒化学品退单规则仅针对税号和品名的现状，联合开展研判。年内，查发易制毒化学品涉嫌逃避“两用物项和技术进出口许可证”情事8起，货重116.72吨，行政立案5起，案值约50.03万元；自主分析行政立案2起，案值187.42万元。非贸渠道查发大麻68克、冰毒5克、含大麻成分制品7件、含吗啡药片5粒、“摇头丸”80粒、“听话水”7瓶，各类管制类精神药品53万余片。开展出口许可证、农药进出口登记管理放行通知单等国家禁限类货物风险分析，查获17起逃监管证件情事，查获1起禁止出口货物中药材天花粉237.90千克。推进非贸渠道重点安全准入查发，非贸渠道共查发安全准入情事4586起，同比增长47%，其中预定式布控3572起，占比78%。重点安全准入查发报送1066起，其中精准布控查发569起，占比57%。首次在出口跨境电商物品中查获仿真枪3把。

【“口岸危险品综合治理”百日专项工作】2022年，青岛海关规范危险化学品伪瞒报布控规则下达标准，建立进出口危险品查发工作台账。全年，口岸布控查获伪瞒报危险品256票、2637.48吨；提炼10条一级风险布控建议；移送氰乙酸乙酯等危险化学品逃检全国风险线索，由海关总署企业管理和稽查司组织开展打击进出口危险化学品逃漏检全国专项行动，先后查发98起违规情事，涉及氰乙酸乙酯等危险化学品约4.40万吨，货值6.40亿元。下达稽核查相关指令1起，刑事立案1起，行政立案2起。

【大数据应用项目】2022年，青岛海关牵头完成海关总署大数据攻关风险测量二期项

▲2022年6月16日，青岛海关所属荣成海关关员现场监管进口危险化学品

目，撰写项目建设思路、研究成果、评估报告等结题资料10余份，受海关总署委托组织外部团队、上海海关、宁波海关开展风险测量二期项目合同验收和项目评估，完成项目结题。

【风险联防联控】2022年，青岛海关推动口岸安全风险联合防控。探索建立开源情报信息网络，与国家安全部门、国家出入境管理部门、青岛市公安局、青岛市大数据管理局等多家单位互访交流座谈，在禁运物资、毒品等领域开展跨部门联合研判20余次。深化青岛关区联合研判分析处置模式，围绕重大风险推进业务风险联防联控，召开专题联合研判会73次，组织专家组开展涉检专项防控集中工作4次，年内青岛海关与国家安全部门联合研判共同开展工作取得重要成绩。

【防范化解税收风险】2022年，青岛海关强化涉税风险防控。联合南京禄口机场海关、青岛胶东机场海关查获进口伪报品名、低报价格案件，涉及电子产品1824件，预估货值500万元。参与查发摧毁一个涉韩走私通道，现场查扣电子垃圾约5吨。下达稽核查相关指令206起，刑事立案17起，行政立案11起，案值共约1.78亿元。通过口岸拦截、转缉私线索、国税联合研判等多模式，协同打击骗取出口退税行为。查获不予出口、罚款报关单469票，涉及货值6.80亿元。其中，青岛海关、大连海关与辽宁省公安厅联手破获出口道具物水貂毛球骗取退税案。

【服务开放大局】2022年，青岛海关加大服务力度，保障开放大局。宣传真空包装等高新技术货物布控查验试点的优势，对意向企业、重点企业做好引导和培育，推荐青岛关区内企业纳入海关总署试点范围，助力集成电路、生物医药等高新技术产业发展，预计企业每年享惠货值达3亿元。推动高级认证企业的惠企措施落地见效。每月对高级认证企业布控查验情况进行监控，及时调优布控指令；高级认证企业平均查验率仅为注册登记和备案企业的15.68%。加强部门联动，提升监管效能，构建专精特新中小企业差别化布控管理体系。针对青岛关区复合橡胶取样多检出率低等问题，分析布控查验情况，向海关总署税收征管局提出优化建议，适度降低复合橡胶进口查验和送检比例。扶持青岛高新技术产业的发展，优化特定企业进口光刻胶查验监管流程。逐项梳理进出特殊区域单据的申报流程、甄别条件及放行逻辑，呈报海关总署风险管理司，以便海关总署优化布控规则，提升监管效能，增强企业获得感。优化布控指令异常处置流程，保障企业快速通关。收集现场优化解控流程的意见建议，海关总署风险管理司采纳建议并完善相关制度，进一步优化流程、规范管理、提高效率。针对进出特殊区域货物重复查验、抽批比例不符等情况，为603票符合条件的二线出区货物办理解控，货值共计1.88亿美元。对企业查验、通关、解控等业务相关问题进行耐心指导。认真落实“7×24小时”应急值守制度，不断提高布控指令协同处置效率，处置各类协调单1543份，为26家企业分析查验率居高原因，为1668票符合条件的报关单办理解控事宜，为19票口岸无法取样的危险化学品下达目的地指令。服务跨境电商“双11”“6·18”促销季，提前对接天猫、唯品会等主要跨境电商平台，做好促销备案、准确掌握通关需求；全面梳理风控作业系统跨境电商布控规则，优化调整指令规模，提升指令运行效能；依托跨境电商东部监管协作区机制，落实海关服务推动黄河流域生态保护和高质量发展重点举措，共享风险信息，加强执法联动。

撰稿人

王小坤　王秋歌　吕　青　孙一成　孙成静　孙学玲　张　莉　房美函　项　虎　贺　娟

税收征管

【概况】青岛海关税收征管工作包括贯彻执行国家及海关总署关税相关法律法规规章和规范性文件，拟定实施细则并组织实施；承担进出境货物、物品税收和船舶吨税等税费征管工作；在青岛关区开展验估工作，根据海关总署税收征管局要求对商品归类、估价、原产地、非贸开展税收风险防控；贯彻执行国家进出口税收优惠政策，组织实施国家关税和进口环节税减免；开展进出口税收政策、税目税率调整相关调研；组织实施反倾销和反补贴措施、保障措施及其他关税措施；组织实施青岛关区商品规范申报等属地纳税人管理工作；开展退补税及滞纳金减免；指导和监督走私、违规案件偷逃税款的计核；实施青岛关区进出口货物的海关涉税化验职能管理。2022年，青岛海关税收入库1981.34亿元，同比增长34%。

【税则税政】2022年，青岛海关深入了解行业诉求，建言献策，开展税政调研工作。牵头完成2项全国重点行业的税政调研课题，撰写关于水产品行业的税政调研报告、关于特色农产品行业的税政调研报告，提出各类税政建议29项；牵头开展取消暂定税率类专题税政调研，提出取消暂税建议16项。在国务院关税税则委员会发布的《2023年关税调整方案》中，青岛海关提出的调整石房蛤毒素本国子目，新增冻蓝鳕鱼、假牙进口暂定税率，取消夯混白云石等商品进口暂定税率共8项税政建议得到采纳实施。增强企业对进出口贸易活动的可预期性，满足企业先期了解进出口商品归类需求，全年签发归类预裁定52份，同比增长53%。为重整反应器等进口商品先后制发4份预裁定决定书，提前确定了企业关税成本，提高了通关效率，为支持山东深化新旧动能转换、推动传统支柱产业绿色低碳发展的重大项目裕龙岛炼化一体化建设贡献了海关力量。加强涉税化验流程管理、质量管理和效果评估，发现进口综合保税区出区饲料、棉花等重点敏感商品涉税风险，保障税收安全。

【估价管理】2022年，青岛海关针对公式定价商品定价方式复杂、贸易周期长等特点，在海关总署关税征管司和税收征管局（广州）的指导下，选取资信良好的属地纳税企业，创新开展公式定价货物“通关前取消合同备案、通关后实施汇总审价”的税收征管改革试点。自5月1日试点至年底，2家试点企业共计价值130亿元、税款11.68

▲2022 年 5 月 7 日，青岛海关所属烟台海关关员赴企业调研商品归类

亿元的公式定价铁矿砂、铜精矿等货物享受改革措施，123 份合同免备案。改革后取消公式定价合同备案环节，进一步简化通关流程，减少流转层级及时间，通关效率较前期提高 50%，由按照报关单逐票审价改为定期汇总审价，企业税款担保额度循环使用效率、收付汇效率以及增值税抵扣效率均大幅提升，每家企业每年节省资金成本超百万元。引入外部船舶数据，通过收集船舶抵锚、靠泊或卸货时间等第一手信息资料，分析研判船舶滞港时间，筛选存在滞期费的高风险报关单开展排查；结合大宗货物定价特点，对滞期费采取公式定价结算环节管理和非公式定价专项核查管理 2 种方式，提高风险捕捉精准度。对非公式定价货物开展专项高风险排查。税收风险“防”“治”结合，加大政策宣讲力度，从源头上提高企业纳税合规水平。以解决企业价格疑难问题为出发点，对接山东省重点项目和企业，帮扶企业发展，根据企业需求和贸易实际，制订“一企一策”税收规划服务方案，为企业合规申报出具预裁定意见，精准纾困惠企，提高企业纳税遵从度，促进贸易便利化。制发价格预裁定决定书 17 份，同比增长 21%，为 5 家企业出具税收规划服务方案，服务项目涵盖裕龙岛炼化一体化项目、中车新一代地铁项目等重点项目和技术攻关等。

【税收征管】2022 年，青岛海关持续推动“关保通”零成本担保模式。在原有银行保函的基础上，引入保证保险，为企业提供多样化选择，对接地方政府，扩大政策适用区域。已覆盖上合示范区、中国（山东）自由贸易试验区烟台片区 100 余家企业，为 11 家企业办理零成本担保 1.97 亿元，减少企业流动资金占用 5.22 亿元，降低通关成本约 1200 万元。聚焦科技创新，实现税收“智慧征管”。全面实施海关与邮政部门进境邮件税款信息电子联网，实现关邮电子对账、税款自动汇缴、用户线上支付，每年可为 10 余万人次降低邮政服务费负担；探索实施设备共享和异地监管全流程数据化管理，以网上报备替代传统纸质核批流程，作业时间由 20 个工作日缩短为当日即可完成，有效盘活科研设备资源，促进科技成果产出最大化。为企业纾困解难，协助企业尽享对美排除政策红利。结合属地纳税人管理，分析对美市场化采购排除政策享惠数据，联合隶属海关向未享惠企业多次进行政策宣讲，基本实现属地企业政策宣传全覆盖。对于青岛关区申报且仍未享惠的异地企业，联系直属海关协助做好排除政策指导工作。全年，青岛关区申报报关单对美市场化排除享惠率始终保持99.81%以上。共审核出具“征免税确认通知书”4022份，总货值14.64亿美元。免税额列前5位的政策类别为远洋渔业、科技创新、重大技术装备、鼓励项目、集成电路，合计免税占免税总额的99.42%。联合山东省、青岛市科技、商务主管部门制定政策实施办法，为辖区45家科研单位、重大技术装备制造企业完成免税资格认定，年度享惠省级科研单位数量超过“十三五”期间5年总和。服务山东省重大投资项目，共为13个限额上内资鼓励项目办理适用产业政策条目确认。落实集成电路、维修用航材等新兴产业专项政策，集成电路企业免税额为2021年的70倍；维修用航材受惠企业由“十三五”时期的1家扩展至14家，免税额为2021年的19倍。深入调研，及时收集反映辖区企业政策诉求，对鼓励项目、远洋渔业政策及相关免税目录提出调整建议19条。牵头2021年全国海关司级课题转化及《产业结构调整指导目录》修订专项工作，对7个课题研究成果提出54条转化意见。

【税收风险防控】2022年，青岛海关建立职能与现场两级税收风险监控机制，发布并完善包含78个节点的两级监控清单，提升青岛关区整体税收风险防控意识和水平。加大税收风险监控力度，聚焦重大、系统性税收风险，开展重点敏感商品专项防控，发现综合保税区出区饲料、玉米酒糟、药棉等商品涉及规避税收政策风险，涉税2000万元。查发虚假进口货物原产地证书28份。深化与海关总署税收征管局的协同配合，完善联系配合机制。全年行政立案12起、刑事立案5起，共涉及税款2.26亿元，有效确保税收安全。以征税率为抓手，加强非贸税收风险防控，研究和准确把握青岛关区非贸进口税收特点，重点分析税差物品，B类快件征税率同比增长32%，跨境电商征收税款7.05亿元，同比增长36.32%。

【原产地管理】2022年，青岛海关共为62万批出口货物签发原产地证书，同比增长11%，自贸协定项下进出口享惠货值2549亿元，减让进口税款102亿元，同比分别增长24%、18%；认定经核准出口商35家，有关企业凭自主出具的原产地声明出口享惠11亿元。在全国首创关地共建RCEP原产地证书审签中心，打造全国首个聚焦上合组织成员国经贸合作的审签中心，为企业提供享惠方案设计、证书签发等一站式服务，并推动海关与贸促会互认原产地调查结果，实现原产地签证100%“一次调查”。青岛在海外设厂的针织企业根据RCEP原产地证书审签中心设计的享惠方案，利用RCEP原产地累积规则，调整海外工厂供应链，实现面料供应国产化，新增对东盟面料出口超过6000万元。打造“三个平台”，促进企业利用RCEP政策。打造原产地证书虚拟审签平台，实施贸易单证无纸化提交，推行自助打印和智能审核机制，实现原产地签证的集约化、专业化和数字化。联合RCEP山东企业服务中心开发上线RCEP鲁贸通平台，为企业提供RCEP原产地认定、税率查询等线上服务，该平台在山东省推广。自主开发智慧征管平台，精准定位享惠不足企业，指导三星、凯菲克等韩资企业在全国率先利用 RCEP 的低门槛原产地规则，为无法享惠中韩自贸协定的零配件适用 RCEP 优惠税率。为 43.66 亿元山东省自韩国进口货物适用 RCEP 优惠税率，减让税款 2.64 亿元。依托上合示范区和 RCEP 青岛经贸合作先行创新试验基地，与上合示范区管委和青岛市市北区政府共建原产地证书审签中心，打造综合性企业服务平台。央视《新闻联播》两次对 RCEP 原产地证书审签中心进行报道。优化升级全国首建的原产地证书虚拟审签中心，推广应用原产地证书自助打印和智能审核，推动海关与贸促会互认原产地调查结果，原产地签证“零跑腿”办证和“零等待”审核的比率超过七成，“零重复”调查实现 100%。

撰稿人

王卫锋　孙　灿　李　晶　李长宏　迟　群
陈苍虬　赵广英　赖晓莺

卫生检疫

【概况】2022年，青岛海关深入贯彻习近平总书记关于疫情防控工作的重要讲话和重要指示批示精神，落实党中央、国务院决策部署以及海关总署工作要求，牢记口岸疫情防控海关必坚守，抓好疫情防控各项工作，夺取疫情防控斗争胜利。

【口岸疫情防控】2022年，青岛海关组织疫情防控专题会议5次，根据形势对疫情防控工作进行政策解读和安排部署。抓牢关键环节，重点强化旅客、机组、船员等人员检疫，加强对变异病毒的监测和防范。提升防控能力，开展应急演练38场次，妥善处置聚集性疫情49起，组织新上岗人员口岸疫情防控知识及防护技能培训39期，培训新冠病毒采样人员1856人次。加强督导检查，定期开展视频连线和录证资料检查，共对329架次入境客运航空的终末消毒情况进行督导。强化监测预警，及时规范做好口岸新冠病毒感染疫情信息报送。全年，共检疫出入境航空器9961架次，出入境人员21.97万人次；检疫出入境船舶3.04万艘次，船员58.53万人次。

【探索无接触式检疫模式】2022年，青岛海关探索入境交通工具无接触式检疫设备研发与模式创新，对海港口岸无接触式检疫设备的检出情况定期分析、实时调度，试点期间单船检疫时长由70分钟缩短为15分钟，封闭管理人员由133人降低到0人，累计为青岛关区港口及航运企业节约费用4.6亿元。在烟台、威海空港口岸探索应用AR智能眼镜开展“机上亮码、远程扫描、无接触核验”检疫模式，并将入境人员采样调整为在采样间外站立式采样，试点期间入境旅客平均检疫时长缩短近70%，现场人力资源节约30%。入境交通工具无接触式检疫设备已在5个直属海关试点应用。山东自由贸易试验区管理部门将无接触式检疫模式作为自由贸易试验区创新试点推广。

【多病同防】2022年，青岛海关加强疫情监测和风险研判，密切关注新冠病毒变异情况，选派业务骨干参与海关总署新冠病毒感染疫情风险评估工作，制发境外新冠病毒感染疫情风险研判纪要151期、全球传染病疫情信息速报1065期，以青岛关区重点口岸为标的开展专项新冠病毒感染疫情输入风险评估4次，完成风险评估报告5篇，报送日韩新冠病毒感染疫情风险研判日报347篇；加强埃博拉、拉沙热、鼠疫、中东呼吸综合征等重大烈性传染病疫情监测和分析研判，及

▲2022年4月14日，青岛海关所属青岛大港海关关员根据船舶停泊地点转移无接触核酸采样车

时开展风险评估，科学研判疫情输入风险，动态提出防控建议；配发疟疾、登革热、艾滋病等快速检测试剂，提升口岸快速检测能力；开展“海关口岸生物安全日”“全国疟疾日”“世界艾滋病日”等主题宣教活动，组织相关知识宣传进校园、进企业、进社区、进展馆，在旅检、查检、体检等海关作业场所及微信、微博等线上媒体开展广泛宣传，提升全社会对相关法律及传染病防控知识的了解程度。

【内部安全防护】2022年，青岛海关持续完善“三位一体”安全防护体系和“3+2”安全防护监督制度，动态调整3级专兼职安全防护监督员队伍。牵头做好海关总署“百名科长百日督查”“国庆前后疫情防控专项督查”迎检及问题整改工作。牵头对14家单位开展实地督查，对发现的7个方面29个问题推动立行立改。持续做好“应检尽检”和常态化核酸检测，确保“应检尽检、不漏一人、不落一次”。

【联防联控】2022年，青岛海关参与联防联控机制工作，共配合属地流调入境人员388人次。加强信息沟通，全年向地方疫情防控指挥部报送口岸检出信息500余条、疫情防控材料190余份。协助地方排查涉疫风险，针对国际航班续飞国内航段存在的疫情输入风险，向山东省指挥部书面提报“压实行业和属地责任”的建议并被采纳。推荐11名卫生检疫业务骨干为山东省公共卫生与消毒感控学会卫生毒理分会委员，做好卫生处理专家人才储备。

【重大活动保障】2022年，青岛海关强化指挥调度，加强督导检查，组织实操演练，保障国庆前后及党的二十大召开期间口岸疫情防控形势稳定。做好国家领导人外事会晤等重要外事活动通关保障，做好在外公民回国航班、中德快捷通道包机检疫保障，专门制订北京冬奥会、冬残奥会防控工作方案、应急处置预案等，提高应急处置能力，同时作为风险评估工作组成员单位，每周开展境外疫情输入风险评估，参加专项风险评估会9次、完成风险评估报告9篇。

【口岸核心能力建设】2022年，青岛海关按照“地方政府为主导、口岸运营单位为主体、海关为技术指导、相关部门联动”的口岸核心能力建设要求，发挥海关口岸主管当局作用，提升口岸核心能力建设水平。制订青岛海关2022年度口岸公共卫生核心能力动态管理工作方案，指导青岛胶东机场空港口岸开展自评考核并向海关总署提交达标考核验收申请，指导11个隶属海关对辖区内所有核心能力达标口岸完成自查考核。

【病媒监测】2022年，青岛海关加强口岸病媒生物监测与防控，共截获输入性病媒生物178批次572只，口岸病媒生物监测捕获各类病媒生物4066只。专项调研服务黄河流域生态保护和高质量发展，在青岛前湾综合保税区开展口岸入境货物夹带病媒生物风险专项调研，重点对有布控指令的8批次入境皮张进行联合查验。

【特殊物品监管】2022年，青岛海关做好特殊物品行政审批，完成特殊物品出入境卫生检疫审批951批次，货物、行邮渠道检出特殊物品不合格案例92例，其中黄岛海关检出青岛关区首例货证不相符案例。

撰稿人

司玉杰　陈　晨

动植物检疫

【概况】2022年，青岛海关落实两级海关工作会议和全面从严治党工作会议部署，统筹发展和安全，建设国门生物安全风险防控和治理体系，织牢织密国门生物安全风险监测预警网络，实行系统治理和全链条防控，完善快速应急响应机制，做到早发现、早预警、早应对，全年截获有害生物7.14万种次。

【法律法规与行政许可】2022年，青岛海关参与海关总署进境动物中转疫区国（地区）检疫措施、进境牛黄检疫要求、非食用动物产品疫病监测采样技术规范和阳性处置规范、进境粮食检验检疫监管工作指引等规章制度的制修订工作。制修订进境活动物检疫监管作业指引等15个作业指引，收集整理动植检执法依据文件900多份。修订青岛海关进出境重大动物疫情应急处置预案、进出境重大植物疫情应急处置预案。截至年底，青岛海关注册登记出境动植物及其产品企业3261家，进出境动植物检疫除害处理单位37家，备案进境动植物企业138家。

【维护国门生物安全】2022年，青岛海关加强入境检疫工作，开展非洲猪瘟、非洲马瘟、高致病性禽流感、疯牛病、红火蚁、松材线虫等重大动植物疫情防控。实施打击非法引进外来物种和种子苗木“国门绿盾2022”行动方案，定期发布进境动植物疫病疫情截获情况、进出境动植物及其产品质量分析的通报，提升进境动植物疫病疫情截获精准度。全年，截获有害生物7.14万种次，其中，检疫性有害生物9978种次。深入开展跨境电商寄递“异宠”综合治理专项行动，严厉打击非法引进“异宠”行为，共计截获“异宠”57种次。有序推进有害生物和外来物种初筛鉴定室建设工作，青岛大港海关、日照海关、董家口港海关、蓬莱海关4个初筛鉴定室已建成运行。

【安全监测和风险监控】2022年，青岛海关组织实施国门生物安全监测方案，开展境外植物疫情信息监测、口岸截获植物疫情监测、非贸渠道植物疫情及外来物种监测、外来有害生物监测、动物疫病监测等工作。组织实施进出口部分农产品安全风险监控计划，开展进出口饲料及饲料添加剂、粮食（饲用）、转基因产品安全风险监控工作。组织实施进出口食用农产品安全监督抽检和风险监测计划，开展食用动物类、粮谷类（除大米外）、豆类、新鲜果蔬及马铃薯、油籽类、植物性调料等产品风险监测工作。

【风险评估】2022年，青岛

海关发挥动植检专家组作用，组织开展系统性业务研究，搜集整理国内外法律法规、行业信息、国内外动植物检疫政策和疫情动态，搜集报送境外动植物疫情及政策动态信息1484条，海关总署疫情信息专报采纳408条。完成进境木材中有害生物风险分类分析及控制、进境动物源性中药牛黄检疫风险分析等6份报告，组织开展野生动物（珊瑚类、两爬类）、秘鲁冷冻水果、俄罗斯洋姜输华准入风险评估，组织开展新西兰输华鹿茸鹿角官方监管体系和注册登记企业回顾性检查。完成孟加拉国和韩国食用水生动物、波兰蓝莓、葡萄牙鲜梨输华企业视频检查21家，参加意大利鲜梨、伊朗苹果输华远程视频检查。

【国门生物安全体系建设】2022年，青岛海关成立国门生物安全专家工作室，包括动物检疫技术、植物检疫技术、政策和风险分析3个工作组，开展国门生物安全体系建设。成立进境木材集中检疫团队，完成2篇专项研究论文，赴口岸集中查验7次。组织“青关好师傅”进境木材检疫团队15人在黄岛、董家口港海关现场结合实操开展培训，增强进境木材检疫能力。举办重大动植物疫情防控培训、植物检疫性线虫鉴定技能竞赛、高致病性禽流感疫情应急处置演练、动植检岗位资质培训及考核工作，约230人次参加。利用动植物保护能力提升工程项目，加强监管查验设备配备，为隶属海关及技术中心配备设备81台（套）。

【“11+1”联合共治】2022年，青岛海关落实海关服务黄河流域生态保护和高质量发展重点举措，牵头建立动植检业务条线专班工作机制，联合开展检疫监管模式研究，建立沙漠蝗、非洲猪瘟等黄河流域重点警戒动植物疫病疫情联合监测机制。加强与地方农、林等部门的协作配合，建立快速应急响应、发布预警信息等联防联控机制，强化各项联防联控措施。加强国门生物安全宣传教育，开展“4·15”全民国家安全教育日活动，组织活动52场，出动人员194人次，拍摄科普短视频3部，举办讲座20场次，张贴电子海报78张，编发微信公众号信息34条，覆盖受众达20多万人。

【进出境动物检疫】2022年，青岛海关全面落实重大动物疫情防控工作，加大非洲猪瘟、高致病性禽流感等重大动物疫病疫情防控力度，完善进出境重大动物疫情应急处置预案，在烟台、蓬莱等重点口岸开展高致病性禽流感等重大动物疫病防控应急处置演练，持续规范疫情应急处置程序，锻炼应急处置队伍，提升应急处置能力。加强出口宠物企业注册登记管理和对外推荐注册工作，开展政策精准指导和“一企一策”帮扶，助力关区宠物食品企业开拓国际市场，累计新增推荐出口欧盟、俄罗斯、泰国等38家企业。出口宠物食品14.97万吨、8.21亿美元。

【进出境植物检疫】2022年，青岛海关进境植物及其产品主要为粮食、原木、板材、水果等。向海关总署申请进境粮食等部分动植物及其产品检疫审批终审权限，并于3月份获得海关总署批复，缩短审批办理时限3天。结合关区实际推进出口马铃薯检疫改革措施，针对青岛、枣庄2个马铃薯主产区，配合地方政府按照国际标准建立非疫区、非疫产地和非疫生产点，建立“地方政府牵

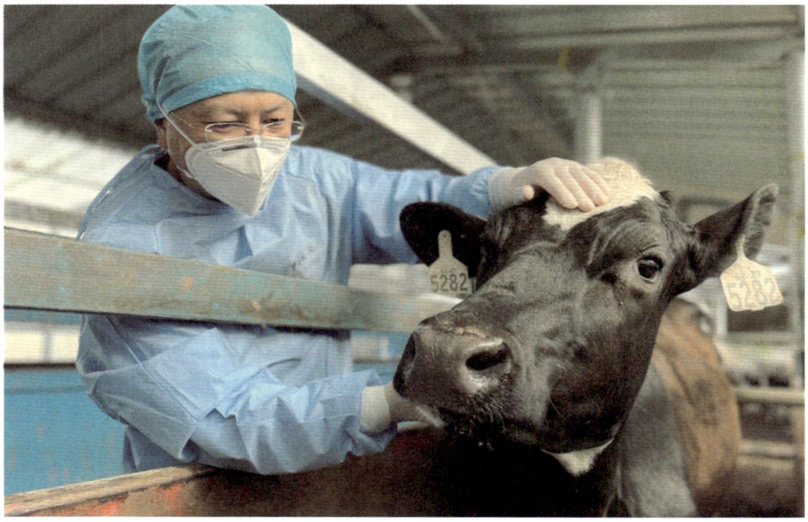

▲2022年4月20日，青岛海关所属烟台海关关员开展进境种牛隔离检疫工作

头开展马铃薯病虫害质量控制，海关降低查验比例，提高通关速度”的出口马铃薯检疫监管工作模式。以现行批批检测测算，该模式每年可直接节省企业检测费用约1000万元，促进山东地区马铃薯产业发展。

【服务国家种业振兴战略】2022年，青岛海关自觉服务国家种业振兴战略，支持种畜禽等优良种质资源安全引进，强化陆生动物种质资源风险评估，压紧压实企业主体责任，建立口岸与目的地海关之间协调联络机制，联合打造进境种禽、种牛检疫绿色通道，科学研判动物疫病与新冠病毒感染疫情双重风险，在保障安全的前提下，创新检疫监管模式，强化监管优化服务，全力服务国家种业振兴。全国进境种牛5批、2.48万头，进境种禽5批、15.36万只，进境羊驼1批、1170只，进境大西洋鲑鱼卵和虹鳟鱼卵10批、1925.40万粒。优化进口海洋生物标本清单式检疫审批服务，建立“逐项办理检疫审批”“按类办理检疫审批”2张清单，对进口低风险生物样本实施同一类别“一次办理、全年许可”便捷审批，助力青岛国家海洋基因库建设。

【优化进口粮食监管】支持粮食进口企业自主选择靠泊检疫或锚地检疫，在确保生物安全和生态安全的前提下，允许经现场检疫合格的进口粮食附条件提离运往指定加工厂或定点储备库，进一步提高疏港通关效率；对进口储备粮因质量等原因转市场销售的，加快办理流向变更手续。运用信息化手段强化进境粮食后续监管，严厉打击违法违规行为。研发进境粮食运输车辆轨迹自动比对系统，查发2家进境粮食加工企业和3家贸易商涉嫌擅自拆箱违法违规行为、1家进境粮食储备企业涉嫌倒卖进境粮食行为。

撰稿人

代兴国　许新军　苏茂文　俞　挺　蔡　霞

进出口食品安全监管

【概况】2022年，青岛海关落实海关总署党委决策部署和各项工作要求，不断推进进出口食品安全治理体系和治理能力现代化，全年共监管进出口食品化妆品1791.16万吨，货值2190.43亿元，同比分别增长8.31%、16.63%。其中，出口食品化妆品975.18万吨，货值1221.66亿元，同比分别增长9.30%、14.38%；进口食品化妆品815.98万吨，货值968.77亿元，同比分别增长7.14%、19.60%。

【进口冷链食品疫情防控】2022年，青岛海关落实海关总署和地方政府对进口冷链食品疫情防控各项要求，强化操作规范和一线人员安全防护，每周参加海关总署风险会商，参加省市组织的疫情防控督导检查，迎接海关总署督查及重大活动期间督查工作，并对关区疫情防控进行督导，对以上检查发现的问题督促隶属海关举一反三，做好落实整改。开展冷链食品疫情防控工作培训，组织应急处置演练，确保各项要求落实到位。制定下发进口冷链阳性货物处置实施指南，指导各隶属海关做好后续处置，加强与地方联防联控机制沟通。及时报送涉及冷链食品集装箱的运输船舶出现船员染疫后货物的追溯调查和后续处置情况，做好涉冷链阳性船员所涉货物相关追溯调查。全力做好进口散货船水产品通关工作，研究制订专项工作方案，细化作业流程，开展实地督导检查，全年共检查进口散货水产品74批、5.34万吨。

【进口食品“国门守护”行动】2022年，青岛海关推进进口食品“国门守护”行动，落实海关总署各项准入要求，全年查获未获进口准入肉类、水产品等食品750余吨，防止非准入产品的带入风险。进一步完善冷冻肠衣产品进口要求，参与海关总署风险分析并提出针对性意见建议。根据海关总署要求对进口“干槟榔”情况进行分析研究和系统布控，防止通过“食用”用途进口。对自日本进口植物源性食品随附单证情况进行抽查，提醒隶属海关在审单及查验等环节加强防范，防止不合规食品流入国内市场。

【进出口食品监督抽检及风险监测】2022年，青岛海关开展实验室检测能力调研，明确青岛关区实验室对本年度进出口食品、食用农产品、化妆品安全监督抽检和风险监测计划涉及项目的检测能力。联合发布青岛海关法定检测业务委托检测管理办法，完善食品、化妆品检测业务区域划分，规范检测样品委托送样程序。开展监督抽检及风险监测工作要求专项培训，培训隶属海关实验室建立食品标签审核能力，全年共检出未准入境不合格进口食品 232 批。

【重点食品领域监督管理】2022 年，青岛海关做好跨境电商进口食品风险监测工作，落实海关总署风险布控指令要求。严厉查处跨境电商渠道经营含金银箔粉食品违法行为，组织开展风险排查，责令相关企业对金箔酒采取风险消减措施。持续抓好口岸重大动物疫情防控，严防非洲猪瘟、高致病性禽流感等重大疫情传入，防止疫情叠加；强化进口肉类监管措施，按照海关总署公告和要求审核单据，强化现场查验，杜绝疫情国家（地区）及未获得准入的产品夹带入境，1 人获无疫省建设省级嘉奖。组织对辖区 98 家腌渍菜及相关企业开展专项排查，督促完成不符合项整改。

【食品安全风险管理】2022 年，青岛海关做好进出口食品安全业务风险管理，建立食品安全和风险信息分类汇总表并每日更新，定期对风险预警情况和境外通报问题进行分析，及时发布预警信息，建立条线风险排查整改台账，定期完善、持续整改；完善风险预案，更新青岛海关进出口食品安全突发事件应急预案，提升预防和处置突发事件能力；做好风险预演，开展应急演练 2 次，做好进口含金银箔粉食品、日本输华食品等应急处置。做好食品安全信息日报工作，完善工作机制，成立青岛海关进出口食品安全信息日报工作专班，组织各隶属海关相关领导和业务骨干参加，定期通报报送和采纳食品安全信息数量，全年向海关总署报送相关信息 9300 余条。

【境外食品生产企业源头管控】2022 年，配合海关总署对 69 家境外食品生产企业进行视频检查，撰写检查报告，做好后续整改验证等工作。配合海关总署对泰国、坦桑尼亚、立陶宛、挪威、芬兰、韩国等国家（地区）输华食品进行准入评估或议定书修订工作；完成对 920 家境外食品生产企业进行注册文件审核。

【进出口食品安全领域制度建设】2022 年，青岛海关不断强化进出口食品安全领域制度建设，开展进出口食品化妆品作业指导书修订完善工作，修订进口肉类检验检疫监管作业指导书等 15 个作业文件，并及时维护上传，指导青岛关区进出口食品安全工作。在岗位操作手册系统开辟《进出口食品检验类依据文件》专栏，根据业务类型将依据文件分为 19 个类别，上传依据文件 300 余份，根据每月工作提示，持续更新和上传。根据海关总署工作部署，完成全国进出口蔬菜制品检验检疫工作手册制定工作，完成全国进口肉类检验检疫监管手册修订任务，牵头完成全国进口水产品监管作业指导书的编写工作，牵头修订全国海关食品安全领域内部审计操作指南。开展出口食品监管制度研究，梳理法律法规和监管要求，向海关总署报送完善出口食品安全监管体系方案。参与海关总署“进出口食品安全监管史沿革”课题研究，成立青岛关区专班，牵头完成 2 个专题共 7.5 万字研究报告，参与 3 个专题。参与行业标准《进境肉类产品名称规范》制定。

【进出口食品安全监督人才队伍建设】2022 年，青岛海关持续加强进出口食品安全监管人才队伍建设。开展组建“青关好师傅”之“监督抽检”“体系评估”“应对境外食品安全技术性贸易措施壁垒”团队，举办青岛海关进出口食品安全监管和“青关好师傅”3个团队学员网上培训班，采用线上会议系统和“钉钉”群同步直播方式开展，共452人参加；采取以干代训的方式，开展进出口食品评估审查工作，组织团队人员收集监督抽检及风险监测工作中发现的问题，提出调整建议。组织参加进口肉类境外生产企业视频检查培训，为海关总署视频培训课程提供教材修改、视频审稿、试题编写等支持工作。向海关总署推荐进出口动物源性食品安全监管专家，并牵头做好猪肉协作组工作，同时成立了青岛海关肉类、肠衣等6个动物源性食品专家协作组，为做好肉类食品体系评估、进口肉类境外生产企业视频检查等工作奠定基础。发挥专家优势，选派技术专家参与海关总署“百名科长百日督查”工作。组织加工食品签证官岗位资质培训和考试工作，并函报海关总署对具备资质人员进行备案。

【进出口食品农产品示范口岸建设】2022年，青岛关区建成各类指定监管场地57个，累计获得欧盟注册远洋渔船236艘，占全国的33.90%。青岛关区实验室食品农产品检测能力达2万多项。开展出口腌渍蔬菜风险排查、葡萄酒质量提升行动、水产品质量提升和专项整治等专项工作，指导督促出口企业落实食品安全主体责任，青岛关区出口食品通报率处于较低水平。与青岛港集团搭建“关港通口岸智慧查验平台”，将查验环节办事事项由14个缩减至7个，90%以上流程实现线上远程办理。助力东北亚水产品加工及贸易中心

▲2022年5月25日，青岛海关所属青岛大港海关关员开展出口蔬菜原料种植基地日常监管工作

建设，着力保产业链供应链安全。

【出口食品品牌建设】2022年，青岛关区备案出口食品原料种植养殖场3632个，同比增加5.60%；注册登记出境新鲜水果果园545个。巩固出口水产品、蔬菜等传统优势食品农产品的国际市场份额，出口泡菜占据韩国进口量逾七成份额。“金乡大蒜：品牌敲开大市场‘金蒜盘’打出国门”入选农业农村部2022年度农业品牌创新发展典型案例，“金乡大蒜”“龙口粉丝”“乳山牡蛎”等传统出口产品入选首批“好品山东”区域类产品名单，青岛九联集团股份有限公司、青岛啤酒股份有限公司等数十家知名出口食品企业入选首批“好品山东”品牌名单。

【食安技术性贸易措施研究】2022年，青岛海关做好欧洲地区食品法规跟踪研究工作，向海关总署报送中国与欧盟、挪威、爱尔兰、冰岛、瑞典、芬兰等进出口食品安全管理体系比较报告。完成输欧盟动物源性证书模板更新、输欧盟动物源性食品残留项目限值调整、欧盟复合食品法规研究报告、韩国乳制品卫生证书评议等工作。利用海关总署食品安全信息日报平台，每日跟踪、收集技术性贸易措施以及出口食品化妆品境外通报、境内外舆情等食品安全信息，建立技术性贸易措施和食品安全信息数据库；组建好师傅团队，开展重点国家法规变化研究，及时分析研判，指导企业和隶属海关科学应对，并提请相关部门介入应对，保障出口产品持续符合境外新要求。

【促进外贸保稳提质】2022年，青岛海关全面落实促进外贸保稳提质各项工作措施，持续加快检疫审批办理，压缩检疫审批内部承诺期限为法定期限的50%；组织青岛关区百余家企业参加系统使用培训，解答系统使用问题256个，共办理检疫审批5534份。设立进出口鲜活易腐农食产品属地查检绿色通道，出台优先查验、预约查验等一系列服务措施，试点采信第三方检测，最大限度压缩通关时长；优化监管流程，对于有特殊监管要求的出口产品，探索实施在源头或过程实施监测，实现顺势监管、高效监管。推进《中华人民共和国进出口食品安全管理办法》《中华人民共和国进口食品境外生产企业注册管理规定》实施工作，成立工作专班，请示海关总署协调解决实施后企业5大类问题；协调解决通关问题169个，着力保障贸易平稳有序。上报进口肉类“白名单”123批、水产品申报异常报告139份，减少企业滞港费用。组织完成连续第18年花生主产地黄曲霉毒素等污染水平普查，指导企业推进源头把控，推动英国取消对我国出口花生及其制品黄曲霉毒素官方检验要求。指导做好境外通报核查反馈，帮扶企业获得境外官方解封。

【进出口食品安全共享共治】2022年，青岛海关推动进出口食品安全共享共治，向地方政府通报蔬菜、肉类质量安全情况，参加山东省食品安全工作评议，定期共享进出口食品安全数据；与山东省市场监督管理局签署加强重点领域（包括食品安全工作）战略合作协议，被山东省委省政府评为“全省食品产业高质量发展表现突出集体”，相关工作被山东省食品药品安全委员会评议为A级。组织开展青岛海关食品安全宣传周活动，制作发布各类媒体稿件13篇，微信阅读量达1万余次。

【进出口食品安全业务研究】2022年，青岛海关发挥业务专家作用，开展政策研究，报送的多篇政务信息为领导决策提供参考。牵头制订出口欧盟动物源性食品残留监控计划，形成全国协同配合机制。牵头撰写全国进出口蔬菜、肉类、糖类质量分析报告，配合或协助海关总署完成全国进出口干坚果、油脂油料、加工食品质量分析，肉类、冷冻水果境外生产加工企业视频检查培训材料、检查要点起草，对主要贸易国家（地区）农残限量标准变化、进口含肉加工食品检疫风险的分析报告，以及进出口食品安全监管信息化工程建设等相关工作。

撰稿人

王　丹　王雪红　李琛琛　陆福军　陈起振
袁　涛　葛　岚

商品检验

【概况】2022年，青岛海关落实全国海关工作会议和全国海关商品检验工作会议精神，强化监管优化服务，守护国门安全，服务稳外贸稳增长。做好口岸疫情防控，强化质量安全风险预警与快速反应，加强危险品、再生金属原料、大宗资源性商品、旧机电、妇儿用品、医美产品等与人民群众生命健康安全息息相关的商品检验监管，全年共检验进出口商品56512批，检出不合格3076批。持续优化口岸营商环境，释放矿产品、油品“先放后检”政策红利，持续推进铁矿和棉花“品质依申请检验”和大宗商品“重量鉴定依企业申请检验”模式，探索开展进口矿产品“船铁直转”，原油“无储罐国际中转”业务改革入选山东省自由贸易试验区制度创新成果推广的7项“改革试点经验”。

【进出口危险品检验】2022年，青岛海关共检验监管进出口危险品3.15万批，其中检出不合格277批，查发“危货普报”“高危低报”等危险品伪瞒报案件71起，全年未发生危险品安全生产事故。落实海关总署关于危险品防止口岸积压和百日专项行动要求，健全工作机制，成立业务指导工作组，聚焦“滞留”和“瞒报”两个突出问题，“以快防患、以严治乱、依规履职、综合治理”，危险品口岸通关时间大幅下降，其中危险品木质包装检测时间压缩70%以上。开展危险品精准检验管理，针对危险品种类较多、涉及检验要求复杂的问题，为帮促一线规范开展检验，对306家企业、525种危险品的检验要求进行了梳理，形成749份“检验明白纸”并汇编成

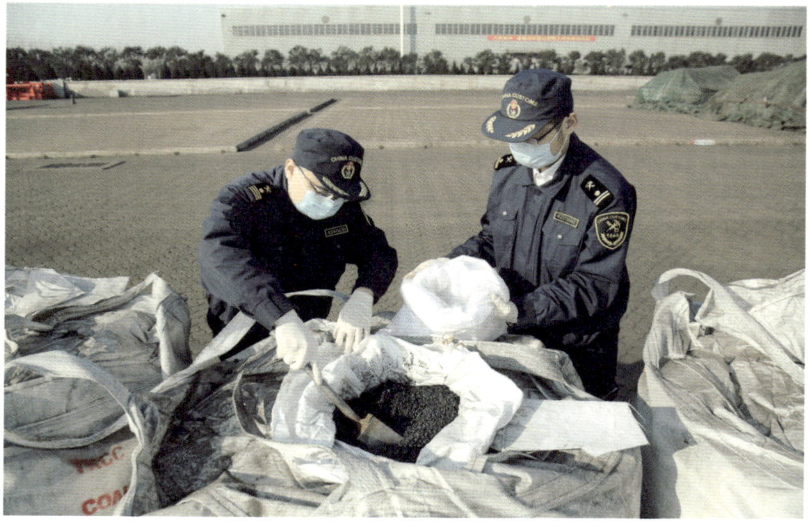

▲2022年1月12日，青岛海关所属日照海关关员查获“涉危未报”煤焦油沥青301.3吨

册，创新性开展了“辖区＋企业＋商品”的网格化精准检验管理模式，每个隶属海关对辖区内的企业与商品种类清清楚楚，一线人员可以“按图索骥”直奔目标商品，检验过程快速、高效、精准。加强危险品业务督查，通过“云擎”平台自主开发“危险品岗位资质督查”监测模型，能够实现进出口危险品查验人员无证上岗情况的及时排查，利用该模型全年发现异常单据625批，均及时排查消除风险隐患。开展“进出口危险品检验监管业务云问诊”活动，为进出口企业提供业务培训和咨询答疑服务，活动吸引300余家企业的710人参加，为企业解答业务咨询109条。

【建设进出口危险品检验专业队伍】2022年，青岛海关探索建立青岛海关特色培训体系，在全国海关系统首创“资质培训—实操轮训—精准送训”立体化培训体系，建设进出口危险品检验专业队伍。持续组织开展危险品检验岗位资质培训考核，及时补充岗位人员缺口，101人获取海关总署岗位资质，具备岗位资质人员数量达到462人；创建“小班制”“实战化”实操培训模式，建立全国海关首个业务实训点，先后举办实训9期，培养业务骨干近百人，有效解决执法人员“纸上谈兵”问题。对督查发现存在业务问题和薄弱环节的隶属海关，组织专家上门送训，补齐业务短板。

【严禁“洋垃圾”入境】2022年，青岛海关保持严禁“洋垃圾”进境高压态势，突出重点敏感商品检验监管，加强风险监测，防范固体废物伪瞒报入境。加强再生金属原料检验，制定检验工作规程，成立业务工作组，对疑难问题进行分析研判，全年检出不合格再生金属原料8批、306吨，鉴别为固体废物的占全部检出的62.50%，阻击固体废物以再生金属原料名义伪瞒报进境。开展进口铁矿等矿产品卸船前、卸船过程中固体废物排查，严防矿渣类“洋垃圾”闯关入境，全年共检出矿渣类固体废物4347.60吨。开展固体废物属性鉴别，修订固体废物属性鉴别取样送检操作指引，加强工作调度，全年完成固体废物属性鉴别363批、53.50万吨，经鉴别为固体废物的为103批、8781吨，对鉴别为固体废物的产品均依法进行处置，防范固体废物伪瞒报入境。发挥服务黄河流域生态保护和高质量发展关际一体协同机制作用，聚焦生态保护，开展固体废物属性鉴别交流合作，推动发挥打击“洋垃圾”非法入境的合力。

【进口高风险非冷链疫情防控】2022年，青岛海关落实进口高风险非冷链疫情防控工作，修订进口非冷链物品疫情防控操作指引，明确各环节作业要求，通过开展应急演练等方式，加强疫情防控监督检查和专项考核，不断提高疫情防控的科学性和精准性。加强防疫物资口岸监管，持续落实出口防疫物资不合格报告制度，保障出口防疫物资质量安全。

【进出口大宗资源性商品检验】2022年，青岛海关严把进出口大宗资源性商品检验关。强化进口矿产品质量环保指标检验，依据国家技术规范强制性要求对进口煤炭、铜精矿等实施检验，严防劣质矿产品进口。有序开展矿产品有毒有害元素含量监测，分货种、原产地开展动态监测分析，全面防范进口矿产品质量安全风险，全年共采集质量安全风险监测信息2万多项，检出安全环保项目不合格矿产品3.48万吨，退运放射性超标矿产品1903.70吨。在全国率先实施保税铁矿混矿“随卸随混”，获评山东省自由贸易试验区“最佳实践案例”，效率提高20%以上，全年开展保税混矿业务2400万吨。用活“先放后检”政策，允许进口铁矿“整船申报、分批提取”，实现“船铁直转”，大幅压缩货物滞港时间，压缩进口通关时间70%以上，港口堆存能力提升18%以上，累计节约企业通关时间超过20万小时。支持山东港口加强与境外矿山的深度合作，建设“云端仓储”，全力保障国内铁矿石供应链稳定畅通，支持港口开展筛矿、配矿、仓储等业务，目前港口辐射范围拓展到全国200余家钢铁企业，全年完成国际中转铁矿1167万吨。支持辖区企业开展铜精矿保税混矿试点，辖区2家企业入围试点名单，混矿量稳步提升。

年内，青岛海关共完成进口棉花检验2930批次，助力企业维护合法权益，全年检出棉花短重2232批、品质与合同不符1561批，帮助企业成功对外索赔2420万美元。宣传进口棉花“品质依申请检验”政策，通过与企业“一对一”政策宣传贯彻，根据一般贸易、保税仓储或异地检验的不同需求，鼓励企业不申请海关出具品质检验证书，提高通关效率，全年共有665批进口棉花不申请品质证书，累计为企业节省通关时间1万多天。响应进口棉花企业需求，保障国储棉快速安全入库，及时掌握进口棉花信息动态，协调优先检测，联合企业制订质量安全异常应急处置预案并开展应急演练，保障进口棉花顺利入储。

【出口重点商品检验监管】2022年，青岛海关落实出口商品检验监管要求，按照国家技术规范强制性要求，对出口化肥实施有毒有害物质、放射性等项目现场检验和取样送检，不合格化肥不予出口。通过检验检疫统计子系统、通关管理系统、“云擎”等系统跟踪现场业务运行情况，确保出口商品检验监管政策执行到位。开展风险分析和预警处置，查发冒用电子底账、伪报品名等违法行为，全年共检出有害元素不合格出口化肥13批、查发伪瞒报出口化肥12批。

【进口重点敏感商品检验】2022年，青岛海关加强对进口旧机电、妇儿用品等重点敏感商品检验监管，加强隶属海关对典型案例的报送工作，共查发不合格旧机电、消费品共56批，其中查发20批进口旧机电产品不合格，均依法实施处理处置；对14批共计16.97万把不合格进口牙刷，实施退运或销毁处理。落实海关总署政策性布控要求，扎实开展进口韩国服装检验检测工作，共抽样检测1532批，检出不合格样品57批次、1.46万件，全部实施了退运或销毁处置，同时组织专家人员对进口韩国服装检验检测情况撰写专项分析报告上报海关总署商品检验司，为下一步管控决策提供意见建议。

【医疗美容行业突出问题专项治理行动】2022年，青岛海关开展医疗美容行业突出问题专项治理行动，通过制订工作方案、强化风险布控、规范现场查验、加强联合执法等，构建进口医美产品闭环监管机制。组织开展业务培训，对19个隶属海关及风险防控分局共计209人进行培训，并应邀为检察院、法院讲解进口医疗美容产品监管要求及违法案例，为做好行刑衔接奠定基础。持续加强与药监部门的沟通协作，联合开展风险信息分析研判，共同开展违法违规执法，建立进口医疗美容产品闭环监管机制。专项治理行动以来，在各类进境渠道查获肉毒素、埋线提拉液、人胎素等共700余支，美容缝合针240根，玻尿酸针7806支，牙齿固定件1071个，手术拉钩30件，光谱美容仪1台，均依法实施退运或移交缉私处理，切实保障人民群众身体健康、保护消费者合法权益。

【风险预警和快速反应监管体系建设】2022年，青岛海关持续加强风险监测点建设，建成“3+3”两级风险监测点布局（3个一级监测点+3个二级监测点），风险监测内容涵盖危险品、棉花、铜精矿、再生原料等重点商品及日韩重点区域、上合示范区重点战略。首次组织风险监测专项工作，聚焦强化进出口商品检验、严守国门安全、服务宏观调控、优化营商环境等重点事项开展6个专项工作，提升风险监测的针对性和有效性。组织对进出口商品开展风险监测。开展法定检验以外进出口商品抽查检验48批，检出不合格9批，分别对不合格产品实施退运、销毁等处置。组织跨境电商进口商品风险监测，涉及4个隶属海关7个监管库，共计抽查小家电、纺织服装、食品接触产品、牙刷等进口高风险商品44批，检出质量安全项目不合格12批，对2家平台企业及1家电商企业进行约谈，对不合格商品限定时间内实施下架、退运、销毁等风险消减措施。以进口婴童用食品接触产品为重点开展进出口商品风险监测，共抽取进出口商品31批，其中奶嘴20批、儿童学习筷4批、其他塑料食品接触产品7批，产品来源覆盖美国、德国、日本、韩国等13个国家和地区，最终检出质量安全不合格3批次，针对不合格商品开展针对性风险布控。开展进出口商品风险信息采集工作，全年通过进出口商品质量安全风险管理系统采集不合格信息5400余条，为做好风险预警和快速反应工作奠定了数据基础；组织报送进出口商品质量安全信息，全年被海关总署采用编发信息16条。

【进口维修再制造监管】2022年，青岛海关简化进口维修再制造事前能力评估程序，加大事后定期跟踪监管和发现问题的追责力度，及时组织对新申请企业开展线上能力评估，辖区12家全球维修再制造企业共进口料件513批，货值763万美元。

【出口双边协议商品检验】2022年，青岛海关持续组织对出口埃塞俄比亚、塞拉利昂、伊朗、也门等国家和地区的相关工业品开展装运前检验监装核价等工作，共检验监装出口双边协议国家（地区）产品232批、3275.10万美元，未检出不合格，保障了出口双边协议国家（地区）的产品质量、数量的真实性，对出口伪劣产品及欺诈行为产生了较好的管控作用。

【打击假冒伪劣】2022年，青岛海关加强与市场监管、公安等部门的外部沟通协作，探索建立执法协作工作机制，在开展出口退运、境外预警通报调查工作中增加即决式布控要求，提高假冒伪劣检出率，精准提出指令布控需求，实施具体商品布控。全年共查获查发3起打击假冒伪劣案例，案件线索分别移交生产企业所在地的市场监督管理部门、公安部门进行处理。

【进出口商品检验检测机构监管】2022年，青岛海关参与海关总署采信制度研究，牵头完成《海关采信机构评估规程》起草工作，跟进落实配套管理要求和作业流程，配合做好信息化系统上线和采信试点，做好政策解读宣传，推进检验结果采信尽快实施见效。做好进出口商品检验检测机构事中事后监管，制订“双随机、一公开”检查工作方案，在3年内组织对青岛关区51家机构实施检查。

撰稿人

丁寿滨　王正直　孙寿利　张坤明

口岸监管

【概况】青岛海关口岸监管工作包括进出境运输工具、货物、物品（包括动植物、食品、化妆品）的海关检查、检验、检疫的组织实施，关区口岸物流监控职能管理，关区监管作业场所职能管理，进出境邮件、快件、跨境电商、暂时进出境货物监管职能管理，进出境人员及旅客行李物品监管职能管理，国家禁止或限制进出境货物的口岸监管职能管理，海关口岸监管环节的反恐、防扩散、出口管制监管职能管理，进口固体废物、进出口易制毒化学品等口岸监管职能管理。2022年，青岛海关全面加强正面监管，筑牢国门安全防线，共监管进出口货运量8.09亿吨。严厉打击违禁品、濒危动植物及其制品走私，查获濒危物品2390起，查获毒品、管制类精神药品、枪爆及管制器具等相关情事525起。

【安全生产】2022年，青岛海关建立安全生产长效机制，开展安全生产大检查。党委建立月度安全生产工作专题研判机制，每月通过业务形势分析会进行重点调度，加强督办检查，持续压实责任。深入开展安全生产大检查，制定重点领域370余项大检查要点，逐一落实到具体岗位人员。共排查整改业务领域问题34个，排查整改办公场所、涉案财物仓库、计算机机房及实验室安全方面问题171个，完善作业指导书等业务规范19个，推动青岛关区安全生产形势持续平稳向好。建立安全生产隐患排查常态化机制，细化各单位安全生产领导小组运行要求，持续发挥“吹哨人”作用，明确隐患排查每季度至少全覆盖一次，切实防范重大安全风险。推动“口岸危险品综合治理”百日专项行动取得预期成效。实现进口危险品自抵港到放行平均用时由专项行动前的9天降至4天，口岸监管区内危险品保持零滞留，口岸环节查获33起、后续稽查发现8起危险品违规情事；进一步固化通关时效监控、开展催报催查、加强检验业务培训、加快现场验放、提高实验室快检能力、加强精准布控和后续稽查等措施，实现口岸危险品综合治理工作常态化开展。

【货物查检】2022年，青岛海关提高查检作业规范水平。贯彻落实关党委要求，建立健全青岛关区查检作业规范性监控体系，常态化开展口岸检查作业规范性监控。制发青岛海关口岸查检作业规范性监控手册（2022年版），建立口岸查检作业现场监控自查制度，及时发现问题立行立改；汇总现场查发典型案例，发布“口岸监管实务问答”对现场海关咨询、关注的问题进行集中解读答疑，持续提升现场主动查发能力；完善地磅称重等关键环节管理，提升现场作业规范性。抓好查验环节疫情防控，规范落实落细口岸疫情防控各项措施、要求，监督作业现场，做好进口冷链食品及包装、高风险非冷链集装箱货物新冠病毒核酸检测、检测和预防性消毒监督工作。加大检查力度，持续提升现场海关新一代查管系统相关录证、记录填制等各环节作业规范。指导现场关员规范作业，按规定做好个人防护。进一步推动货物渠道智能审图深度应用，深化“先期机检＋智能审图”实战化应用，通过智能审图替代逾70%的人工审像作业。全年，共审核H986机检图像5.23万幅，其中智能审图量4.72万幅，占比90. 25%；青岛关区通过H986集中审像查发违法违规情事727起，其中应用智能审图报警查发416起，查获固体废物632.35吨。加大算法攻关力度，优化建立670项多级智能审图算法索引；引入报关单信息辅助提升智审识别准确率。参与海关总署智能审图专题研究，报送图像3万余幅；参与海关总署智能审图相关专业背景人才使用培养工作，制订青岛关区培养工作方案。深化“优先查验”作业改革。推广“云港通”系统应用，落实高级认证企业优先查验和检验检疫；结合落实RCEP任务措施和重点物资保障需求，动态更新“优先查验”商品清单，实现港务优先调度、海关优先查验，有效提升口岸检查效能；完善“先期机检＋直装直提”作业机制，进一步扩大应用范围，提升守法便利化水平。

【物流监控】2022年，青岛海关夯实物流基础，强化物流监管运行监控。做好《中华人民共和国海关过境货物监管办法》的解读实施工作，召开相关单位座谈会，细化明确作业流程，组织做好业务培训和对外宣传引导。规范水运舱单理货报告传输，青岛关区出口理货传输时间由原9.30小时缩减为4.50小时。做好物流监管运行整体监控，从运输工具、港口吞吐量等口岸运行情况分析当前外贸走势，提供决策依据。配合做好滞留过境货物的消化处置，多方协调推动增加铁路班列，指导现场海关制订工作保障方案，成立专门工作小组，安排加值班作业，对过境业务随到随办，加快货物验放。

【助推物流大通道建设】2022年，青岛海关服务保障供应链稳定，助推物流大通道建设。创新实施“水水中转”智能监管模式，实施无纸化申报，实现码头泊位堆场资源共享共用、干支线船舶无缝对接，码头作业时效提升30%，青岛关区“水水中转”智能监管箱量达28.90万箱。开展铁路快速通关改革，支持过境货物海铁换箱作业，打造“中欧班列＋”特色班列，全年共监管进出境中欧班列1230列、10.41万箱，同比分别增长14.20%、30.20%。优化船舶供退物料监管，实现船舶进出、供退物料业务全程网办，单票业务降低成本约200元。支持开通中韩陆海联运整车运输，牵头制订监管方案，推动中韩双方签署项目试运行谅解备忘录。推广“陆海联动、海铁直运”监管新模式。助推内陆港建设，拓展海港辐射功能至枣庄、即墨、淄博、滨州、济南、聊城等，赋予内陆港码头前沿功能，货物直接在内陆港办结通关查验手续，试点以来，监管海铁直运货物806票、1297箱。

【快件邮件跨境电商监管】2022年，青岛海关持续推动贸易新业态健康发展。复制推广跨境电商B2B出口监管试点，落实“简化申报、汇总统计”等跨境电商综合试验区优惠政策，实施依申请“优先查验”，助力开通单程36小时“青岛—大阪”滚装班轮航线，实施跨境电商出口商品与退货复出口商品“合包”运输业务，进一步简化优化市场采购贸易小额小批量监管适用条件。支持青岛关区跨境电商综合试验区建设，新增枣庄、济宁、菏泽3个国家级综合试验区，山东省实现地级市综合试验区全覆盖；助力青岛跨境电商综合试验区公共服务平台完成优化升级。在青岛关区范围内对非法走私进口韩国“三无”减肥药开展专项打击，累计查获拟销往26个省（自治区、直辖市），涉及80多个城市的夹藏走私“三无”减肥药337批次，韩国“三无”减肥产品在青岛关区的非法进境通道被截断。开展业务改革与研究，在全国率先完成“快件通关管理系统（2021）”切换工作，牵头完成全国海关快件系统调整测试工作；牵头做好青岛关区“如何促进新贸易业态健康规范持续发展”课题研究，组织课题研究文章12篇，分别在海关监管实务与研究、青关政研等载体发布。

【行李物品监管】2022年，青岛海关抓好旅检渠道疫情防控。贯彻落实海关总署疫情防控相关文件要求，继续按照海关总署要求做好入境人员健康申明卡验核和体温监测等工作，进境旅客健康申明卡电子化申报率达100%；及时查明国家卫健委公布的新冠输入性病例入境通关情况。对确诊病例开展视频回溯检查，要求行李物品监管岗位工作人员切实做好个人安全防护工作。牵头做好青岛关区一线高风险岗位工作人员封闭管理监督检查工作。周密做好北京冬奥会、冬残奥会等重大赛事活动监管服务保障，制发相关工作方案，切实做好值班值守工作。推进智能审图等在旅客行李物品监管中的应用。试点期间，机检数量共计20万幅，智能审图图像数量共计1.91万幅，青岛关区旅检渠道通过CT智能审图查发案件36起。

【口岸业务运行监控指挥体系建设】2022年，青岛海关抓好疫情防控专项监控。建立青岛关区疫情防控连线会商机制，疫情期间每日开展专项视频检查，动态调整制定62项疫情防控检查清单。制发专项检查通报25期，督促整改“人防”方面问题187个、“物防”方面问题382

▲2022年9月22日，日照口岸举办核辐射突发事件应急处置演练

个；指导三级指挥中心检查整改“人防”方面问题215个、“物防”方面问题763个。加强反恐应急管理，提升查缉效能，围绕党的二十大召开重要时间节点，强化海关口岸监管环节反恐工作。集中校准手持式监测设备100余台、固定式辐射探测门17台，56台门户式辐射探测设备接入“核辐射探测应用系统”联网运行，配发铅箱、防爆罐、生化防护服、呼吸器等核生化爆安全防护用品120件（套）。及时调整补充反恐应急队伍，开展反恐应急技能培训120余人次，开展监管现场突发事件和反恐应急处置演练39次。强化禁限监管措施和固体废物清退高压态势，将固体废物、毒品、濒危动植物及其制品等查获情况列入绩效考核，定期调度，引导现场海关加强监管查缉。发挥固体废物清退专班作用，加强源头控制，强化口岸监管，建立固体废物清退台账，开展动态管理，重点督办到港时间较长的固体废物。建立监控机制，密切追踪分析退运出境固体废物情况，提交防控指令建议50余条，防范已退运固体废物“口岸漂移”再次入境风险。全年，清退非法进境固体废物77批、6851吨。

撰稿人

丁　旸　王　超　李　勇　李　强　李发展
张　芳　张继明　罗福茂

政策研究与统计

【概况】2022年，青岛海关落实海关总署对政策研究和统计工作的一系列部署要求，面向服务宏观决策、面向海关履职尽责、面向服务区域经济发展，在政策研究和统计工作中提出并践行“党建引领、需求导向、系统协同、精益求精”16字指导原则，建立健全全过程、全链条的海关统计数据管理机制，深化分析研究大服务、大机制、大平台、大调研建设（即“两全四大”），在严厉打击虚假贸易、优化口岸营商环境、推进外贸高质量发展等方面工作中取得成效。

【统计调查】2022年，青岛海关组织开展本年度出口先导指数调查样本企业轮换，完成新一期172家样本企业的核定工作。配合海关总署统计分析司推进中国海关贸易景气（进口）试点调查问卷工作，完成首批87家样本企业的核定工作。完成抗原试剂盒出口情况调研、口罩防护服价格调研、外贸企业出口订单情况等专项调研，为服务国内统筹疫情防控和经济社会发展提供了相关数据参考。根据海关总署统计分析司要求完成本年度海关统计月报地区口径核对以及邮件业务现场相关统计项目参数调研，为准确发布相关海关统计资料提供可靠参数。

【数据质量管控】2022年，青岛海关构建直属海关统计工作质量管理机制，将风险管理嵌入统计工作全过程，由单一结关后数据审核模式扩展为数据全链条、跨部门协同管控，形成从制度规范、刚性执行、主动纠偏到持续改进的统计数据质量管理闭环，建立岗位操作手册、职能监控、执法检查、考核评价、风险管理等现有职能管理要素的联系，在青岛海关统计条线打造形成相互联系、相互作用的PDCA（计划—执行—检查—处理）循环系统，通过不断的螺旋式循环，持续改进统计工作质量。梳理依据文件82个，操作流程文件1.62万字，编制风险（检查）清单23项。加强数据质量管控，对重点敏感数据和大金额报关单重点申报字段加强监督监控，根据实际情况调整审核方式和审核重点。落实宏观审核理念，通过宏观数据异常波动，及时发现异常数据。针对青岛海关业务特点和发现的数据差错，加强参数提炼。按照统计人员业务专长成立专业化小组，结合数据质量专项审核工作，对专业小组成员进行“一对一”指导和培养，提高数据质量管控水平。发挥牵头协调作用，突出数据质量整体管控效能，对于发现的差错，从全链条查找并消除差错原因。全年，审核报关单500万票，设置青岛海关审核参数25条，向海关总署报送审核参数16条。

【业务统计】2022年，青岛海关系统思考提高业务统计数据质量，从数据全链条着眼，通过人审与机审相结合、统计与各职能部门比对审核相结合、常规审核与专项审核相结合等方式，确保各环节无缝对接，多维度保障业务统计数据准确、完整。建立数据质量管理风险清单，将风险管理嵌入全过程，加强闭环管理、源头治理。落实业务统计制度，依法统计、依法治统，保障数据准确、完整，指标科学、有效。组织“老中青”统计骨干，重点参与海关总署“统计业务改革”攻坚工作，该项目是海关统计工作参与智慧海关建设的重要内容，包括业务统计新系统建设和业务统计指标建设。强化常态化业务协同分析机制，深入挖掘业务统计指标数据，发挥业务分析辅助海关管理的作用。编发22期业务统计分析快报，使调研成果转化为成效，推动山东省航空货机、泡菜出口、中欧班列发展。

【数据安全与服务】2022年，青岛海关推动海关数据安全党委责任制实施，强化数据安全责任意识，守住数据安全底线、红线。统筹推进青岛海关数据安全职能指导工作，以数据分类分级管理制度为基础，压紧压实数据安全责任，强化数据安全管理意识。落实数据安全分类分级要求，对关级系统数据进行评估，统筹梳理重要数据目录。组织各部门、各单位开展报关单数据安全检查、管理工作。规范开展互联网报关单数据安全、贸易统计数据违规发布监控核查。加强安全制度的宣传培训，帮助各部门、各单位准确理解、全面落实。开展数据“出口”评估和治理，在确保安全的前提下，依托数据安全分类分级制度，依法依规开展数据共享，服务智慧海关建设，支持地方经济社会发展。

【政策研究】2022年，青岛海关着力打造高质量的研究型海关。以政研先行，面向国家经济发展大局、海关改革及地方外向型经济发展，构建分析研究机制，着力提升研究质量和水平。围绕学习贯彻党的二十大精神以及海关总署“12个必”重点任务点题，确定66个研究项目，发布10项研究成果。围绕党中央、国务院重大决策部署以及海关改革和事业发展面临的深层次系统性问题、青岛关区外贸形势、监管工作中发现的重大风险隐患、企业反映的突出问题等情况，精心选题，广泛、深入组织开展调查研究，形成5期调研报告上报海关总署。全年，共牵头、参与海关总署署级年度课题9个、青年课题2个，山东省政府课题3个，开展青岛海关关级课题48个，获评山东省政府系统优秀调研成果4项。开展课题研究成果专题评估，注重课题成果转化，力求“出实招、见实效”，通过课题研究促进完善海关制度10项，转化为具体改进海关改革发展举措46项，转化为提高监管服务的具体措施31条。青岛海关“大政研”格局建设在全国海关政策研究工作会议作典型经验交流。青岛关区19名在分析研究方面作出突出贡献的同志分别获得海关总署表扬和青岛海关表彰奖励，3人被授予个人三等功，非统计分析条线关员比率超过50%，分析研究工作成为干部成长成才、人生出彩的舞台。

【监测预警】2022年，青岛海关加强监测预警分析研究队伍培养，重新整合“分析研究队伍”，形成139人组成的20个专题研究小组，以项目负责制对国内国际政治经济形势、重点行业领域商品进行长期关注、日常积累、迅速反应，不断提升统计分析研究质量。持续牵头外贸形势研判国别组成员海关，开展海关总署月度外贸形势分析会主要经济体的外贸形势研判，探索实施外贸量化模型预测，多次精准预测了未来一段时间内我国对主要经济体的外贸进出口情况。强化贸易统计数据信息的发布解读，积极为地方外贸运行新闻发布会和外宣媒体提供新闻稿件。定期监测汇总相关国家经贸信息资料，为海关总署每月新闻发布提供相关问答材料。监测预警分析成果丰硕，全年累计上报贸易统计分析类稿件360余篇，其中68篇分别被省、署级载体采用，主动融入、精准服务区域经济发展，向山东省委省政府报送分析研究成果91篇。

【牵头开展全球贸易监测分析青岛分中心工作】2022年3月，海关总署统计分析司将全球贸易监测分析中心运行模式由“1+3”升级为“1+9”，在广东分署、上海、大连3个区域中心基础上，增设天津、南京、青岛、深圳、南宁、重庆6个区域中心。青岛分中心由青岛海关牵头，制订全贸青岛区域中心工作实施方案，组织协调成都、拉萨、兰州、银川4个成员海关，圆满完成对上合组织等经济体以及金砖、南美国家开展长期跟踪监测，对国内外热点外贸事件、重点进出口商品主动开展常态化监测分析，推进黄河流域跨关区外贸运行监测分析，定期发布“中国对上合组织成员国贸易指数”，对全国农产品出口开展监测分析以及中国对外贸易指数计算、参数调整等工作。

【打造上合智库】2022年，青岛海关不断拓展智库联盟合作范围，按照海关总署对智库建设规划部署要求、中国特色新型智库建设标准和海关特色高端智库建设总体规划，依托青岛海关特色优势，积极打造在全国海关系统内具有较强影响力和知名度的“上合特色高端智库”，服务上合示范区高质量发展、高水平开放。用足高校智库平台，推动高校丰富学术资源共享共用，借助高校学科专业优势，强化协商协同，推动上合智库建设走深走实。7月份，青岛海关与青岛大学建立“上合关贸研究智库联盟”，共同搭建合作平台，整合智力资源，寻求互补优势，开展促进国家和地方外经贸高质量发展的深层次多领域合作，该协议下开展调研交流20余次，开展课题合作8项。

【完成重大专项课题研究】2022年，青岛海关围绕海关总署交办的重大专题课题研究任务，面向全新领域，组织研究骨干组成“冲锋队”，统筹组建跨部门课题研究专班，全年共计牵头或参与25项重大专题课题撰写。通过重点任务专题研究，创建“能打仗、打胜仗”的政研品牌，打造一支“能攻善战、敢打敢拼”的政研铁军。

撰稿人

王　岩　王庆伟　王明鑑　孙大治　张　坤

企业管理与稽核查

【概况】2022年，青岛海关按照两级海关工作会议和全面从严治党工作会议部署，发挥企业资质管理和信用管理业务的职能，全面推进稽核查业务领域改革，优化机制、规范作业、提升质效、防范风险。截至年底，共有备案报关单位12.20万家，同比增长5.87%，占全国总量的6.82%；食品相关特定资质企业1.56万家，其中出口食品备案生产企业3623家，占全国总量的16.38%，进口食品相关特定资质企业6010家。共有高级认证企业337家，占青岛关区备案企业总数的0.28%；高级认证企业进出口总值9411.99亿元，占青岛关区进出口总值的27%。实施常规管理措施企业12.50万家，失信企业108家，列入严重失信主体名单企业7家。

【资质管理】2022年，青岛海关做好企业资质管理和出口食品生产企业对外注册推荐工作。新增进出口货物收发货人1.39万家、报关企业564家，新增出口食品备案生产企业331家，新增对外推荐注册企业58厂次。深化“放管服”改革，做好简政放权和优化服务。全面落实报关单位“审批改备案”改革，企业备案业务平均办理时间由2021年同期的3个工作日缩短至当天办结；深入推进报关单位备案全面纳入“多证合一”改革，共通过“多证合一”方式办理报关单位备案4857家，占同期备案企业总量的30. 10%，备案应用率同比增长176%。创新工作机制，做好出口食品生产企业境外注册推荐工作。建立青岛关区出口食品生产企业对外注册虚拟评审中心，搭建青岛关区评审工作平台，解决评审力量不足问题，落实落细“双随机”要求，制定资质管理业务规范化操作指引，确保评审作业全流程规范化、标准化、透明化。丰富对出口企业的技术指导和评审手段，灵活采用文件审核、现场审核及视频审核方式帮助企业获得“出口通行证”，截至年底关区累计对外推荐注册企业2225厂次。

【建设信用管理全链条闭合管理机制】2022年，青岛海关依托上合示范区平台，扎实推进AEO国际互认合作。与伊朗和乌兹别克斯坦开展互认合作，对吉尔吉斯斯坦等5个国家开展AEO能力建设援助。推动党委大事实事“高质量推进企业信用管理，打造以信用为基础的新型监管机制”落地见效。在全国海关首创提出信用管理全链条闭合管理机制，总结提炼“选、育、评、管、惠、惩、合”7个重点环节，将系统观念落实到信用管理全过程。“科技赋能”推动高级认证企业“优先办理”通关便利落地见效并在全国海关推广，优先实验室检测、优先安排口岸检查2项措施被海关总署采纳。多维度开展信用培育，从“七个维度”（与共建“一带一路”国家和地区、RCEP成员方、中亚5国和中东欧国家有贸易往来的企业，进出口总值较大企业，纳税金额较大企业，专精特新企业，跨境电商平台企业，国家和地方重点鼓励和扶持企业及其产业链供应链企业）建立重点培育企业库，全年共培育企业6485家，其中“一对一”重点辅导115家。实施认证提质工程，全年共新增高级认证企业70家，同比增长70.70%。推进“AEO示范市”建设，强化与地方政府双向合作，细化和丰富联合激励措施，活动实施2年来，青岛海关辖区已实现“AEO示范市”创建全覆盖，84家高级认证企业获得资金奖励共计747万元。搭建“知海企航”政策宣讲平台，开展政策宣讲，引导企业树立自律合规意识，在线观看人数2万余人，青岛关区5000余家进出口企业获益。全年，动态调整企业信用等级179次，其中上调信用等级114家、下调企业信用等级65家，确保信用评价客观反映企业真实的诚信状况和守法水平；完成信用修复企业114家，其中海关主动修复11家、依申请信用修复5家、依规恢复注销失信企业（异常名录超90天）98家。提升企业协调员服务效能，及时解决企业通关疑难问题，建立高级认证企业常态化管服100%全覆盖机制、高级认证企业问题收集解决反馈100%机制、协调员能力优化提升机制，102名企业协调员共为高级认证企业解决通关疑难问题406个。

【海关稽查】2022年，青岛海关共完成稽查作业539起，其中查发问题430起，同比增长24.35%。制发落实海关总署稽查业务改革实施方案，明确细化3类14条措施；分类组成一般贸易、加工贸易、新兴业态、涉检稽查4个专项研判工作组，统筹稽查研判工作；创新开展稽查集约化改革，选取烟台地区5个隶属海关开展稽查集约化改革试点，制定4项改革举措，形成“资源统筹、优势互补、突出查发、提升效能”新局面。聚焦精准查发，提高稽查查发效能，依托“青岛海关机动稽查队”工作机制，借力“云擎”等大数据建模，组织开展专项行动实施精准打击，查发进口日本日用小商品、水产品、木材单板、隐形眼镜等低报价格

▲2022年6月28日，青岛海关所属青岛大港海关关员在企业开展稽查工作

情事39起。拓展涉检领域稽查，查发违规情事14起，案值7900余万元。注重区域协同，释放改革溢出效应，提出行业性稽查建议4条，牵头2个全国专项稽查行动，涉及货值6.44亿元。依托黄河流域生态保护和高质量发展国家战略，联合济南、郑州海关对危险化学品逃漏检风险开展联防联控，查发违规案件11起，涉及危险化学品7251吨、货值1.43亿元。受海关总署企业管理和稽查司委派，首次开展跨直属海关稽查专项行动，查发问题涉及货值2000余万元。加强政策宣传，引导、鼓励企业自我纠错，自律规范经营行为。全年，共办结主动披露作业257个，在免除或减轻对企业行政处罚的同时，依法减免税款滞纳金约1163.49万元，为企业发展释放政策红利。注重队伍建设，提升综合业务素质。依托海关总署稽查专家型人才管理机制，甄选并推荐4名专家入选海关总署稽查专家型人才库；搭建涵盖6类专业领域的稽查学习平台，邀请法制、缉私、关税等业务专家开展10轮线上技能培训班；以海关总署稽查岗位练兵为契机，学练结合，练兵通过率100%。

【海关核查】2022年，青岛海关共办结核查作业2318起（随机率100%），同比减少18.12%。其中，管理类核查作业1530起、风险类核查作业788起，共发现问题1775起。聚焦重点领域，以查发为导向，对进境粮食、进出口食品、保税仓库开展专项核查5次，查发157家企业违法违规问题217个。推进核查模式改革，自主研发ERP数据智能分析系统实现与97家企业联网，针对15家联网监管仓库、加工贸易企业实施“互联网+”核查，实现对接、抓取、传输、比对“四个自动”。加大网上核查力度，扩展“第三方采信+委托”核查范围，全年实施网上核查266起，实施第三方采信核查48起，作业效率提升70%。探索“企业自查模式认可”核查模式，对海关AEO高级认证企业采取“免打扰、低干预、自律式”核查作业。为企业提供对外注册推荐、技术性贸易措施应对、自贸协定等咨询服务累计500余次，与市场监管等部门开展部门联合抽查66起，实现“进一次门、查多项事”。加强科技创新推进成果转化，完善车辆轨迹信息智能分析系统，初步实现车辆轨迹模型化定制，智能化、批量化分析功能，并新增动植检模块，为海关后续监管提供有效支撑；辅助查发进境粮食违规存放、保税货物未实际入库、违规出口水产品情事8起，涉及货值8800万元；应用关港联网监管系统强化船舶滞期费后续监管，实时获取进境船舶作业信息，自动筛选高风险船舶数据，开展船舶滞期费专项行动，完成31起作业。

【属地查检】2022年，青岛海关共开展属地查检87770批次，同比减少4.92%。其中，“出口申报前监管”查检52770批次，同比减少1.51%；“进口放行后检查”查检35000批次，同比减少9.65%。贯彻落实海关总署促进外贸保稳提质措施，设立青岛海关鲜活易腐农食产品属地查检绿色通道，自5月11日设立绿色通道至年底，516家企业通过属地查检绿色通道快速通关产品9846批次，通过预约节假日开展查检作业1427批次，已监管出口鲜活易腐农食产品231.47万吨、货值378.93亿元，出口活（水生）动物21.52万只、货值1.53亿元。深入推进属地查检与稽核查执法联动试点工作，以系统观念为指导，聚焦执法联动、监管合力、效能提升，全年共开展实施执法联动285次，压缩外勤下厂447批次，节省人力50%、节省时间60%，通过合力监管提升案件查发效能38%，移交稽查案件12起，案值1067.99万元。

【检验检疫行政处罚】2022年，青岛海关共办结检验检疫行政处罚案件612起，同比增长30.21%，入库罚没收入334万元，同比基本持平。其中，处以罚款及没收违法所得处罚602起、处以警告处罚4起、不予处罚2起、撤销案件4起。强化内部执法协同，共同研判风险线索12条，扩大执法成效；推进外部执法协作，建立与海事及应急管理部门联合执法机制，共同化解执法风险；推进检验检疫行政处罚区域协作，构建“左右互评、上下联动、集中检查与日常监控相结合”的立体式执法检查模式，推动检验检疫行政处罚工作稳中有进，进中提质，检验检疫行政处罚案件实现“零”复议、“零”诉讼，4个隶属海关实现检验检疫行政处罚案件“零”的突破。

撰稿人

吕晓宁　孙　佳　姜艳艳

查缉走私

【概况】青岛海关缉私工作主要包括辖区内涉税走私犯罪案件、海关监管区内非涉税走私犯罪案件的侦办，管辖逃避商检、妨害国境卫生检疫、妨害动植物检疫、走私人类遗传资源材料和非法引进外来入侵物种等刑事案件，承担海关行政违法案件查处工作。2022年，青岛海关共立案侦办走私犯罪案件252起，案值26.55亿元，同比分别增长27.14%和下降22.37%；立案调查海关行政违法案件2722起，案值43.56亿元，同比分别增长7.80%和下降60.19%。

【落实习近平总书记关于打击走私重要指示批示精神】2022年，青岛海关贯彻落实习近平总书记关于打击走私重要指示批示精神，推进打击走私，服务保障高质量发展。开展“蓝天2022”打击“洋垃圾”走私专项行动，立案侦办走私废物案件10起，行政立案78起，查证固体废物9000余吨。严厉打击濒危物种走私，立案侦办走私珍贵动物制品案件4起，查获海马干1000余尾，象牙制品、玳瑁、砗磲等30余件。服务保障海南自由贸易港建设，查办“套代购”走私案件25起，案值1.16亿元。参加海关总署打击“水客”走私集中收网行动，刑事立案9起，案值3.32亿元。

【打击涉税走私】2022年，青岛海关不断深化“以打促税”，严厉打击重点涉税商品走私。立案侦办涉税走私犯罪案件121起，案值24.34亿元。开展打击乐器走私专项行动，打掉一个长期使用洗单手段低报价格，走私进口欧美、日本等国高档吉他等乐器及配件的专业犯罪团伙，案值2.1亿元。开展打击羊皮走私专项行动，对行业性低报价格走私羊皮活动进行集中收网，刑事立案4起，案值约2亿元。开展打击涉韩走私专项行动，摧毁一个涉韩走私犯罪网络，现场查扣大量伪报品名使用集装箱夹藏走私进口的化妆品、高丽参、玻尿酸等货物，案值1.02亿元。开展打击烟草走私专项行动，查获2起走私、生产、销售假烟大案，涉案卷烟39.70万余条，案值4955万余元。开展打击虚开骗税专项行动，围绕高风险出口骗税商品实施重点布控，立案查办申报不实影响出口退税案件217起，案值1.12亿元，影响退税1286万元。

【打击非涉税走私】2022年，青岛海关围绕党的二十大安保维稳工作大局，扎实推进2022年夏季治安打击整治等专项行动，切实维护国家安全和社会稳定。严厉打击涉

▲2022年2月11日，青岛海关缉私人员现场清点查获的走私枪支

枪走私，立案侦办枪支走私犯罪案件28起，查扣气动力枪支25支、气枪铅弹2821发、枪支零部件500余件、制枪工具100余套（件），捣毁制枪窝点5个。1起走私非法制造贩卖枪支案入选公安部夏季治安打击整治“百日行动”十大典型案例。严厉打击涉毒走私，立案侦办涉毒走私案件48起，同比增长50%，查获毒品三唑仑、唑吡坦等万余粒，查证易制毒化学品麻黄碱96千克；组织开展打击“三无”减肥产品走私专项行动，查获含违禁成分“三无”减肥产品57.64万粒，合计269千克。

【打击新管辖罪名和关联犯罪】2022年，青岛海关防范化解重大风险，侦办新管辖罪名查办取得新突破。全力打击新管辖罪名犯罪，立案侦办逃避商检犯罪案件10起，其中打掉一个长期以伪报品名方式逃避商检犯罪团伙，涉案复合肥、有机肥近3万吨，系全国海关查获的数量最大的逃避商检出口化肥案件，有力维护了国内农资价格稳定和粮食生产安全。立案侦办走私人类遗传资源材料案2起，成功查发数个非法采集孕妇血液样本走私出境的犯罪团伙，系青岛关区首次查发走私人类遗传资源材料案。打击走私关联犯罪，立案侦办洗钱犯罪案件10起，涉案金额1200余万元。

【打私工作机制建设】2022年，青岛海关落实海关总署党委关于坚决贯彻落实党中央海关缉私部门管理体制调整重大决策部署，进一步加强打击走私工作的意见及相关配套文件精神，进一步发挥海关“全员打私”的基础性作用，着力构建青岛关区缉私工作新机制。以绩效评估为抓手，提升“全员打私”效能。修订青岛海关全员打私绩效评估办法（试行），突出目标导向、责任导向、效果导向，重点对隶属海关领导、组织、推动、实施全员打私工作成效进行评估。全年，海关各业务现场移交缉私部门线索数量同比增长1.6倍，海关查发案件数在缉私部门办理的刑事案件中占比达74.60%。搭建大数据分析平台，强化“全员打私”数据应用，缉私、关税、风控、监管、稽查等部门建立大数据分析专家团队，开展反走私联合研判12次，对青岛关区日本小商品、木材、羊皮等行业开展联合研判与贸易调研。建立青岛关区寄递渠道案件数据库，探索“智捕”研判打击战法，实现高风险数据一键导出，成功查发寄递渠道走私案件21起，并向全国海关移交线索。紧盯重点渠道领域，深化关警协同作战，研判疫情形势下贸易业态新变化，将寄递渠道作为青岛关区打击走私的重要阵地，在青岛邮局海关派驻专门缉私力量，成立研判专班，全年共查办寄递渠道走私犯罪案件55起，同比增长2.3倍。深化缉私与稽查部门的捆绑作业，组建多个查缉专班，对行业性走私风险突出的领域开展联合查缉，共刑事立案38起，案值3亿元。

【法治建设】2022年，青岛海关以执法质量为打私办案生命线，深化执法规范化建设。刑事案件诉讼成功率始终保持100%，行政案件继续保持复议、诉讼无变更。完善执法制度体系，修订青岛海关缉私局刑事案件统一审核、统一出口工作机制实施细则，推进“两统一”办案模式优化改革落实到位。完善青岛关区刑事执法工作考核办法，推进刑事办案量、质、效均衡发展。制订深入推进执法规范化建设工作方案、执法监督管理委员会工作规则，深入推进对刑事执法全流程和关键节点的监督把控。加大法制监督力度，全年共开展刑事执法大检查2次，并对办案数量较大的缉私分局开展重点巡查，集中检查刑事案件98起，并全部督促整改到位。执行刑事案件分级分类管理制度，全年对强制措施适用、重大案件处理等事项开展重点审查53案次。着力破解执法难题，注重法制工作前移，从诉讼角度提出取证引导、适用法律、构建证据体系的意见，保障刑事执法量质并举。对海关总署缉私局交办的宋某某涉嫌走私武器、弹药案开展侦查取证工作，争取检法机关的指导和支持，促成该案成功宣判。规范公正文明执法，回应人民群众期待，落实“宽严相济”政策，贯彻“少捕慎诉慎扣”理念。完善青岛关区缉私行政办案周期预警通报制度，定期对行政办案时效进行预警提示，行政执法继续保持“零积案”，平均办案周期同比提升13%。

【反走私综合治理】2022年，青岛海关落实党中央关于坚持专项治理与“四个治理”（系统治理、综合治理、依法治理、源头治理）相结合的要求，持续加强与地方政府、打私职能部门的联系沟通，不断巩固“问题联治、工作联动、平安联建”的工作机制。第一时间向山东省委省政府介绍“国门利剑”“蓝天”等专项行动进展，协助地方政府落实打私工作责任，山东省打私办下达了开展打击走私“国门利剑2022”联合专项行动的通知，落实重大走私案件通报、重大走私风险挂牌整治等机制，专题研究推动山东省打击走私工作。协调山东省打私办开展非设关地反走私调研，打造“石岛示范点”。推动省、市两级打私办出台查获走私冻品移交处置工作规程，切实解决好打私工作难点困境。加强与相关打私职能部门协作配合，与烟草部门落实打击卷烟走私合作协议，深入打击卷烟走私活动。与山东省人民检察院协商办理走私刑事案件联系配合办法和重大走私刑事案件联合挂牌督办办法，与青岛市人民检察院共同建立“侦查监督与协作配合办公室”，解决办案中存在的疑难问题。强化反走私宣传，各级媒体刊发打击走私类稿件147篇次，其中中央电视台报道9条次，查获的走私大要案上榜新媒体热搜，累计阅读量近千万次。联合地方公安、海警、安检等口岸执法单位，在非设关地、旅检、邮递现场等联合开展普法宣传，鼓励举报走私犯罪线索，共同构筑全社会打击走私的人民防线。

撰稿人

张　明

国际及港澳台地区合作

【概况】青岛海关在海关总署国际合作司部署和指导下，组织协调与外国、我国港澳台地区等海关及相关机构的交流与合作；组织开展技术性贸易措施工作，落实海关总署技术性贸易措施工作管理制度；承担世界贸易组织其他成员 TBT 和 SPS 通报、评议、咨询等工作。2022 年，青岛海关在外事工作中将政治建设放在首位，以“三智”理念为引领，加强国际及港澳台地区合作和外事工作队伍建设，不断提升青岛关区国际合作质量和外事工作水平。

【“三智”建设】2022 年，青岛海关广泛开展业务调研，结合青岛关区实际制订青岛海关关于加快“三智”建设、服务共建“一带一路”高质量发展的工作方案，出台 5 个方面 17 条具体措施，明确 23 项工作任务，及时调度推进，确保青岛关区“三智”工作有序开展、取得实效。打造关区“三智”国际合作项目库，加强对青岛关区优质“三智”项目的筛选和培育。开展“三智”理论研究和宣传，组织开展“学习贯彻党的二十大精神”国际合作专题研究，完成“三智”相关关级课题，撰写的主题征文《夯实“三智”大数据基础　促进海关国际合作助力双循环发展研究》获评中国海关学会天津分会优秀论文。全年，青岛关区各载体发表“三智”相关政研文章 15 篇，《大众日报》《中国国门时报》等各类媒体发表青岛海关“三智”建设新闻稿 37 篇。

【关际合作】2022 年，青岛海关主动对接韩国仁川、釜山海关，加强信息互通互联，持续完善双方沟通联络机制。全年与仁川海关交换双方查获的走私、侵犯知识产权案例信息 7 次；与仁川海关及时更新双方通关咨询、FTA（自由贸易区）等 14 个业务领域联络官名单，确保业务沟通渠道畅通。开展国际执法合作，向仁川海关提出缉私执法合作需求，已完成相关线索交换，为顺利开展国际执法合作奠定基础。

【国际信息研究分析】2022 年，青岛海关承担海关总署国际合作司相关信息搜集分析工作，全年报送全球猴痘疫情搜集分析 24 篇；发挥外语人才优势，报送日韩经贸数据分析 24 篇。组织外事骨干开展国际重点热点问题专项研究，相关分析报告被海关总署各类载体采用 12 篇。

【海关行政互助协查】2022 年，青岛海关首次应用国际海关行政互助协查渠道开展境外检验检疫证书核查，全年提出涉日韩等 6 个国家行政互助申请18次，涉及卫生证书104份，协助解决外方行政互助申请8次，落实与金砖国家海关行政互助协定，全年与俄罗斯开展互助协查4次。参与海关总署海关行政互助协查信息化系统上线试运行测试工作，为系统完善提供数据支持，并提出合理建议。

【外事工作体系建设】2022年，青岛海关成立外事工作领导小组，完善青岛关区外事工作领导机制，加强党对外事工作的集中统一领导。补充更新青岛关区入选海关总署外事工作业务骨干人员名单，完善“青岛海关国际合作人才库”，综合考量外语水平、国际合作经验等因素，筛选103名外语外事人才入库，持续壮大青岛关区外事力量。多渠道、大范围开展外事培训，组织46名外语人才分别参加山东省、青岛市英语高级翻译培训，推荐青岛关区外事骨干参加海关总署组织的国际传播能力培训、中国—东盟贸易安全与通关便利化线上培训班等。青岛关区17人次代表海关总署参加世界海关组织、世界贸易组织相关视频会议，4名驻境外人员顺利完成全年工作任务，1人获中共中央台湾工作办公室、国务院台湾事务办公室颁发的2022年全国对台工作荣誉纪念章。

【“三智”项目库】2022年，青岛海关结合关区业务特色和优势，深入挖掘青岛关区优质“三智”项目，创新打造青岛关区“三智”国际合作项目库，优选覆盖智慧口岸、智慧旅检等多个业务领域的30个“三智”项目入库，实行分类管理，定期调度、及时跟进，重点培育、加强宣传，推动“三智”理念向实践转变，组织推荐青岛关区优质项目参加海关总署署级“三智”项目评审，青岛关区已获批1个署级“早期收获项目”、1个署级“先行先试项目”，9个项目通过2022年署级“先行先试项目”评审。

【第三届跨国公司领导人青岛峰会海关闭门会】2022年6月20日，青岛海关经海关总署批复，代表海关总署承办第三届跨国公司领导人青岛峰会海关闭门会，会议主题为“发挥关企合力，迎接后疫情时代发展挑战和机遇”。青岛海关副关长石勇，山东省商务厅副厅长吕伟分别致辞。石勇副关长在致辞中提出3点建议：一是深化“三智”合作，共同应对风险挑战；二是发挥职能作用，促进外贸保稳提质；三是密切关企协作，不断深化贸易便利。吕伟副厅长提出推动开放平台提档升级、深化区域经贸合作、持续优化营商环境3点意见。青岛海关相关职能部门主要负责人围绕落

▲2022年6月20日，第三届跨国公司领导人青岛峰会海关闭门会在青岛召开

实RCEP政策优惠、提升跨境贸易便利化水平、推动自由贸易试验区健康发展等海关相关政策和措施进行宣讲解读，倾听跨国公司意见建议，回应跨国公司关注诉求。海关与企业参会嘉宾通过问答互动，就进一步加强关企合作、不断优化海关监管服务和提高通关便利化水平达成了一系列共识。参会企业代表表示通过此次会议对中国海关的政策措施有了更深入的了解，加强了与海关交流，增进了关企互信，增强了企业扎根中国长期发展，与中国共创共赢的信心和决心。山东省商务厅、青岛海关以及跨国公司负责人共40余名代表参加了闭门会。

撰稿人

于晓旭　徐薇薇

第六篇

综合保障

政务管理

【概况】2022年，青岛海关聚焦“铸忠诚、担使命、守国门、促发展、齐奋斗”要求，不断提升政务管理水平。完善制度规范，梳理办文办事办会流程，促进政务工作标准化、规范化。持续精文简会为基层减负，进一步提高政务运行效能。

【应急值守】2022年，青岛海关修订印发突发事件应急管理暂行办法和9个专项应急预案，明确青岛海关口岸突发公共卫生事件、进出境重大动植物疫情、进出境食品农产品质量安全事件、口岸通关突发事件、缉私突发事件、网络安全突发事件以及其他突发事件的应对处置程序，确保应急处置“有案可依”。做好应急演练，组织开展青岛关区突发疫情应急处置桌面推演，以演促练、以练代训，提升疫情防控突发事件应急处置水平。加强值班值守，落实24小时专人值班和领导干部在岗带班、外出报备制度。落实值班信息报告制度，全年报送值班信息250余条次。

【督查督办】2022年，青岛海关督查工作落实政治引领，围绕中心、服务大局，持续优化工作机制，实施精细化管理，确保各项决策部署落地见效。建立青岛海关落实习近平总书记重要指示批示精神事项台账，形成“年初建账—定期调度—动态更新—年终盘点”工作机制，督办办结率100%。对青岛海关党委大事实事、全年重点工作任务、形势分析会议定事项、关领导批示等443项工作任务分类建立台账，制发督查单39期，形成“任务部署—工作落实—督查检查—结果反馈”督查闭环。修订印发青岛海关督促检查工作管理细则，同步对岗位操作手册进行更新完善。持续优化方式方法，建立督查呈报机制，加强督查结果运用。

【为基层减负】2022年，青岛海关进一步落实精简会议要求，会议实行计划管理，会议计划数量连续3年只减不增，涉及隶属海关参加的会议，原则上均采用电视电话、网络视频等会议形式，降低会议成本，提高会议效率。发文遵循服务中心工作原则，立足青岛关区实际科学制定发文指标，强化发文必要性审核，确保发文数量继续压缩。创新工作实现方式，在实行指标管理的同时，推动各部门改进公务处理方式、丰富办文方式，开设网页工作通报专栏。提高发文质量，突出做好发文的政治审核，强化质量把关，建立退文台账并纳入考核，推动进一步提升发文质量。对机关部门下基层开展的各类检查、调研等进行统筹、审核，对基层单位周期性报送数据表格材料进行清理和精减规范，实施“正面清单”管理。制定青岛海关部门对隶属海关反映请示问题推诿扯皮情况记录报告办法，加强“下对上”监督，进一步推动作风转变。

【政务信息】2022年，青岛海关信息工作在青岛海关党委的领导下，及时准确报送大量高质量信息，有效发挥信息服务领导决策、推动事业发展作用，在全国海关树立“青关信息品牌”。青岛海关办公室被海关总署办公厅评为“2022年全国海关信息工作先进单位”，1人获评政务信息先进个人、2人获评互联网信息先进个人。在山东省委省政府政务信息考核中保持前列，青岛海关办公室被山东省政府办公厅评为成绩突出单位，1人被山东省委办公厅评为表现突出个人。修订下发青岛海关信息采用计分办法，调整完善信息刊物计分标准，与海关总署同步将互联网信息摘要纳入政务信息计分。建立完善信息审核、会签等工作制度，实行上报信息纸签留档，有效提升工作规范化水平。完成海关总署交办的“全国两会”、党的二十大、“五五专项”等互联网信息专项保障任务。组建成立“青关好师傅”政务信息团队，并被评为2022年度“青关好师傅”示范团队，1人获评优秀导师、2名学员获评优秀学员。加强与地方党委政府的工作联系，与青岛市政府办公厅信息调研室、财政部驻青岛监管局办公室建立信息沟通协作机制，2人被聘为十四届青岛市政协特邀信息员。

【新闻宣传】2022年，青岛海关新闻舆论工作围绕青岛关区中心工作，开展新闻策划、深入一线采编报道、大力推动媒体通联。全年，累计在海关总署核定媒体刊发稿件1329篇次，其中独立策划完成央视《新闻联播》报道4篇。《人民日报》在9篇新闻报道中宣传青岛海关工作，其中头版头条报道青岛海关落实跨境电商政策，头版报道青岛海关实施暂定税率政策助企纾困等。全年，共在《中国国门时报》刊发宣传报道450篇次，其中头版头条报道16篇次；“海关发布”微博、微信公众号共发布青岛海关稿件268篇次，依托“海关发布”及地方媒体平台，联合广州海关开展博物馆网络直播，系海关系统首次在各地博物馆之间网络“对话”，累计浏览量逾80万人次。

【保密管理】2022年，青岛海关制定工作秘密管理暂行办法和工作秘密事项清单，修订青岛海关涉密办公网管理办法、青岛海关信息系统保密管理规定。开展2022年度保密自查自评、党的二十大保密专项检查等工作，建立健全涉密人员管理台账，完善涉密人员全程闭环管理，对照具体标准进行“梳篦式”检查，对发现问题及时开展“回头看”，堵塞保密安全漏洞。组织青岛关区保密宣传教育月活动，邀请保密专家授课，组织涉密人员观看警示教育片，征集推广特色活动，先后向海关总署报送5篇信息、5篇征文、2部微视频、1幅海报，其中1部微视频被海关总署留用、1篇信息被海关总署信息快报采用，指导隶属海关在青岛关区发表相关信息10余篇。

【档案管理】2022年，青岛海关将海关总署、地方档案管理有关要求纳入《岗位操作手册》，指导规范青岛关区档案整理。强化档案安全体系建设，落实档案库房的工作日巡查登记制度，按期开展档案安全专项检查。采取线上培训、以干代训、现场检查指导等多种方式，全面提升青岛关区档案人员专业水平。按时保质做好文书档案归档、统计年报报送、疫情防控档案收集整理汇编、档案数字化、档案安全检查等各项工作，完成历年照片档案整理上架工作。如期将西陵峡路办公区档案库房搬迁至中山路办公区10楼档案库房，实现档案集中管理。

【关史研究】2022年，青岛海关利用青岛关区红色档案资源优势，“青岛海关早期党史的挖掘与研究”“海关口述史料档案征集”分别被山东省档案馆评为创新案例及优秀案例；参加国家档案日宣传活动，在“青岛海关12360热线”等微信公众号上开展档案知识答题、“档案记录光辉历程——黄岛海关西迁二十年线上图片档案展”等，独立完成署级课题“租借地海关史料挖掘与研究”，参与海关总署署级课题“共产党领导下的红色海关资料挖掘与研究”山东小组工作。

【公文处理】2022年，青岛海关提升工作效率，做好紧急重要文件办理工作，“早报件”“快运转”“紧跟踪”，梳理影响办文效率的关键节点，不断优化办文流程，提高文电办理效率，做到紧急重要文电接收办理“不过夜”，确保党中央指令政令安全畅通。全年，累计处理收文1.24万件、发文1359件，其中特急（特提）1773件、加急776件，实现紧急文件无延误。强化建章立制，落实海关公文处理工作办法，组织修订青岛海关公文处理工作细则，优化完善文电运转流程和机制，按照实事求是、准确规范、精简高效、安全保密的原则管控文件，及时消除收发文流程中的短板和风险隐患，确保文件全程可控可追溯。开展公文处理培训，加强对各单位、各部门文件收发岗位人员的培训指导，做到上下衔接、协同配合，切实把好各级文件分办关，提高青岛关区公文办理工作水平。对公文质量定期检查，落实退文制度，做好量化指标考核工作，提升发文规范性水平，不断提升发文格式的质量，保证被海关总署零退文。

【政务公开】2022年，青岛海关深入推进基层政务公开标准化规范化建设，完成海关总署对标任务。组织隶属海关到地方政府学习政务公开、政务服务方面的先进经验和成功做法。通过门户网站和12360新媒体等渠道广泛征求企业、群众关于海关政务公开标准化规范化工作意见建议678条。构建以政府信息公开规定、标准化规范化工作推进方案、政务公开专区建设方案、政务公开标准目录、12360热线工作规范为支撑的“五个一”制度体系。开展“政务公开宣传月”活动，共接待2000余人次参观、使用“政务公开专区”，对近1500家企业开展政策宣讲服务，发放政策解读类资料3700余份，收集企业意见建议282条，协调解决企业问题或现场答疑219个。“一关一品”推进基层政务公开品牌建设，打造基层助企纾困据点，以点带面形成便民利企政务服务矩阵。

【12360热线服务】2022年，青岛海关助力外贸经济保稳提质，发挥好山东省12345热线分中心作用，全年共办理省、市两级工单839件。开通热线远程办公服务，配置笔记本电脑、电话机、手

机卡、VPN用户等软硬件设施，实现全员远程办公服务，确保热线服务不受疫情等突发状况影响。全年，共受理社会各界电话咨询5.6万个、网上答复业务咨询1.5万余条次。加强政策解读，聚焦助力外贸保稳提质，通过12360微信公众号共发布政策解读、操作指南等稿件660篇，累计阅读量30.6万次。

【信访工作】2022年，青岛海关深入贯彻落实《信访工作条例》，推动青岛关区信访工作高质量发展。强化《信访工作条例》宣传贯彻，青岛海关及各隶属海关党委会理论学习中心组集体学习《信访工作条例》，通过多种形式广泛开展学习宣传，推进《信访工作条例》进社区、进企业、进现场，营造“办事依法、遇事找法、解决问题用法、化解矛盾靠法”的浓厚氛围。制定青岛海关信访工作规定，修订青岛海关依法分类处理信访诉求清单，下发贯彻落实海关总署关于加强和改进海关信访工作措施的任务分解表，落实海关总署各项工作要求，设立“关长接待日”，推动领导干部接访走访，切实解决企业群众急难愁盼问题，将信访工作纳入隶属海关领导班子考核客观指标，推动信访工作落地落实。强化推进依法分类，修订依法分类处理信访诉求清单，进一步细化信访事项类别，明确责任部门、单位，注重督察督办，确保企业群众每一件诉求都有人接、有人办、有人答，全年依法分类处理各类信访诉求227件。

【网站建设】2022年，青岛海关完成管理网主页升级改版，优化调整页面布局及栏目设置，建设专题专栏、工作通报栏目2个，清理下线失效栏目、长期未更新栏目25个，为青岛关区政务运行提供便利化保障。配合海关总署做好HB2020办公系统测试工作，组织相关人员对收文、发文、综合、督查4

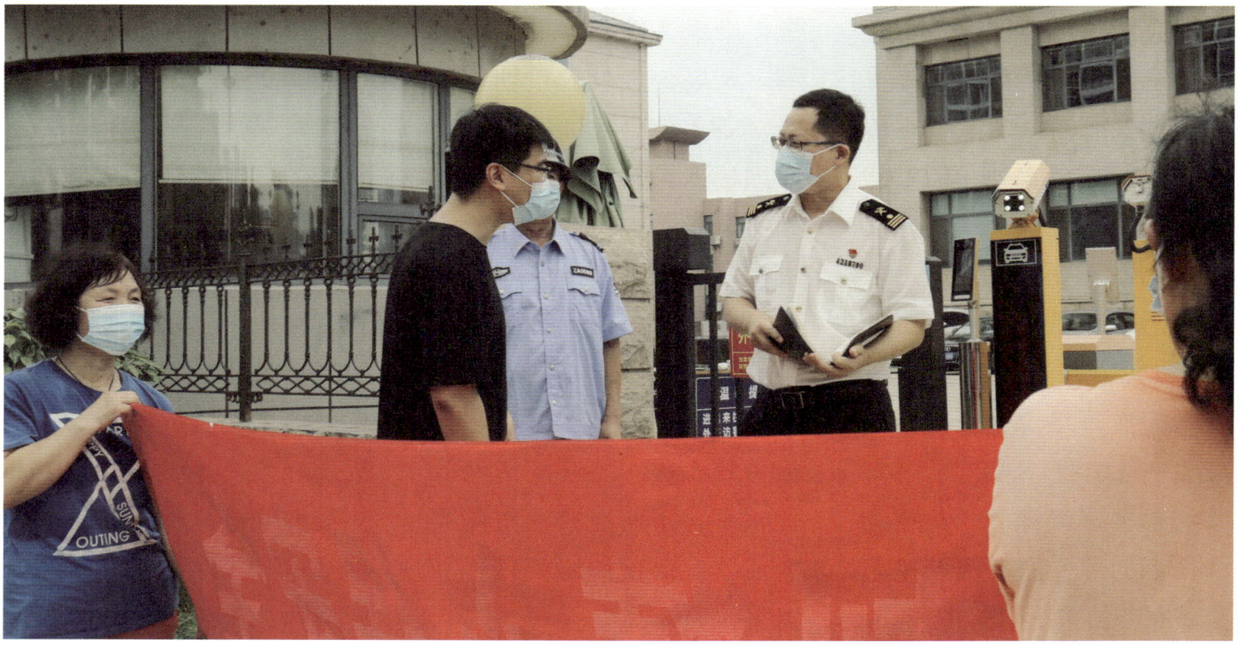

▲2022年8月22日，青岛海关机关、各隶属海关、各直属事业单位集中组织开展信访维稳突发事件应急演练

个子系统的20余个流程开展业务测试，反馈问题意见30余项，为系统后续上线提供有力支持。进一步提升门户网站服务功能，上线海关行政许可、特殊物品出入境检疫审批等场景式服务栏目2个，制作专题专栏3个，改版《双随机、一公开》子栏目15个，为用户提供更加便利的网上办事服务。配合海关总署开展首批门户网站适老化改造，通过大字体、大图标、高对比度文字等界面操作模式，辅以网站语音阅读、智能字幕显示等人性化设计，实现一键操作、文本输入提示等多种无障碍功能。

撰稿人

田　彬　庄立富　庄新杰　刘　皓　江　琳
孙　林　姜雪丽　蒋友运

财务管理

【概况】2022年，青岛海关落实“过紧日子”要求，集中财力“优先保民生、重点保运转、精准保发展”，强化政治担当，完成“海关重点项目和财物管理以权谋私”专项整治工作任务。整体财务保障有力，统筹各类财力资源，做好防疫物资和资金保障，调整测算上报防疫经费需求，争取中央财政预算资金。执行“三公”经费预算，严控会议培训差旅支出，按规定标准执行津贴补贴政策，大力压减非必要办公开支，切实降低行政运行成本。促进企事业单位经营提质增效和国有资产保值增值，推进国有企业改革、检疫处理产权转让工作。节能减排成效显著，修订青岛海关节约能源资源管理办法，举办节约型机关创建工作培训班，青岛海关本级及12个隶属海关荣获“节约型机关”称号。与山东省自然资源厅达成移交执法查没野生动植物制品委托保管协议，完成长期库存濒危红木产权移交。

【预算管理】2022年，青岛海关纳入部门预算编制范围的单位有：青岛海关机关本级、黄岛海关、烟台海关、青岛胶东机场海关、青岛大港海关、董家口港海关、青岛邮局海关、即墨海关、胶州海关、日照海关、威海海关、龙口海关、荣成海关、济宁海关、临沂海关、菏泽海关、枣庄海关、莱州海关、蓬莱海关、海阳海关，共20个行政单位；青岛海关技术中心、青岛国际旅行卫生保健中心（青岛海关口岸门诊部）、青岛海关后勤管理中心、中国电子口岸数据中心青岛分中心、海关总署青岛教育培训基地等事业单位。根据“过紧日子”要求，按照“优先保民生、重点保运转、精准保发展”原则，围绕青岛关区口岸检疫查验能力建设、防止境外疫情输入、法定检验检疫等重点任务，争取中央、地方财政支持，基本实现了年度工作任务目标和预算收支总体平衡。加强年度部门预算执行工作，遵守财经纪律，严控一般性支出，抓好“三公”经费管理，严禁超标准、超范围执行。实施青岛关区预算执行监控和定期通报，督促推进预算执行进度。融入财政部深化预算管理改革，平稳有序地利用预算管理一体化系统编制青岛关区2023年“一上”“二上”部门预算。

【机关财务管理】2022年，青岛海关秉持“优先保民生、重点保运转、精准保发展”理念，统筹优化、分类保障、提质增效，适度平衡预算保障和实际支出需求的关系，做到支出合理、保障有力。

培树艰苦奋斗、勤俭节约的海关文化；把好支出报销关，执行事前审批，做好大额支出的事前沟通，统筹日常运转保障类支出，压减非必要、非急需支出；结合青岛海关试点工作实际，进一步优化完善海关总署“海关预算执行系统”；严肃财经纪律，按规定标准执行津贴补贴政策。

【企事业财务管理】2022年，青岛海关推进关区国有企业改革，健全完善现代治理结构。制订行动方案，从完善中国特色现代企业制度、加强党的领导和党的建设、健全市场化经营机制等6个方面21项工作任务进行部署，推动青岛关区国有企业贯彻落实国企改革3年行动工作要求，聚焦自身主责主业，强化市场竞争能力，促进经营提质增效。全面梳理事业单位长期股权投资，开展一级企业国有产权登记，明确国家资本出资，强化出资人管理责任。以资本为纽带，以章程为基础，着力构建产权清晰、权责明确、治理科学的关区国有企业公司治理体系。

【装备管理】2022年，青岛海关贯彻落实海关总署关于疫情防控工作指示要求，持续加强防疫物资储备库建设管理，精准保障一线口岸防控工作需要，强化重大疫情防控项目等政府采购管理，扎实开展节约型机关建设。做好“海关重点项目和财务管理以权谋私”专项整治海关疫情防控专班工作。落实疫情防控管理，多方举措加强防疫物资保障，配发各类防控物资共97万余件。加快节约型机关建设步伐，推动绿色发展理念落地落实，青岛海关本级及12个隶属海关荣获“节约型机关”称号，节约型机关创建取得显著成效。

【税费财务管理】2022年，青岛海关做好海关总署H2018电子支付应用改革落实工作。按照海关总署财务司部署，联系关税部门和电子支付涉及的相关商业银行，动态监控H2018电子支付应用切换期间，新旧系统双线并行所隐藏的信息漏报、重报和断流等改革风险，发现并协助现场海关及时处置因H2018电子支付应用功能缺陷造成的内部信息断流现象，及时提报海关总署信息中心解决。试点一年期间，青岛关区近千亿税款平稳顺利入库。

【涉案财物管理】2022年，青岛海关组织29场公开拍卖会，共涉及涉案财物47票。组织销毁化妆品、酒、侵权等涉案财物97票，向相关行政主管部门移交象牙、沉香等濒危动植物及其制品17票。10月10日，与山东省自然资源厅就移交执法查没野生动植物制品委托保管签

▲2022年5月20日，青岛海关所属黄岛海关关员清点待销毁的侵权轮胎

订协议，完成库存近200吨濒危红木的产权移交。对标党中央以及海关总署要求，全面深入开展排查，通过“四不两直”（不发通知、不打招呼、不听汇报、不用陪同接待，直奔基层、直插现场）抽查、利用海关总署视频监控平台远程督查等方式组织现场检查4次，青岛关区全面自查6次，视频监控抽查22次。组织进行3次大范围现场检查，排查精品仓库6个、普通仓库12个和社会仓库3个，排查率100%，确保排查无遗漏、安全责任具体落实到人，整改工作落实到位。

【绩效管理】2022年，青岛海关推进构建全面规范、公开透明的预算绩效管理制度，修订青岛海关项目支出绩效评价核心指标体系30余条，编报2023年“一上”部门预算项目281个、2022年执行调整预算项目31个，大幅提高预算编报的准确性。大力推进预算绩效公开化，青岛海关机关本级9个项目的绩效目标与指标向社会公开，达到财政部“不低于项目数量50%比率向社会公开”的要求。年内，青岛关区所有项目支出绩效运行监控与绩效评价均达到100%全覆盖。2021年，青岛海关项目支出绩效自评共涵盖277个二级项目，269个二级项目绩效自评总分在90分以上，重点项目支出绩效评价由第三方中介机构出具评价报告并在青岛关区公示评价结果。其中，“海关信息系统运行维护”项目得分96.5分、“口岸公共卫生安全专项”项目得分94.5分，绩效评定等级均为“优”。完成2022年度1月至7月项目支出绩效目标运行监控工作，共涉及预算项目205个。

【基建管理】2022年，青岛海关在基建管理中遵守“管建分离”的指导原则，以项目可行性研究报告为切入点，引入第三方中介机构，加强对申报基建项目的论证工作。按照海关总署党委、中央纪委国家监委驻海关总署纪检监察组统一部署，结合青岛海关关于开展“海关重点项目和财物管理以权谋私”专项整治工作实施方案的要求，对青岛海关2012—2022年符合专项整治方案标准的基本建设与其他修缮改造类项目进行系统风险筛查，并接受海关总署第十督导组对青岛海关的视频督导与质询检查工作。

撰稿人

黄怀森

科技发展

【概况】2022年，青岛海关以参与海关总署“如何更好发挥海关科技的引领支撑作用”重大课题研究为抓手，提升科技工作标准化、精细化、智能化管理水平，为各项工作提供科技支撑与服务保障。持续开展创新研发，不断优化“数e通—关员便捷助手”程序，运用信息化手段为关员减负，为企业增效，“小杉有招”信息化研发团队获评“青岛青年先锋团队”。组织完成国家级科技项目/课题4项，申报并获批海关总署科研项目立项7项，组织申报并获得山东省科技进步二等奖1项、青岛市科技进步奖二等奖3项、其他科技奖励6项。持续加强青岛关区实验室检测质量管控，优化仪器设备配置，组织开展黄河流域海关能力验证活动，加强实验室检测时长管理，青岛关区实验室整体检测能力提升至3.97万项。制修订青岛海关实验室安全管理规定等5项制度，科技制度得到进一步完善。截至年底，设有技术中心、保健中心、数据分中心3个技术类直属事业单位，共有3个隶属海关设立技术科，12个隶属海关设立技术中心和保健中心，1000余人专职从事科技工作。

【参与海关总署课题研究】2022年，青岛海关作为唯一的直属海关参与海关总署“如何更好发挥海关科技的引领支撑作用”课题研究，成立课题组，采用书面调研与现场调研相结合、内部调研与外部调研兼顾的方式开展课题研究，从职能管理、基层监管和外部视角广泛收集意见建议，分析海关科技发展现状，提出解决思路与实现路径，先后形成青岛关区问卷调查报告、阶段性调研报告、青岛海关课题研究报告。在课题定稿阶段，受海关总署科技发展司委托，完成对海关总署课题研究报告从框架结构到文字表述的全面修改，报告梳理汇总了海关科技发展的主要成果，重点从体制机制、信息化应用、检验检测保障能力3个方面深入剖析了当前存在的问题，确立了“以大数据为核心建设海关智慧大脑”“以智能化为手段强化海关智慧监管”“以系统思维为遵循支撑引领海关改革”“以持续发展为目标优化完善科技管理”4大研究目标，从优化机制、数据驱动、智慧引领、防范风险、夯实基础、创新提升6个方面提出对策建议。

【信息化建设】2022年，青岛海关组织科技人员跟班作业，深入业务现场23次，发挥信息化研发技术优势，为海关重点业务开展提供科技助力。

完成海关总署进出口食品安全监管信息化工程项目（一期）全部3大功能模块的开发建设，正式上线“进口食品境外生产企业注册管理模块”，截至年底，累计注册境外食品企业7.92万家，注册产品涉及《商品名称及编码协调制度》商品编码5399个，实现对境外企业注册的电子化管理及全流程“一网通办”，并实现与H2018通关管理系统的实时对接，有效防范执法风险。持续优化拓展自主创新研发的“数e通—关员便捷助手”程序，“国抽系统实验室检测结果数据自动填入功能”经海关总署科技发展司升级后进行全国推广，实现系统间数据共享，减轻一线关员工作负担，提升口岸通关效率；开发“AEO企业通关、实验室检测等环节优先办理功能”，全国所有AEO企业在青岛关区内均可享受优先办理的政策红利，AEO企业平均检测时长缩短33.18%。依托青岛海关建立的署级智能视频图像应用创新实验室，联合海信集团合作研发“海关商品智能监管台”并在青岛胶东机场海关正式投入使用，实现对旅客携带物品的一键图像识别、快速价格比对、自动税款计算，压缩相关旅客通关时间30%以上。

【新技术研究和应用】2022年，青岛海关持续完善知识产权商标智能识别应用，优化算法模型，可识别商标数量达到6.68万个，同比增加16.34%。在青岛关区推进智能审图算法分类部署，覆盖CT机设备，累计部署算法139项，年度智能审图总量44.36万幅，准确率提升了21.27%，查发问题71个。研发基于报关单和舱单数据的实验室检出风险预测模型，研究实现商品检出风险的实时预警，探索为一线监管、税收征管、风险防控和打击走私提供精准支持。

【信息与网络安全】2022年，青岛海关持续完善网络安全防护体系，建立“敏感时期+常态化”网络安全分类监测机制，重大活动时期综合运用管理措施、技术手段、应急值守等保障方式织密防护网络，完成了党的二十大、全国两会、北京冬奥会和冬残奥会等重大敏感时期网络安全保障工作。组织19个隶属海关、3个直属事业单位加固互联网安全防护设备，互联网出口的防火墙、上网行为管理等安全防护设备覆盖率从66%提升至100%，防火墙配备率由46%提升至100%。综合运用技术手段，人防、物防、技防相结合，推进建立全方位立体防御体系，互联网防护效果显著，全年未发生攻击入侵事件。

【科技运维保障】2022年，青岛海关夯实信息系统运行基础，防范化解信息系统运行“失常、失控、失效”风险，保障网络信息系统平稳运行。提升21个核心系统保障级别，整合下线信息系统4个，一体化提升系统资源应用效能。加强基础资源整合优化，对信息系统进行数据容量管理，归档清理HB2012、抽取分发系统数据库、文件系统历史数据1.20TB，信息系统响应速度提升10.60%。稳步推进信息化核心设备梯次更新，更新机房UPS及400块电池，升级扩容35台服务器。建设启用科技领域安全生产远程监控平台，建立远程视频监督检查、定期回溯复查和应急管理远程指挥相结合的安全生产管理新模式，实现对青岛关区全部28个实验室场所和26个网络机房的常态化视频督导检查，提升青岛关区科技领域安全生产信息化管理水平。年内，完成青岛胶东机场海关、即墨综合保税区、威海邮检中心、技术中心红岛办公区等新增视频终端与青岛海关视频会议系统对接，关区视频会议分会场达到95个，实现青岛关区高清视频会议系统全覆盖，视频会议运维保障能力得到大幅提升。全年，共保障各类视频会议系统应用525次，其中海关总署视频会议208次、青岛关区视频会议121次、其他视频会议196次。

【科研管理】2022年，青岛海关探索需求导向型的科研组织方式，通过“定向攻关”解决一线需求迫切的业务难题。针对一线监管中动物皮毛、瘦肉精法检业务能力欠缺问题，启动定向科研攻关，应用相关成果成功完成30余批次样品检测。推动青岛关区首批“组阁揭榜”项目迅速产出成果，解决了关税、风控等领域的技术难题，其中“进口润滑油属性鉴定技术研究”项目建立了矿物油型润滑油、全合成机油和半合成机油属性鉴别方法，填补了国内技术空白；“伪劣农产品属性鉴定技术研究”项目建立了出口辣椒粉、香菇粉、茶叶掺假掺伪鉴定方法，已据此查获伪瞒报骗退税情事39起，涉案货值1000万美元。

【重点科研成果】2022年，青岛海关完成4项国家级项目/课题，研制新装备8台，建立检测新技术48项、国家/行业标准19项。组织推进山东省重点研发计划（重大科技创新工程）项目“口岸外来有害生物联合监测与预警防控研究应用”研究，按计划推进43项工作任务；同时依托该项目探索“一省两关”（山东省内青岛海关与济南海关）、黄河流域海关科技合作新形式，与4个直属海关签署协议，联合2家科研院所、高新技术企业开展合作，完成技术专利、标准规范、试剂盒产品、数据库等25项科研成果。10项科技成果获得成果评定及科技奖励，“打击洋垃圾走私关键技术与标准体系”等6项科研成果分别获得海关科技成果评定二级成果及三级成果；“食品用材料及制品失效分析与安全评价体系创新与应用”等3项成果获得青岛市科技进步二等奖（省部级），“纺织服装及原材料品质提升关键技术与系列装备的研发和应用”科研成果获得山东省科技进步二等奖。

【实验室管理】2022年，青岛海关全面加强实验室管理，实验室检测支撑保障执法服务更加高效。制定发布青岛关区仪器设备绩效考核、委托检测管理、检测全流程管理等相关规定，不断完善关区实验室管理制度体系。统筹规范法检检测业务，协调关区法检委托检测，共审核协调139批次、1931个检测项目，建立起关区实验室“一盘棋”的技术支撑保障机制，发挥青岛关区实验室集约互补优势。研发青岛关区实验室仪器设备效能管理辅助应用、实验室检测时效监控应用等，实现对青岛关区仪器设备的全景展示、使用效能的精准画像，以及实验室检测时长的一键实时统计，为优化仪器设备配备、提高通关时效等提供准确依据。常态化加强实验室安全监督检查，采用“四不两直”实地督导与远程视频检查相结合的方式对青岛关区实验室开展了5轮“全覆盖”安全检查，发现并整改89个问题，持续提升实验室安全管理水平。

【实验室能力建设】2022年，

▲2022 年 1 月 10 日，青岛海关主持承担的首个山东省重点研发计划（重大科技创新工程）项目“口岸外来有害生物联合监测与预警防控研究应用”启动

青岛海关全面加强实验室能力建设，青岛关区整体检测能力提升至 3.97 万项，同比增长 23.43%。完成法检业务 10.85 万批、145.12 万项，同比分别增长 17.30%、10.99%，为海关执法提供了有力支撑。购置增配全自动核酸检测一体机等关键检测设备 11 台，青岛关区新冠病毒检测能力提升至每天 9850 余人份。组织黄河流域海关及全国海关第二科技协作区实验室检测技术交流，开展微生物和元素两项能力验证活动，通过交流协作促进提升实验室检测水平。组织青岛关区 8 名核酸检测人员支援北京冬奥会、冬残奥会，完成为期 2 个月的支援保障任务。

【科技宣传】2022 年 5 月 21 日—28 日，青岛海关举办以“走进科技　你我同行”为主题的科技活动周宣传活动。首次采用线上“云展览”方式，集中展示青岛关区近年来在科技创新、科技应用等方面取得的成果，专栏访问量超 3600 人次；开展科普讲解比赛，共征集 12 件参赛作品，经过评选，烟台、莱州、枣庄海关分获前 3 名；青岛关区各单位通过线上线下相结合的方式，开展主题突出、形式多样的科普宣传活动。11 月 8 日，青岛海关邹新参加全国海关科普讲解比赛决赛，以“改写生命密码的魔法剪刀——基因编辑技术介绍”为题进行讲解，荣获“2022 年全国海关十佳科普讲解员”称号。

撰稿人

王　雷　王礼祥

督察内审

【概况】2022年，青岛海关贯彻落实全国海关工作会议、全面从严治党工作会议精神，认真履行督审监督职能，截至年底，青岛海关共有8个单位部门单独设立督察审计及内部控制职责的科室，80余人专职从事督审工作。年内，共对5个重点项目开展督察，首次探索开展口岸检查作业质量评价并初步建立起评价指标体系；配合完成2个国家审计项目，整改期内29个问题均完成整改；对4个隶属海关和直属事业单位主要负责人开展经济责任审计，参与多项署级专题执法评估并完成3项青岛海关关级执法评估，开展4项课题研究，创设“内控示范科室”，在内控建设方面形成了典型经验。

【督察监督】2022年，青岛海关聚焦重大政策落实，紧盯海关业务改革和运行情况，根据海关总署督察内审司下发的重大政策措施落实情况跟踪督察重点和指南，围绕青岛关区大事要事及重点工作，在青岛关区开展口岸疫情防控、口岸检查作业规范情况、支持外贸促稳提质措施落实情况、进出口食品安全“四个最严”（最严谨的标准、最严格的监管、最严厉的处罚、最严肃的问责）要求落实情况及“国门绿盾2022”行动落实情况5个重点项目督察。各隶属海关根据业务实际，选取重点组织开展自主督察项40项。完善督察重点内容、数据分析、发现问题及整改台账4张清单，提升督察自查精准度，抓实问题整改，提升督察整体效能。结合青岛关区跟踪督察首次探索开展口岸检查作业质量评价，初步建立涵盖4个业务领域、42项核心指标的评价指标体系，针对不同指标内容分别设置统一的数据口径、抽查核查和结果展示标准，为现场提升执法质量和职能部门加强管理提供有效参考。青岛海关关级督察项目共分析作业数据15万余条，查阅纸质单证600余份，组织青岛海关辖区内700余家企业参与问卷调查，对19个隶属海关开展5轮在线检查排查风险数据，总结工作经验和督察发现问题情况，共撰写呈报4篇，提出做好安全防护、规范查验录证及落实高级认证企业优先查检便利措施等建议22条。

【配合国家审计】2022年，青岛海关成立配合国家审计工作领导小组，制订青岛海关2022年度配合国家审计工作方案。6月至9月，审计署驻哈尔滨特派办审计组对青岛海关开展“青岛海关履行监管职责和税收征管等情况审计”和“海关总署风险防控局（青岛）履行监管职责和税收征管等情况审计”2个国家审计项目。6月1日，召开青岛关区配合审计工作视频会议，明确各单位部门配合审计主要工作职责。青岛海关成立迎审专班及156人迎审联络员队伍，统筹16个业务条线，健全综合、业务、数据、后勤“四位一体”配合审计工作机制，采取督审统筹、条线把控的模式，统一接收、分派、反馈审计问题。审计完成后，青岛海关按照“认账、建账、对账、销账”要求制订整改方案，建立审计问题、任务、整改“三张清单”，明确问题整改要求，整改期内29个问题均完成整改。配合审计署济南特派办、太原特派办、山东审计厅等单位，做好数据资料提供等工作。

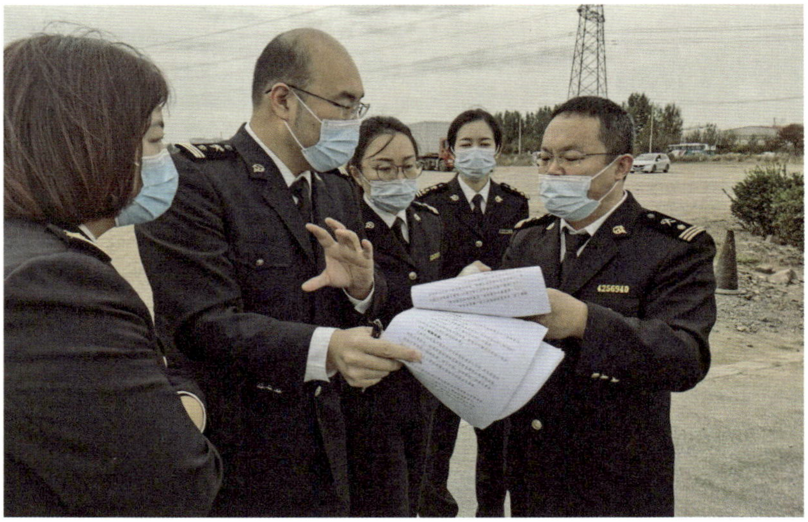

▲2022年10月25日，青岛海关督审关员开展现场审计工作

【内部审计】2022年，青岛海关制订并实施年度审计计划，组织开展青岛海关后勤管理中心、董家口港海关、日照海关、即墨海关4个隶属海关和直属事业单位主要负责人的经济责任审计。根据海关总署督察内审司部署，开展青岛关区大金额差错报关单、禁止“洋垃圾”进境、对美加征关税、进口冷链食品高风险非冷链食品集装箱货物监管、贸易管制相关风险防控机制以及企业脱钩和产权改革6个专项审计项目。梳理风险点，组织开展青岛关区2022年度督审自查工作。开展青岛关区60余家隶属单位和企事业单位内部审计统计调查工作，及时讲解审计署、海关总署的统计政策，适时调整统计要求，全过程答疑解惑；对统计报表开展统一集中审核，预先排查数据逻辑错误，确保上报数据的准确性和及时性。出台加强督察内审监督和纪检监察监督协作配合操作指引，建立信息共享、线索移交等协作配合机制，梳理汇总2012年以来督察审计项目124个、786个问题，配合开展专项整治工作。建立“审前共商、审中协作、审后运用”组织协调机制，推动干部监管与审计监督深度融合，干部画像更加精准。将党对审计工作的领导贯穿于审计全过程，推动党建工作延伸到审计一线，防范风险更全面。从巡审计划管理、信息互通、协作模式等方面明确配合事项，完善“同时进驻、联合检查”模式，监督效能更高效。

【执法评估】2022年，青岛海关参与完成“全国海关属地查检监管情况”“全国海关促进跨境贸易便利化措施落实情况”“全国海关出入境危险化学品监管情况”等多项海关总署署级专题评估，自主开展“进出境中药材监管情况”“进出境危险化学品监管”“出口申报前监管”3项青岛海关关级评估。调动业务专家骨干，组建青岛关区专业化评估队伍，创新使用ECIQ主干系统、审单系统、查管系统数据比对分析，对机构改革后属地查检工作内容、流程进行全面分析，进而对执法质效予以客观评价，推动解决冒用电子底账、目的地查验时间倒挂等问题；首次面向全国海关、部分行业协会和进出口企业，就落实跨境贸易便利化措施、服务外向型经济等情况开展问卷调查，并就企业广泛呼吁的航运价格剧烈波动影响外贸预期问题，撰写要情信息供领导参阅，从推动我国航运立法建设、惩治班轮公司收费乱象等角度，为企业诉求发声，畅通跨境贸易便利化落地“最后一公里”。应用“数据+指标+调研+分析”执法评估作业模式，研提6项建议措施辅助领导决策，推动修订规章制度1个、完善业务流程1项，创设评估指标19个，其中16个在“云擎”系统固化，为督审日常监督、评估验证“回头看”提供抓手，完善评估督促落实的闭环链条，推动评估成果转化。

【督审大数据分析】2022年，青岛海关应用国家审计宏观视角审视青岛关区存在的问题，加大成因分析及对策研究，精准开展查验作业时间、检疫审批等6项执法作业专项监督，推动排查管理漏洞或风险21个，完善制度2项。强化数据综合性分析应用，对进境中药材监管、进口食品、综合保税区海关监管情况、美国进口主要商品、删单重报等开展专项分析43项，分析数据28万条，通过大数据关联、比对、分析实施风险验证，发现进境粮食后续监管、大宗散货抽采样作业不规范、实验室农残检测依据适应错误等海关业务执法问题，开展内控风险提示，推动问题从早从小解决。应用“云擎”系统建模35项，固化督审工作思路及问题查发手段，实现问题数据精准提取。

【内控建设】2022年，青岛海关强化内控节点管理，全面梳理分析海关总署署级内控节点应用成效重点审核数据项目，形成内控节点应用成效系统录入操作指引，指导隶属海关有序开展内控节点日常应用工作，持续提升节点应用水平和实际成效。对内控平台系统节点成效开展动态、质量管理，按月开展复核工作，发现问题立即核实处置，确保节点成效质量。提升内控前置审核质效，优化青岛关区专兼职内控小组队伍，开展作业培训，对高质量审核结果共享，加强与改革项目、信息化建设以及制度建设主管部门的联系配合，做到应审必审。全年，完成内控前置审核项目45个，提出复核意见207条，其中参与海关总署署级项目33个，复核意见142条；开展青岛海关关级项目12个，复核意见65条。

【“内控示范科室”创设】2022年，青岛海关按照海关总署要求，在关区组织开展“内控示范科室”创设工作。明晰“简洁、有效、可复制”的工作目标，把准“引领、辐射、带动”的工作方向，确立“推选—培育—创建—推广”的创建模式，细化、制定20条创设标准，明确各个阶段的“时间表”及“路线图”，保障各项工作落实、落细。创建经验交流专栏，挖掘基层科室内控典型做法10个，动态展示内控优秀经验成果。发布8篇综合信息进行宣传，选取优秀创建科室开展经验交流，增强基层科室研究内控、完善内控的理念。利用谈话了解、实地调研、联合检查等方式对青岛关区26个单位、部门推荐报送的45个科室开展跟踪评估，同步对照近年来督察审计等监督结果，采取正面评价和问题导向相互印证的模式确定重点培育科室。从基础规范、内部制约、风险防范、整体防控等4个方面定期对培育科室进行指导，形成了一批“简洁、有效、可复制”的内控典型经验。

【HLS2017内控平台应用】2022年，青岛海关做好HLS 2017内控平台升级改造及新增优化功能推广应用，提出升级改造需求11项。加强评估通报，相继发布青岛海关关于进一步提升海关内部控制与监督子系统风险数据处置效率的通知、HLS2017内控平台（27项）海关作业时效数据和警示提示信息移出确认情况、各隶属海关应用成效等通报4次，督促提升HLS2017内控平台风险数据处置效率，加强业务时效的管控。优化系统培训，针对新增功能设计培训课程，录制“钉钉”视频开展青岛关区内培训1次，送教上门2次。完善相关制度，对青岛海关“海关内部控制与监督”子系统应用管理实施细则进行修订并同步更新岗位操作手册。HLS2017内控平台应用成效：警示风险移出率、审核率、复核率分别为99.1%、100%、54.1%，处置异常有效数、有效率分别为2.82万、95%，健全完善制度1项。

【督审课题研究】2022年，青岛海关以问题为导向，按照“督审项目推进到哪、理论研究跟进到哪”的工作思路，年内开展督审工作服务海关防范化解重大风险、海关删单作业风险防控等课题研究4项。首次对口岸检查作业、属地查检作业等开展质量评价，在青岛关区范围通报评价情况，总结经验撰写课题研究报告、构建评价体系。作为主办单位组织上海、南昌海关等协办单位，完成食品安全领域审计核查指南修订工作；参与国内培训管理、出差管理、货物和服务采购管理3项审计指南修订工作；组织审计专家参与署级审计项目7人次。

撰稿人

冯　靓　苏正建　周　斌　袁欣梅　崔　雨

离退休干部管理

【概况】2022年，青岛海关共有离退休干部1413人，平均年龄69岁。按类型分，离休干部7人、退休干部1406人；按级别分，厅局级离退休干部91人、处级及以下离退休干部1322人；按机构分，青岛海关机关离退休干部450人、各隶属海关离退休干部963人。离退休干部中共有中共党员1148名，占比81.25%，青岛海关关区离退休干部党组织共设有2个党委（青岛海关机关、烟台海关）、3个党总支（黄岛海关、日照海关、威海海关）、35个党支部。青岛海关以《突出党建引领　强化服务管理　推动老干部工作高质量发展》为题在海关总署离退休干部工作会议上作经验交流；“创建‘青老同心圆’品牌　推动青老工作共发展”工作案例入选山东省离退休干部党建工作创新案例并获评青岛市老干部工作创新奖二等奖；《推进老干部工作信息化精准化规范化建设的探索实践》论文获评2022年度山东省老干部工作部门调研报告一等奖；在海关总署2021年直属海关领导班子年度考核中，“离退休干部工作”项目获得满分。青岛海关离退休干部办公室在《老干部之家》杂志社组织的评选活动中获评“2022年度青岛市融媒体宣传工作先进集体”；在山东省委老干部局活动中获组织奖，支部“情暖夕阳”党建品牌获评青岛海关培育品牌；曾青梅获评青岛海关三八红旗手。

【党建工作】2022年，青岛海关深入学习党中央关于加强新时代离退休干部党建工作的意见，以党建为统领，筑牢老干部队伍思想根基，推进新时代老干部工作高质量发展。制定离退休干部“六好”示范党支部创建标准，在直属海关当中率先推行“六好”示范党支部创建工作。青岛关区正在培育的离退休干部党建品牌达到18个，工作法3个。开展离退休干部“每月一学”，深入学习习近平新时代中国特色社会主义思想和党章党规党纪。组织青岛关区老干部线上同步观看学习党的二十大召开盛况，开展离退休干部党的二十大精神专题学习培训。组织老干部开展“建言二十大”和“我看中国特色社会主义新时代”调研访谈，举办“永远的红色记忆”主题征文活动，鼓励引导老同志建言献策，收集老干部建议体会和回忆文章245篇。开设“红色讲堂”，利用“老干部故事会”，引导老干部颂党情、感党恩，坚定不移跟党走。做好“光荣在党50年”纪念章颁发工作，举行集体颁发仪式，30名离退休干部党员荣获纪念章。开展老干部线上过“政治生日”活动，向266名老干部党员发放政治生日贺卡，增强老干部党性意识和归属感。组织机关387名老同志参加山东省慈善总会组织的“慈心一日捐”活动。组织离退休干部开展党性党风党纪和警示教育，组织观看《国门卫士岂容违纪破法》警示教育片。通报离退休干部违纪违法典型案例，在青岛关区老干部中开展“禁酒驾醉驾，做守法模范”和“以案为鉴，遵纪守法”警示教育活动。组织老干部参加“海关重点项目和财物管理以权谋私”专项整治活动，全面清查离退休干部在企业兼职任职情况，机关老干部做到全覆盖。

【“加强新时代离退休干部党的建设工作”课题调研】2022年，青岛海关出台青岛海关党委关于加强新时代关区离退休干部党建工作的实施意见，制定21条具体落实措施。全面检查和规范青岛关区离退休干部党组织设置，青岛关区隶属海关离退休干部党组织应设尽设，离退休干部党员全部纳入离退休干部党组织管理，确保离退休干部党组织有形覆盖和有效覆盖。建立青岛关区离退休干部工作部门与离退休干部党组织联席会议制度。

【服务管理】2022年，青岛海关实行向离退休干部工作通报制度，年内线上线下向离退休干部通报海关工作情况56次。完善离休干部“一人一策”联系关怀机制，开展春节走访和重阳节“敬老月”等活动，关领导带队走访慰问，关区全年共上门走访慰问老同志600余人。为年满90周岁的老同志上门过生日，送上诚挚祝福。走访青岛市民政局和社区养老中心，收集地方关于护理、养老、时间银行、高龄补贴等政策规定10余项，向老干部宣传，帮助老干部用好地方涉老养老政策资源。协调地方医保部门将未参加医保的12名退休正厅级干部纳入医保。为机关55名老同志统一办理老年大学报名手续，对接青岛退役军人事务局，为20名老同志集中办理退役军人优待证。协调有关单位部门为老干部联系就医、工资校核、出具证明等30余人次。组织机关300余名老干部开展健康查体，举办体检报告解读活动和健康讲座，为老干部答疑解惑，宣传健康知识。设立临时服务点，春节、中秋等时间节点在老干部集中居住地发放福利券和物品，让工作人员多跑腿，让老干部少跑路，直接服务老同志300余人次。完成老干部精神文明奖评定、养老金清算、独生子女一次性补助发放，老干部重点关注问题得到及时解决。完善离退休干部工作各项规章制度，健全制度体系，出台离退休干部重大事项报告管理规定，明确重大事项报告内容和程序，第一时间掌握老干部情况，防范舆论风险；扩大联席会议制度范围，建立青岛关区老干部工作部门与老干部党组织联席会议制度，加强与老干部党组织联系沟通，及时解决老干部遇到的实际问题和困难；与济南海关达成关于加强流动老干部服务管理工作的合作协议，明确各自承担的职责任务，建立联系配合机制，共同加强流动老干部的服务管理工作，确保流动老干部特别是老干部党员“离岗不离党、退休不褪色”。加强海关总署“智慧银海”平台推广应用，制作应用操作指南和录制操作视频，在青岛关区老同志中进一步推广，平台应用率达到40%以上。

【文化教育】2022年，青岛海关组织部分老干部和青年关员拍摄向党的二十大献礼作品、展现“人民第一关”烟台海关接管场景的情景剧《接管》参加了全国海关“喜迎二十大”线上文艺汇演，并在《大众日报》微信公众号刊发。广泛宣传发动离退休干部参与中国海关口述史料抢救征集工作。参加海关总署和青岛海关“清风国门”廉洁文化创意作品征集活动，提报10余件作品，其中获海关总署二等奖1个，青岛海关一等奖1个、二等奖2个、三等奖5个、优秀奖2个；6名老同志的作品入选海关文化建设协作区华北片区《“清风国门”廉洁文化优秀作品集》。组织青岛海关机关老干部合唱团成功演出《南泥湾》《江山》，在山东省委老干部局组织的“喜迎党的二十大”第三届山东省离退休干部合唱比赛中获团体银奖。组织青岛海关机关130名离退休干部到海关技术中心实验室、中国海关总署知识产权保护展示中心（青岛）、平度大泽山等地参观调研。

▲2022年8月16日，青岛海关机关老干部合唱团演出《南泥湾》《江山》等曲目

【活动场所建设】2022年，青岛海关机关在原有2处老干部活动中心的基础上，在离退休干部居住较为集中的地区新建老干部党员活动室，面积约50平方米，用于服务所在区域及周边的老干部开展集体学习和文娱活动。隶属海关中黄岛、烟台、青岛大港、日照、威海、龙口、荣成、济宁8个海关设置独立的老干部活动室，满足老干部们日常会议、阅览、健身、娱乐等需求。

撰稿人

刘志克

第七篇

隶属海关

黄岛海关

【概况】黄岛海关是隶属于青岛海关的副厅级海关单位，成立于2003年5月，由原青岛经济技术开发区海关、原青岛保税区海关、原前湾港海关和青岛海关原审放处、青岛海关原查验处5个处级机构合并组建，2018年出入境检验检疫管理职责和队伍划入海关。黄岛海关管辖范围为青岛市黄岛区（青岛西海岸新区）（董家口港区、泊里镇、琅琊镇、隐珠街道办事处除外）的各项海关管理工作。截至2022年年底，共有海关监管作业场所24家、指定监管场地11家，备案企业约1.69万家。黄岛海关内设10个正处级机构，另设黄岛海关缉私分局及黄岛海关综合技术服务中心、黄岛国际旅行卫生保健中心（黄岛海关口岸门诊部）2个事业单位。在职关警员670人（含缉私警察46人），其中行政编制568人、事业编制102人。

年内，黄岛海关在海关总署以及青岛海关党委正确领导下，以习近平新时代中国特色社会主义思想为指导，以迎接学习宣传贯彻党的二十大精神为主题主线，崇尚“求实、扎实、朴实”的海关文化，认真落实“疫情要防住、经济要稳住、发展要安全”要求，全年共监管进出口货物2.36亿吨、监管进出境船舶9862艘次、税收入库717.31亿元，分别占青岛关区总量的29.17%、32.41%、36.20%。自2020年起获评全国文明单位称号，黄岛海关报关大厅获一星级全国青年文明号。年内黄岛海关获评全国“节约型机关”称号。连续4年在青岛市经济社会发展综合考核中获评优秀等次，连续3年获评青岛海关年度工作优秀集体。

【党的建设】2022年，黄岛海关深入学习宣传贯彻党的二十大精神，利用“学习强国”“黄关讲堂”等平台，采取领导宣讲、集中学习、研讨交流、学习培训等多种方式，组织全体党员干部原原本本学，累计征集党的二十大精神学习心得40余篇。贯彻落实习近平总书记重要指示批示精神，落实“第一议题”制度，完善跟进督办，抓好落实闭环。严厉打击“洋垃圾”、濒危物种及其制品走私，固体废物刑事立案7起、行政立案58起，查获固体废物6214.89吨、清退固体废物6314.92吨，查扣海马干1000余尾、象牙制品19件、砗磲78件、柱星螅29个及黄檀属、棱柱木属濒危动植物制品22件。开展强化政治机关建设专项教育活动，组织开展理论学习中心组学习15次，梳理政治要求

110条，制定落实整改措施。落实意识形态工作责任制，持续加强宣传文化阵地管理。落实民主集中制要求，执行重大事项请示报告制度。开展基层党建“双提升”行动和专兼职党务干部岗位练兵，落实“党的组织生活规范月”活动，清查整治突出问题；推广智慧党建系统，分类指导、固强补弱，着力推进党支部标准化建设；确定“书记项目”14个，“理响黄关”新晋青岛关区党建培育品牌，10个党支部成功复核、获评“四强”党支部，3个党建示范品牌通过海关总署、青岛海关复核。

【队伍建设】2022年，黄岛海关不断加强干部队伍建设，做好干部选拔任用和晋升职级工作，事业单位专业技术岗位竞聘20人，选派4名干部赴地方政府挂职锻炼。强化执法一线科长队伍建设，年度考核优秀名额比率达44.70%。建立优秀年轻干部人才库，注重在急难险重任务中培养锻炼干部。全员培训覆盖率、学时学分达标率均为100%。黄岛海关报关大厅获评一星级全国青年文明号，1人获海关总署嘉奖，11人获青岛海关记三等功、163人获青岛海关嘉奖，1人、1个集体分获青岛海关三八红旗手、青岛海关三八红旗集体。

【清廉海关建设】2022年，黄岛海关推进清廉海关建设，每季度召开党风廉政建设形势分析会，定期与派驻纪检组开展会议会商研判排查风险。开展“警示教育月”活动，发布违纪违法典型案例汇编，加强纪法学习测试，举办廉政讲座、廉政参观及“年轻干部谈廉洁”座谈会，发放廉洁家书950余份。推进以案促改，明确具体任务要求和责任分工，党委班子、处级领导班子、全体党员干部分别制定整改措施，全面落实整改。开展“海关重点项目和财物管理以权谋私”专项整治，深化打私反腐“一案双查”，打造“清风国门”品牌，一体推进“三不腐”。

【督查内审】2022年，黄岛海关立体监督网络逐步完善，突出政治监督，围绕学习、部署、落实、成效4个环节跟踪监督重点工作。运用“制度+科技”监督，建立防范打招呼、规范后勤管理等长效机制，依托“云港通”、供船无纸化等系统平台打造“阳光查验”等智慧通关新模式，提高执法透明度。调整内控清单项目，密切关注业务数据异动和执法不规范等情况，推动自查自纠、及时整改。强化对内部“一把手”监督，开展内部监督、加强外部监督，推动派驻监督、纪检监督、业务监督、“区关港”协同监督。高标准做好巡察迎接及整改，配合审计署审计青岛海关工作。

【疫情防控】2022年，黄岛海关科学精准开展口岸疫情防控，强化科技防疫，应用“全面筛查+动态监测+重点复测”模式，同步严防埃博拉、黄热病等重大传染病传入，船舶登临检疫4285艘次。规范高风险货物监管，“人、物、环境”同防，试点采样气膜方舱，做好进口冷链食品核酸检测、预防性消毒监督和进口非冷链物品病毒监测，冷链采样数量和样本数量同比分别增长22.39%、18.51%。加强人员安全防护，实施封闭管理，建设“一线、预备、应急”3个梯队，抽调支援43批、345人次参与一线工作。建立疫情防控“检查—通报—整改”全链条工作机制，发现问题及时整改。加强防疫一线人员关心关爱，开展结对帮扶慰问、心理援助，防疫物资保障到位。出台内部疫情防控规范性文件15件，执行“日报告、零报告”，落实出差出行管理和核酸检测要求，做好台账管理，办公场所消毒4850万平方米、环境监测31次，妥善应对本土疫情。

【法治海关】2022年，黄岛海关持续推进“法治海关”建设。妥善应对6起行政复议、2起行政诉讼案件，通过践行新时代“枫桥经验”成功化解3起案件，办理简易程序和快速办理案件1368起、检验检疫行政处罚案件463起，继续保持“零败诉”。制定黄岛海关落实知识产权保护专项行动（代号“龙腾行动2022”）工作指引，开展执法能力提升专项培训，有效提升一线查验人员执法能力；针对黄岛口岸侵权商品特点，制订机动车零配件重点领域专项执法行动方案；牵头部署知识产权备案商标智能识别系统，提升科技支撑能力，提高现场查发力度；严防侵权货物口岸漂移，与济南海关就情报线索信息共享、个案协作进行沟通协调，开展联合行动。查办的出口侵权洗衣粉案件同时入选中国海关2021年度知识产权保护典型案例和青岛市知识产权保护典型案例；知识产权侵权案件办理岗获评青岛海关规范执法示范岗；参与起草并试点的“知识产权状况预确认便利合法货物通关”案例，入选首批知识产权强国建设典型案例。

【税收征管】2022年，黄岛海关持续深化综合治税。调整完善综合治税领导小组工作机制，统筹推进税收工作；对属地企业加强政策指导帮扶，做好涵养税源工作；加大税收风险监控核查力度，密切与稽查等部门联系配合，确保税款应收尽收。全年，共入库税款717.31亿元，同比增长26.02%，其中关税66.93亿元，同比增长0.64%，进口环节税650.38亿元，同比增长29.36%。围绕支持地方经济发展，促进产业转型升级，开展税政调研工作，上报税政调研议题14条，被海关总署采用5条、国务院关税税则委员会采用1条，年度税政调研考核满分。密切跟踪已实施的税政调研建议，确保政策落地生效，如小虾和对虾商品合并税目、降低进口关税率的税政调研建议，全年为全国相关进口企业节约税款超6亿元。

【税收风险防控】2022年，黄岛海关不断提升税收风险防控工作质量，完善验估工作制度，严密层级审批，规范现场作业，规制自由裁量权；提高验估作业处置效率，发挥专业优势，提升验估效能；聚焦税收风险防控，加大重点税源商品自主审核力度，延伸挖掘旧机电、大宗商品、化工产品等高风险、高货值商品，扩大风险防控广度和深度；推进与海关总署税收征管局、青岛海关关税处协同作业，针对沥青混合物、原油、奶粉等商品开展税收风险集中研判，确保验估处置及时准确；推行属地纳税人管理，探索开展以企业为单元的税收风险防控，注重税收风险点转化，及时向税收征管局报送税收风险防控建议，累计报送税收风险防控建议50条，被海关总署税收征管局采纳27条，参与全国首起改革后跨关区专项稽查。

【安全生产】2022年，黄岛海关健全安全生产机制，建立全员安全生产责任制，构建“1+8”（“1”是指在黄岛海关全员安全生产责任制统领下，“8”是指按照8项工作机制开展海关各项安全生产工作）安全防控体系，召开安全生产工作会议4次，编制44个岗位安全职责、12个应急预案、10个安全操作指引，细化分解22项具体责任。深化安全生产检查，聚焦危险品检验、口岸卫生检疫、食品安全监管、执法作业安全、涉案财物仓库和计算机机房安全等重点领域，开展安全生产大检查及“回头看”5次、专项督导检查6次，梳理排查事项93个。强化基础管理，应急值班、保密、网络、舆情等安全工作扎实规范。规范口岸危险品综合治理，深入推进“口岸危险品综合治理”百日专项行动，构建“对内责任到岗、对外联防共管”的安全控制体系，强化执法规范性建设，加强风险信息研究，提高布控规则有效性；开发“进出口危化品智慧查检辅助系统”，线上完成预约、派单、查验、放行、异常处置等各环节，有效压缩通关时长，实行“滞”“瞒”共治，查发涉危异常情事372起、通报海事和应急部门危货普报情事77起，筑牢国门安全屏障。

【监管业务】2022年，黄岛海关强化监管职能，持续增强执法效能。有效规范作业，制定远程测温、舱单变更、监督销毁等7项业务操作指引，理顺快件退运、核放单异常处置、进口重箱溢短卸作业等11类业务流程。常态化清理超期未报关滞港固体废物，保持“零增量”“零存量”。完成冷冻品泊位对外启用验收，督导原木指定监管场地、北港查验区监管作业场所设立，申建启用QQCTU空箱专用闸口。实行入境空箱“先期机检+称重监测+超重查验”，查发夹带情事21起。落实新过境货物监管办法，优化铁路过境业务运行模式。探索卫生监督、监管作业场所巡查综合执法模式，整合监管资源，减少实地巡查。密切关注、高度重视业务风险，全面梳理排查，强化数据收集和挖掘作用，深入分析各业务领域作业情况和进出口异动数据，加强对新改革举措、新政策措施的风险研判。针对突发情事、重点敏感风险、关领导关心的业务风险如美国坚果、混合橡胶、药棉等进行专题分析，并提出对策建议。全年发布业务运行监控报告11期，每月通过业务形势分析会通报并反馈整改成效，逐步建立完善“发现问题—提示风险—整改反馈”的闭环管理。口岸监管成果持续增强，在青岛关区首次截获有害生物四齿长小蠹、多条木蠹象及检出检疫

▲2022年7月27日，青岛海关所属黄岛海关查获“洋垃圾”废铁矿3000余吨

性小麦线条花叶病毒等。查获不合格进出口加工食品、化妆品508批次，退运、销毁不合格进口肉类、水产品及水果等185批次。查获不合格矿产品281批。推进快件跨境电商监管，复核数据730万票。推进稽核查改革，推动稽查理念向“以查发为导向”转变，强化风险研判，优化联系配合机制，参与海关总署、青岛海关跨关区专项行动7人次。

【改革创新】2022年，黄岛海关突破难点，先行先试，自贸创新提速升级。依托“区关港”联席会议、联合研究中心等机制，推动落实15项年度改革创新重点项目，报送青岛自贸片区创新案例10项、青岛海关自贸创新举措8项、省级复制推广创新案例9项。探索“首创型”制度创新，移动查验单兵集成知识产权商标智能识别应用、优化进口海洋生物样本清单式检疫审批服务2条措施获海关总署备案推广；完成轮胎行业单耗改革首批试点并全国推广；青岛关区内首次开展国际集装箱班轮沿海捎带业务，提升港口资源集聚、配置能力；山东省内率先开展不同税号的保税燃料油混兑调和、保税燃料油期货交割业务，进一步降低低硫燃料油价格成本，缓解山东地区低硫燃料油货源紧张局面，提升供油企业经营效益和市场竞争力。持续优化监管模式，铁矿石“船船直转”“船铁直转”节省费用共900余万元，进口原油“先放后检”减少货物验放时间2~3天，优化装卸作业，进口货物“船边直提”2.93万标箱、散货14.12万吨，出口货物“抵港直装”20.81万标箱。

【智慧海关建设】2022年，黄岛海关拓展“云港通”平台应用，全国首次实现机检查验信息公开查询，注册企业1830家。推动“智能空轨”实战化应用，提升查验效能25%。研发上线“进出境船舶供退船无纸化管理系统”，海关、码头、企业间数据电子化流转，年节约企业成本约400万元。进口棉花“集成查检”每年可为企业节省通关时长超过1.2万小时，节约企业成本1000万元。开展移动证业务改革，优化出口整箱退关货物移动证作业系统，办理效率提升89%，上线纸面移动证电子化系统，实现作业全程留痕；推行海关无人值守卡口，自动抬杆放行比率99.71%，通行能力由300车/小时提升到720车/小时。

【先期机检智慧查验模式优化】2022年，黄岛海关升级先期机检审像系统，通过区分指令来源，先期机检任务按不同通道采取差异化处理，

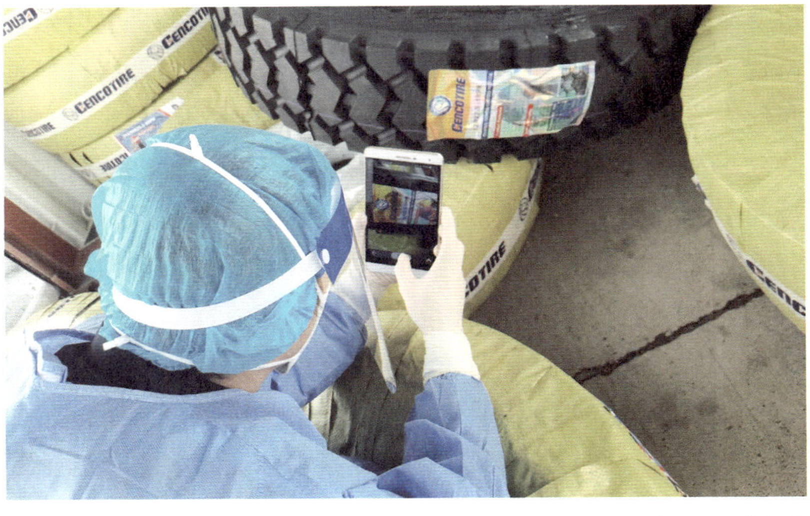

▲2022年5月12日，青岛海关所属黄岛海关关员使用移动查验单兵知识产权商标智能识别系统采集图像

实现人力资源集约利用；人工选箱图像全部转由人工审图，实现“专家布控、专家审图”，年度风控部门人工选箱20904箱，同比增长165.90%，形成有效审像风险联动机制；扎实推进智审工作，完成智审分类部署、信息化平台、华力兴智审试点等工作任务，高效完成标图任务，年标图量1.03万幅；优化先期机检图像秤算法，上线智能审图复杂度算法，实现对高风险图像快速筛选。10月9日，先期机检历史图像库正式上线；截至年底，历史图像库含图像29.50万幅、企业1.90万家。

【口岸进口食品检验模式优化】2022年，黄岛海关优化升级冷链版“云港通”，简化作业流程，公开查验状态，增加口岸作业透明度，探索核酸检测指令系统自动抓取、自动排序，最大限度降低自由裁量权；提前申报的冷链货物，对于机检布控的集装箱全部实现卸船时过机；推出鲜活易腐货物查验通关便利化措施，开辟RCEP项下货物查检绿色通道，实施24小时预约加班、优先安排查验，保鲜水果随到随靠、随靠随查、随查随放，全年查验进口水果批次同比增长58.80%，鲜活易腐货物平均查检调运时间较其他货物缩短5小时。实施进口短保质期调制乳监管改革，建立短保质期进口食品农产品快速市场流通机制，快验快放短保质期调制乳112批、404吨，检查放行时间缩短3~5个工作日，企业产品平均货架期延长30%；研究制订进口“简标酒”监管模式改革方案，探索实施进口“简标酒”涉一线入区后、二线出区进口海关“最多检一次”，促进口岸葡萄酒品类规模双提升。

【区港发展协同推进】2022年，黄岛海关实行特殊监管区域卡口“双单”放行，节省物流成本15%。“海上巴士”一港通作业模式缩短通关时间2～3天，“水水中转”智能监管涵盖山东省内11个港口并延伸至上海、大连等港口。“验估一次性告知”缩短验估时间1个工作日，集装箱矿产品实现一次运输、一次落地、一次取样、一次化验，棉花“依企业申请实施品质检测”缩短通关时间7～10天。实施“联网监管”、集中审批，助力海工产业持续发展，海西湾造修船基地工业总产值同比增长27%。打造2.9万平方米港区内综合物流作业区，集合出口外点重箱堆存、进口空箱分拣检疫等业务，提升土地利用和物流作业效率。

【优化营商环境】2022年，黄岛海关落实稳外贸要求，开展促进跨境贸易便利化专项行动，助力激发地方经济活力，进、出口提前申报率分别为38.73%、50.10%，整体通关时间达到考核要求。实施“关港双轮驱动”查验、“跨区全时查验”及农产品、AEO高级认证企业货物优先查验，查验时间缩短31%，港口作业时间提速2小时。“陆海联动、海铁直运”出口监管模式等做法获国务院优化营商环境专题组肯定，打造智慧查验新模式获评青岛市优化营商环境“金牌榜单”优秀案例。

【RCEP便利化措施推广】2022年，黄岛海关助推惠企红利实时落地，助力辖区企业尽快融入全球最大自贸“朋友圈”，享受协定红利。为RCEP缔约方原产易腐货物开通绿色通道，设置专属服务窗口，优先进行单证审核、优先拟制“入境货物检验检疫证明”，打造鲜活易腐产品快速通关绿色通道。系统开展RCEP原产地规则和关税减让政策研究，以不同出口企业实际需求为导向，围绕国家（地区）、产品等细分，专题开展全方位、立体式政策宣讲，服务地方用足用好相关政策措施，推动高质量发展。全年，签发RCEP原产地证书3170份、货值1.28亿美元。

【促进山东外贸保稳提质19条措施落地见效】2022年，黄岛海关推进AEO示范区创建，培育拟申请认证企业12家，新增高级认证企业10家，高级认证企业总数同比增长28.57%，获评"AEO示范市（区）"海关。支持青岛西海岸新区"芯屏经济"发展，实施口岸目的地联动查验，监管进口集成电路商品500余批，节省企业费用超500余万元。开展主动披露作业68起，组织开展"送策进企"活动，帮助企业解决问题100余个。新兴业态蓬勃发展，青岛关区首次开展跨境电商"1210出口海外仓零售"业务，推动跨境电商保税进口（1210）货物组套（拆分）出区新模式落地，探索进口葡萄酒一般贸易商品保税仓电商B2C新模式，完成青岛关区首单新型跨境易货贸易出口业务，易入和易出货物分别为桉木单板和镀锌卷。

【大宗散货贸易便利化】2022年，黄岛海关设立大宗散货专门窗口，实行"验估一次性告知"制度，制定"5+N"告知事项清单，一次性告知企业验估所需合同、最终结算发票、重量（品质）检测报告等5项基础单证和付汇证明、上下游合同等针对验估疑点的N项单证，便于企业集中汇总提交，现场验估时间平均缩短1个工作日，提升了大宗散货通关便利化水平，该创新举措被《光明日报》《大众日报》《中国国门时报》等媒体报道。

【查缉走私】2022年，黄岛海关将党中央、国务院对打私工作的要求，海关总署、青岛海关党委关于打私工作的部署作为重点内容纳入月度例会、形势分析会等，进行研究、部署、落实并开展督办、检查、评估，定期组织全员打私工作形势分析研判，统筹发挥监管"堤坝"作用和缉私"利剑"作用，深化反走私综合治理，持续保持打私高压态势。打击濒危物种及其制品走私。全年，立案侦查走私珍贵动物制品案2起，现场查扣海马干1000余尾；查获现代象牙制品19件、砗磲78件、柱星螅29个及黄檀属、棱柱木属濒危动植物制品22件。全力推进"蓝天2022"专项行动，严厉打击"洋垃圾"走私，刑事立案侦办固体废物案件7起，查证废旧轮胎等固体废物800余吨；行政立案固体废物案件58起，涉及铁矿粉、再生纸浆等固体废物5849.84吨。

【"国门利剑2022"联合行动】2022年，黄岛海关聚焦提质增效，针对象牙等濒危野生动植物及其制品走私、"洋垃圾"走私、涉毒涉枪等违禁品走私、重点商品走私、农产品走私、涉韩走私等领域突出问题，综合利用多种手段，强化规律研究和战术战法总结，提升打击效果。全年，刑事立案43起，案值2.98亿元，抓获犯罪嫌疑人44名；行政立案250起，案值10.55亿元。侦办走私冻水产系列案4起、出口骗退税类案40起，立案调查进口沥青混合物原产地申报不实系列大案，案值7.42亿元。

【夏季治安打击整治"百日行动"】2022年，黄岛海关与地方公安刑侦、禁毒、治安、海岸警察等部门形成联合办案机制，对相关线索进行联合研判，创新查发手段，集中优势资源，打击涉枪涉毒犯罪等取得明显成效。成功破获走私枪支案件3起，查获枪支9支及部分枪支配件，抓获犯罪嫌疑人4名；破获走私毒品案件4起，查获大麻53.41克、新型毒品“LSD邮票”7张和依替唑仑90粒，抓获犯罪嫌疑人4名；专案组行动成功打掉多个长期以伪报品名方式逃避商检出口化肥的犯罪团伙，刑事立案4起，抓获犯罪嫌疑人5名，涉案化肥2万余吨，案值3000余万元。

【**政务管理**】2022年，黄岛海关聚力服务保障，进一步筑牢海关事业发展根基。政务管理简明高效，完成政务公开专区建设，规范公务接待，巩固精文简会成效，推进依法分类处理信访诉求，强化督查督办三级管理效能，规范保密管理，加强人防、技防措施，涉密文件流转精准高效，妥善做好档案管理工作。上报信息被海关总署及以上层级中央部门采用55篇次。核定媒体刊发新闻报道513篇次，中央电视台、《人民日报》、《经济日报》等央级媒体报道黄岛海关工作26次。强化分析研究，加强重点商品、重要贸易伙伴和出口订单情况分析、外贸整体形势监测和未来走势研判，共形成监测预警信息54篇，牵头海关总署署级课题2个，参与署级课题10个。

【**财务管理**】2022年，黄岛海关落实“过紧日子”要求，实施切块管理，通过流程改革、定期公示方式不断增强各部门自主管理和自我核算意识，办公费用持续下降，成功获批第二批“节约型机关”建成单位。落实预算一体化管理，扎实做好调整预算上报，有效地保障安全生产、疫情防控等重点工作的顺利进行。凝心聚力践行“幸福黄关”理念，强民生、办实事，广获关警员好评。事业单位发展取得新进展，打造标准化涉案财物仓储新模式，加强监督做好预防性消毒工作，拓展符合规定的经营项目，参与地方政府的政府采购工作。

【**文化建设**】2022年，黄岛海关全面推进文化建设，组织“我们的节日”系列活动，举办元宵节猜谜、云够级特色项目，干部职工广泛参与。开展青年理论学习提升工程，21个青年理论学习小组学习200余次。完成“向劳动者致敬海关篇”“国门她力量”“迎新春云联欢会”等宣传视频。开展志愿服务活动，支持第一书记乡村振兴工作。与此同时，机关团委工作不断加强，工会服务扎实有效，老干部工作明显提升，妇女、学会等工作迈上新台阶。

撰稿人

于静怡

烟台海关

【概况】烟台海关的历史可以追溯到1862年建立的东海关。1945年8月24日烟台解放，东海关成为中国共产党领导下的第一个海关机构。中华人民共和国成立前后，烟台海关先后向全国各地输送130余名干部，其中有87名同志成长为副厅（局）级以上干部，为中华人民共和国海关的建立和发展作出不可磨灭的贡献，烟台海关由此被誉为“新中国海关干部的摇篮”。1949年1月，东海关更名为烟台海关。1950年2月，正式更名为“中华人民共和国烟台海关”。2015年9月，海关总署批复组建副厅级烟台海关。2018年，根据国务院机构改革方案，出入境检验检疫管理职责和队伍划入海关。烟台海关位于烟台市芝罘区北马路1号，业务工作具有类型全面、规模较大及点多线长等特点。管辖区域包括烟台市4区（芝罘区、福山区、牟平区、莱山区）、3个县级市（栖霞市、莱阳市、招远市）及黄渤海新区、高新技术产业开发区、招远经济技术开发区、综合保税区、昆嵛山自然保护区。设有5个正处级内设处室，6个正处级办事处，分别驻守在海港、空港、邮局、黄渤海新区和招远市等地。另设技术中心、烟台国际旅行卫生保健中心及后勤管理中心3个正处级事业单位。2022年，全关在职关警员527人（含缉私警察39人），其中行政编制人员450人、事业编制人员77人。监管进出口货运量1.02亿吨，同比增长1.85%；征收税款237.56亿元，同比增长62.15%；进出口总值4089.47亿元，同比增长15.05%。获评青岛海关2022年度工作优秀集体；获评烟台市委市政府“二〇二二年度支持烟台发展突出贡献单位”荣誉称号。

【党的建设】2022年，烟台海关以习近平新时代中国特色社会主义思想为指导，深入学习宣传贯彻党的二十大精神，部署35条推进措施，研究制定“第一议题”研学述学机制，组织党委理论学习中心组学习12期，各部门（单位）、各基层党组织通过“三会一课”、主题党日、青年理论学习小组学习等方式深入开展专题研讨。开展政治机关建设专项教育活动，梳理各岗位政治要求102个，并全部落实到位。建强基层堡垒，调整新增科级支部20个，完成45个基层党组织选举工作，开展基层党建“双提升”行动，对48名党支部书记和专职党务工作者进行岗位实训。推进“四强”党支部建设，人事政工处党支部案例获评海关总署首批“四强”党支部和党建品牌支部案例，9个基层党组织获评关区“四强”基层党组织，“寻印·初心之旅”城市定向活动相关做法入选《省直机关优秀主题党日案例100篇》，视频《谈心谈话之“五必谈”》获评全国海关优秀党建培训课程，《小邮件　大国门》获评2021年度“金钥匙”十佳传统媒体作品。抓稳党建品牌创建，人事政工处党支部“关员之家”、八角办党总支“助力改革红色引擎”2个关区示范品牌通过复核，新增评定港口办税收征管科党支部“税政一站通”为青岛关区示范品牌、港口办查验一科党支部“查验360”为青岛关区培育品牌，梯次表彰示范、培育、命名品牌27个。夯实全面从严治党主体责任，制定58项重点工作任务，实施烟台海关干部队伍建设“十廉工程”，制发制度文件2项。扎实开展“海关重点项目和财物管理以权谋私”专项整治工作，出台制度规定1项，梳理重点项目，制定廉政风险防控措施，并全部落实到位。

【队伍建设】2022年，烟台海关深化人才队伍建设，培养专家人才，李林、孙伟东、孙旭辉入选海关总署专家库，王志伟、张军伟、尹伟力入选青岛海关专家工作室，尹伟力获评烟台市有突出贡献青年专家，于健波获评全国海关百名优秀执法一线科长。强化作风建设，制定5个方面12条准军建设工作措施，创新内务督察工作模式，采用“流动红旗+先进集体”形式，季度性开展“全覆盖”内务督察4次、通报4期，评选内务规范“先进集体”1个，“流动红旗集体”7个。开展“清风国门”廉洁文化创意作品征集活动，3件作品分获海关总署二、三等奖，21件作品分获青岛海关一、二、三等奖及优秀奖，烟台海关获评青岛海关“优秀组织奖”。持续巩固全国文明单位创建成果，打造烟台海关综合文化中心，组织“我们的节日”系列活动，连续8年保持“全国文明单位”称号；李金庆获评山东省新时代岗位建功劳动竞赛标兵个人，许艳获评青岛海关三八红旗手，驻港口办事处综合业务科获评青岛海关三八红旗集体。全面推进青年工作，港口办税收征管科、芝罘办稽查二科获评一星级全国青年文明号集体，港口办第一青年理论学习小组获评青岛海关2021年度青年理论学习标兵集体，“烟台海关用好红色资源推进青年理论学习”获评青岛海关“2021年度青年理论学习优秀案例”，郭禛祎被评为青岛海关2021年度青年理论学习标兵。组织开展离退休干部示范党支部创建工作，创建“银龄红心”集体党建品牌。6月30日，研究制定烟台海关部门年度考核实施办法，成立考核领导小组及工作组，由党委书记、关长林腾霄任领导小组组长，其他党委委员为副组长，各部门主要负责同志为成员。按月开展考核工作，每季度公布考核结果，强化考核在人事管理中的基础性作用，激发全体干部职工干事创业热情，提升履职尽责能力水平，形成创先争优的良好氛围。

【法治建设】2022年，烟台海关深入学习贯彻习近平法治思想，落实海关总署以及青岛海关法治工作部署，扎实推进法治海关建设。践行新时代“枫桥经验”，相关特色做法被青岛海关作为基层海关示范案例推报海关总署。压实普法责任，抓住重要普法节点集中开展宣传活动，制作法治动漫微视频文化作品9件，1件入选海关总署优秀作品。加强改革创新，在青岛关区首个探索开展“知识产权预确权”机制，协助企业预确认货物10万余件，相关经验在山东省复制推广，并获评国务院知识产权强国建设典型案例。完善请示汇报、应急管理等12项管理制度，规范化管理水平显著提升。加强技术性贸易措施研究，17篇稿件被《技术性贸易措施导刊》采用，提报TBT/SPS通报评议意见10条、特别贸易关注议题5篇，其中对英国UK REACH议题被海关总署选作世界贸易组织WTO/TBT委员会第89次例会双边磋商议题。

【业务改革与发展】2022年，烟台海关扎实落实海关总署以及青岛海关促进外贸保稳提质系列措施，牵头烟台地区海关研究制定“28+N”项支持地方外向型经济高质量发展工作措施，成立“工作推进专班”，携手助力企业发展。组建联合宣讲团，举办RCEP、科技创新、税收优惠政策解读等便民助企培训活动。服务地方“以港兴市”战略部署，针对地方外经贸发展实际，关领导带队深入辖区企业调研，提出支持“中欧班列”发展、规划建设“全球矿产品保税混配中心”、用足用好保税政策和指定口岸优势、充分发挥RCEP潜在效能4个方面促外贸稳增长的意见建议，专题召开关地统一协调联席会议进行部署推动。助力地方出台《全球矿产品保税混配中心建设三年发展方案》，铁矿混配987.6万吨，原油混兑646.3万吨。支持烟台港打造商品车集散枢纽港，量身定制“中欧班列+多式联运+中韩海上高速公路”政策组合包，实现商品车从卸船到装车一站式换乘，全年分别监管外贸商品车、国际中转商品车、海铁联运过境商品车27.5万台、14.5万台、0.4万台，同比分别增长83.4%、177.3%、116.3%。获得海关总署批复水果指定监管场地，丰富烟台口岸功能。聚焦货物快速提离，对原油、铁矿等大宗商品实施“先放后检”，有效保障大宗资源性商品进口，推广实施“船边直提”“抵港直装”新模式，有效提升口岸物流效率。全国首创“关地联动、担保增信、基金分险”关税担保新模式，实现“一张保函、零成本通关”，已为3000余批货物办理担保放行手续，盘活企业资金28.4亿元。全国首批开展公式定价货物试点，企业年均节省费用超百万元，压缩结算时间50%以上。全国海关首创进口增值税“即申即退”新模式，与税务部门建立数据共享和信息互通协同联动机制，实施高级认证企业事中免审，增值税即申即退，大幅提高退税效率。开展税政调研，3项税政调研建议被国务院关税税则委员会采纳实施，年均为烟台企业节税增收2000万元。

【税收征管】2022年，烟台海关贯彻落实海关总署以及青岛海关关于加强综合治税工作部署，全年完成入库税收237.56亿元，历史首次突破200亿元大关，同比增长62.15%。承担烟威地区19个业务现场事后验估作业，验估反馈及时率100%，有效率86%。参与全国海关“行邮税征管应用系统”快件模块试点，开具快件渠道全国海关首票税单。全年，签发出口原产地证书7.14万份。

【卫生检疫】2022年，烟台海关在各口岸扎实推进“人、物、环境”同防，落实入境人员检疫措施，确保规定动作 100% 落实到位。按照海关总署布控指令和操作要求，做好进口冷链食品和高风险非冷链集装箱货物口岸环节新冠病毒检测和预防性消毒监督工作。在筑牢口岸检疫防线基础上，持续优化口岸检疫模式，在海港口岸推进入境船舶无接触式卫生检疫模式扩大试点，检疫时间由 70 分钟缩短至 15 分钟；在空港口岸不断优化国际航班入境检疫监管流程，探索创新“健康申报预审核 + 远程电子审核 +AR 眼镜远程监管”入境检疫模式，卫生检疫通关效率提高 60%。

▲2022 年 7 月 29 日，青岛海关所属烟台海关关员现场查验出口种苗

【动植物检疫】2022 年，烟台海关严防动植物疫病疫情传入和外来物种入侵，有效提升动植物检疫监管工作质量，保障国门生物安全，全年截获有害生物 113 批、3988 种次。开展严防动植物疫情疫病传入和外来物种入侵“国门绿盾 2022”、跨境电商寄递“异宠”综合治理等重点专项行动，截获外来物种 31 种次。服务国家种业振兴战略，支持种畜禽等优良种质资源安全引进，完成 2 批次、1.2 万头进境种牛及 2 批次、4.88 万只进境种禽隔离检疫工作。

【食品检验检疫】2022 年，烟台海关以“四个最严”为根本遵循，扎实推进进口食品“国门守护”行动，查验截获 5 批涉嫌夹藏、未获准入、货证不符等问题的进口食品，抽检检出进口食品不合格 9 项次、出口食品不合格 4 项次。严打食品走私行为，立案侦办 9 起海上走私进口日本海参案、2 起涉嫌低报价格走私冻虾夷贝案件。提高风险管理能力，持续做好欧盟地区食品法规跟踪研究工作，及时跟踪收集和报送境内外食品安全信息，食品安全日报信息被海关总署采用 55 篇。配合海关总署做好源头管控，累计派员 40 余人次参与境外食品生产企业的文件评审和远程视频检查。

【商品检验】2022 年，烟台海关严把商品检验关，全年检出不合格进出口商品 416 批。严防“洋垃圾”入境，强化再生金属原料检验，开展矿产品有毒有害元素含量监测，检出各类固体废物 7 批、288 吨，全部依法实施退运或销毁。检出大宗商品不合格或短重 153 批次，有效保障国家供应链产业链安全以及进口企业的合法权益。检出进出口危险化学品及其包装不合格 204 批，确保危险化学品运输安全。查发 2 起集装箱夹藏玻尿酸美容针和抗原检测试剂盒案件，严厉打击非法医美产品进口。服务大宗商品进口，用活“先放后检”优惠政策，推进铁矿

“品质依申请检验”和大宗商品“重量鉴定依企业申请检验”，进口矿产品验放时间压缩至3天以内。

【自贸片区及综合保税区发展】2022年，烟台海关不断推进自贸片区与综合保税区统筹协调发展，持续推动贸易转型升级、促进通关便利化。开展海关监管制度创新，1项创新举措获得海关总署备案，1项被海关总署在全国海关复制推广，1项入选国家知识产权强国建设首批典型案例，先后有2批共12项创新举措入选山东省自贸区制度创新成果。研究解决出口整车存放难题，助力企业成功获批山东省内首家、国内最大的汽车用出口监管仓库，年内累计入仓3.1万辆，节省各项费用220余万元。进一步优化综合保税区监管模式，推动调度指挥中心建设，实现综合保税区西区全景展示、全程调度、智能监管；推进卡口智能化改造，升级闸口云服务器，车辆过卡时间缩短50%。支持综合保税区跨境电商业务发展，搭建“跨境电商快速通关通道”，实现无问题电商清单“零延时通关”；在山东省率先开展跨境电商出口商品与退货复出口商品“合包运输”新模式，降低物流成本50%；推动烟台综合保税区跨境电商监管中心成为山东省首个运行跨关区退货的海关监管场所；打造网购保税线下体验中心，实现跨境电商商品与消费者“面对面”接触。在山东省率先开展游戏机“全球维修”业务，全年全球维修业务实现进出口值近2亿元，同比增长38%。支持芯片产业发展，助推2个芯片产业相关项目在烟台综合保税区正式落地。发挥综合保税区欧亚班列始发点、区港一体区位优势，构建“西联欧亚、辐射华北”的钾肥保税供应链综合服务新平台。

【监管业务】2022年，烟台海关开展“加强寄递和跨境电商零售渠道涉非涉恐走私查缉”专项行动，严厉打击通过分散寄递、伪瞒报品名、伪装夹藏等手段走私枪支弹药、管制刀具、核生化、毒品、违禁印刷品及音像制品不法行为，筑牢守护国门安全的监管防线。组织开展“口岸危险品综合治理”百日专项行动，实时掌握口岸危险化学品动态，及时分析研判、妥善处置，采取有效措施防范“滞”的风险、打击“瞒”的违法行为，持续推动监管工作提质增效，全年监管进口危险品1838批次、8985吨。创新“商标智能识别”手段，实现大数据比对商标信息，有效加大货运渠道知识产权保护力度。做好

▲2022年3月8日，青岛海关所属烟台海关关员查获非法入境玉米种子

海关口岸监管环节反恐维稳工作，先后开展3次口岸监管环节反恐怖和突发事件应急演练，锤炼一线关员反恐应急履职能力，提升口岸监管环节反恐怖工作水平。开展“强监管、防风险、保安全”大研讨活动，围绕“日常监管特别是危险化学品口岸监管中的薄弱环节、业务管理中的风险隐患、安全生产中存在的问题漏洞”3个方面开展研讨，全面摸清风险底数，及时排查消除隐患，有效提升风险防控能力。

【**海关统计**】2022年，烟台海关审核结关报关单记录105.9万条，更正数据记录3996条。审核上报业务统计数据1.6万条，更正数据420余条。规范业务统计工作流程，落实业务部门内部两级审核和业务部门、统计部门双重审核制度。开展贸易统计专项核查，规范防疫物资、大宗商品等进出口报关单填报。持续监控进出口异动数据，加强统计、企管、稽查部门以及各业务现场的联合管控，对辖区65家不实贸易高风险企业开展实地核查。向商务、外汇管理、税务部门通报188家高风险企业名单。对报关单证档案管理、业务数据安全管理等工作开展自查，明确工作标准及流程，防范相关业务风险。

【**企业管理和稽查**】2022年，烟台海关加大关地合作，发挥烟台地区海关牵头作用，成功举办“烟台市深化AEO示范市建设大会”，扩大AEO企业影响力和获得感，为AEO认证管理工作注入活力。开展信用培育，覆盖外贸企业1300余家；建立信用培育企业名录，实施精准培育，新增高级认证企业6家；优化高级认证企业实验室优先检测措施；落实关领导定点联系AEO企业工作机制，实现百分之百全覆盖，发挥企业协调员作用，为高级认证企业协调解决疑难通关问题40余条；为企业出具信用状况证明66份，对5家企业进行提前信用修复。落实“放管服”改革要求，31项企业资质审批、备案业务全部实施网上办理，新增报关单位1590家，为766家企业变更报关单位备案信息、434家报关单位办理注销业务手续；办理出口食品生产企业备案业务143家次；办理出境动植类注册登记业务236家；办理口岸卫生许可证核发业务26家；共派出160个评审组开展评审工作；持续推进出口食品农产品境外注册及迎检工作，对外注册食品企业新增12家、变更7家，对外注册动植类企业新推荐6家、变更2家；“海关AEO为企业注入发展新动能”被评为烟台市社会信用体系建设典型案例。开展稽查作业49起，查发各类问题34起；完成核查作业386起，其中风险类核查126起、管理类核查260起。推行属地查检与稽核查执法联动，有效整合资源，办结属地查检与核查“一次下厂”联合作业9起。开展稽查集约化改革试点，制定烟台地区海关稽查集约化工作制度，联合蓬莱海关开展进口冻虾夷贝集约化执法，查发低报价格走私违规情事3起。接受企业主动披露19起，依法减轻处罚3起，减免税款滞纳金16起。

【**查缉走私**】2022年，烟台海关开展“国门利剑2022”联合专项行动，刑事立案39起，案值4.56亿元，同比分别增长35%、51%；行政立案134起，案值8.49亿元，同比分别降低11%、增长608%。打击重点涉税商品走私，刑事立案20起，打掉3个走私团伙，案值3.29亿元。打击枪支走私，刑事立案3起，捣毁2个地下制枪窝点，查获以气体为动力枪支4支、自制铅弹1223发等。其中，迟某文走私枪支案被公安部列为全国公安机关夏季治安打击整治“百日行动”十大典型案例，该案也是全国缉私局唯一入选案件；牟某走私枪支案被列为“百日行动”冲刺阶段的全国第一案。打击新业态走私，刑事立案走私关联洗钱案件1起，案值27.5万元。协同地方公安食药环侦、禁毒等警种，对走私销售涉毒“三无”减肥产品犯罪活动实施重点打击，刑事立案5起，移交地方公安12起。行政立案95起快件渠道走私案件，涉及化妆品、药品、手表等多种商品。行政立案3起影响出口退税案，案值2244万元。向地方公安经侦部门移交骗退税线索，均已刑事立案。推进“蓝天2022”打击“洋垃圾”走私专项行动，立案侦办走私废物案件2起。参加海关总署打击“水客”走私集中收网行动，刑事立案1起。

【政务管理】2022年，烟台海关持续优化工作机制，强化请示报告工作，建立工作周报制度，全面掌控工作情况；提升信息宣传、科技保障能力，机要保密、消防安全、舆情监测等基础性工作更加扎实牢靠，全年未发生失泄密及安全事故；严把发文审核关，发文数量明显降低；提升档案管理水平，疫情档案、文书档案、实物档案等做到“应归尽归”；落实“过紧日子”要求，压减一般性支出和非急需、非刚需、非重点项目支出，确保民生、运转、疫情等资金需求。

【后勤管理】2022年，烟台海关针对后勤管理相关疑难问题，在全面调研、借鉴先进经验的基础上，有序开展食堂、安保、保洁等后勤服务外包工作，提高服务质量、降低管理成本，相关历史遗留问题有序解决；加大后勤保障力度，在政策允许范围内，通过提高食堂饭菜质量、改造办公楼停车场、解决干部职工饮用水等措施，“幸福烟关”惠及每位干部职工。

【督察内审】2022年，烟台海关以强化内控建设为主线，突出重点领域，统筹发挥三级监控指挥中心、督察审计、业务巡查和党委派驻纪检员“四支力量”作用，形成日常监控、定期巡查、重点督察、纪检监督相互配合、协同跟进的监督制约工作模式，有序开展风险防控，队伍、业务管理水平显著提升。做好配合国家审计及整改工作，并全面开展自查自纠。组织开展食堂成本核算等3次非执法领域专项督察。做好内控特色科室培育创建工作，办公室财务科获评关区唯一海关总署“内控特色科室”、芝罘办稽查一科获评青岛海关“内控特色科室”。

【事业单位发展】2022年，烟台海关理顺事业单位管理机制，提高营收能力；稳妥做好检疫处理业务脱钩工作，确保干部队伍稳定及相关业务顺利交接。全力提升技术中心发展潜力，强化所属“海关总署放射性检测重点实验室”能力建设，筹措资金，更新设备，推动该实验室纳入海关总署海科中心与青岛海关战略合作协议，并完成全国347个口岸3167台核辐射探测设备校准业务。开创性地在万华工业园设立技术中心分地点实验室，解决辖区企业年均超百万吨液化丙烷法检异地送检问题。不断提升科研水平，NQI项目高分通过科技部综合绩效评价；荣获山东省食品科学技术学会科学技术奖一等奖1项、二等奖1项，荣获山东省认证认可协会认证认可科学技术奖二等奖1项，三等奖1项，相关实验室通过CNAS实验室ISO/IEC17025评审及ISO9000质量管理评审。加强人才培养，派员参加北京冬奥会、冬残奥会的新冠病毒核酸检测任务，获得北京冬奥组委颁发的荣誉纪念证书；派员参加山东省总工会组织的青岛海关外来入侵植物检疫性线虫鉴定技能竞赛，获得青岛关区第一名的成绩。发挥保健中心职能，依法依规开展传染病监测和实验室检测相关工作，分子生物学实验室全年共完成人员样本检测10万余份，参与商品样本检测7万余份；接收蚊、蝇样本81批次，完成病原体检测406项次。发挥第三道防线作用，为8230余名出入境人员开展传染病监测体检，检出HIV感染2例、梅毒5例、传染性肺结核1例、传染性肝炎1例，检出乙肝表面抗原阳性211例，完成预防接种5098人次。

【RCEP典型案例】2022年，烟台海关签发全国首批、烟台市首份RCEP原产地证书，办理山东省首票进口关税减免手续。“挖掘RCEP政策优势，实现加工贸易转型升级”“比对使用‘新’‘老’协定原产地规则，对韩享惠从无到有”2个案例荣获山东省RCEP最佳实践案例，“巧用RCEP助推中韩汽车产业协同发展”案例荣获山东省RCEP优秀实践案例。

【创新“三中心”“两机制”建设】2022年8月1日，烟台海关对通关业务进行整合，设立通关中心，通关中心集中统一受理港口办（4201）、芝罘办（4241）、八角办（4208、4274、4288）5个业务现场报关单审核、税收征管、通关事务担保、查验异常处置等业务。11月，烟台海关相继成立虚拟查检中心（将芝罘办查检一科、查检二科、稽查一科、稽查二科、稽查三科和稽查四科所有查检业务和人员纳入中心统一管理）及虚拟保税监管中心（将八角办保税监管一科、保税监管二科、保税监管三科的业务和人员纳入中心统一管理），并建立通关中心业务协调配合机制和专业资质人员共享机制，至此，以3个驻外办事处为依托的“三中心”“两机制”已全部正式运行，实现了辖区内执法规范统一、队伍协调高效、职责清楚明晰、通关便利顺畅的工作目标，基本形成符合烟台海关实际的业务运转模式。

【编印《烟台海关历史人物谱志》】2022年1月，历时近一年的时间，《烟台海关历史人物谱志》正式编印成书。该书所收录的历史人物以中华人民共和国成立前后曾经在东海关工作过、后来担任副厅局级以上领导干部为主，并收录了东海关烈士，最终收集整理烟台海关历史人物66位、烈士8位，包括烟台海关历史人物简历和部分照片合集。该书成为东海关及烟台海关各个历史时期史料的重要组成部分。

【关地统一协调机制建立】2022年，经青岛海关授权，烟台海关牵头烟台地区的海关建立关地统一协调机制，制定关地统一协调联席会议制度，搭建起符合烟台实际的日常联络机制、定期会晤机制和效果评估机制。年内，召开关地联席会议、联络员会议5次，及时通报工作情况、解决疑难事项、推动工作开展，研究制定“28+N”服务措施，联合推动“全球矿产品保税混配中心”建设、AEO示范城市创建、种业基地研究等关地协作事项取得显著成效，全年烟台外贸进出口4547.4亿元，同比增长10.5%。

【烟台海关综合文化中心启用】2022年8月5日，烟台海关综合文化中心正式启用。该中心由主题大厅、初心讲堂、廉政课堂、图书室、书画创作室等区域组成，集党建、法治、廉政教育、准军训练、图书阅览、文化创作、文体活动7大功能于一体。中心启用以来，举办了纪念建关77周年、“喜迎二十大”书画创作、新春送福、廉政教育、主题党日等主题活动60余次，极大地丰富了干部职工的文化生活。

撰稿人

卞志欣　宋晓文　张少云　侯发全　耿金培

青岛胶东机场海关

【概况】青岛胶东机场海关是隶属于青岛海关的正处级海关单位，设机关办公区、货运办公区、航站楼办公区3个工作区域，内设22个科室及缉私分局5个科室。主要负责青岛胶东国际机场进出境航空器及所载人员、行李物品、货物、快件的检疫监管，空港口岸食品生产经营单位、公共场所卫生监督，金伯利毛坯钻石核查检验及产地证管理等工作。设有进境种子种苗、进境水产品、进境食用水生动物、进境水果、进境肉类5个指定监管场地。

2022年，青岛胶东机场海关以习近平新时代中国特色社会主义思想为指导，全面贯彻党的十九大、十九届历次全会精神和党的二十大、二十届一中全会精神，全面落实两级海关工作会议和全面从严治党工作会议部署，以"励精图治，图强跨越，全面建设新时代现代化空港强关"为工作目标，按照"抓班子、带队伍，防风险、守底线，强基础、提能力，出亮点、出成绩"的工作要求，建设新时代现代化空港强关。被山东省省直机关工委评为"2021年度模范机关建设工作表现突出集体"，入选第六批山东省"扫黄打非"进基层示范点，1个全国海关党建示范品牌获海关总署复审通过，1人次获评全国海关"百名优秀执法一线科长"。全年，共监管进出口货物10.88万吨，货值106.7亿美元，同比分别增长3.63%、7.1%；累计检疫监管进出境航班4494架次、人员16.80万人次；监管进出口A、B、C类快件共113.19万票，同比增长7.32%；税收入库23.23亿元，同比下降6.83%；立案侦办刑事案件24起，案值3.6亿元；一般案件行政立案22起，案值1917.10万元；办理"简快"案件37起，案值2412万元。

【党的建设】2022年，青岛胶东机场海关深入学习宣传贯彻党的二十大精神，印发学习宣传贯彻工作方案，注重质效、浓厚氛围、把握方向、强化实效；深化政治机关建设专项教育活动，对标"三个突出"（突出政治引领、突出主体责任、突出岗位职责）要求，梳理排查各业务条线上的政治风险点和隐患问题，并制定整改措施；庆祝中国共产党成立101周年，组织参观大沽河博物馆，召开庆祝大会暨主题歌会，表彰党建示范（培育）品牌，党组织书记和党员领导干部围绕"走好第一方阵　我为二十大作贡献"讲专题党课。全面做好巡察和整改工作，印发巡察整改工作方案，筹备召开巡察整改专题民主生活会，研究制定整改措施，建立长效机制。夯实基层组织基础。加强理论武装，印发青岛胶东机场海关党委理论学习中心组学习规则，党委理论学习中心组开展集体学习18次，第一青年理论学习小组获评青岛海关2021年度青年理论学习标兵集体；提升基层党建规范化水平，成立党的建设领导小组，印发党委成员基层联系点制度和机关党委工作规则；编印党支部工作手册，明确“三会一课”、主题党日等13项工作标准规范。统筹推进“四强”党支部和党建品牌创建工作，3个支部被首次评定为青岛海关“四强”党支部，1个支部品牌首次获评青岛海关“培育品牌”；提升支部书记抓党建工作能力，邀请专家现场授课，组织到胶州市大沽河博物馆等红色教育基地参观研学，召开基层党支部书记座谈会，举办党务干部实操培训班，线下开展支部党建“互查互评、互学互比”活动，线上举办新媒体大赛，推动基层党建“双提升”行动提质增效。

【队伍建设】2022年，青岛胶东机场海关全面加强队伍建设。加强执法一线科长队伍建设，1人获评全国海关“百名优秀执法一线科长”；用好职务职级晋升两类资源，优化队伍结构；落实“人才强关”战略，综合运用轮岗、培训、锻炼等多种手段，构建“三类人才”的培养选拔机制，完成24人交流轮岗；出台专业人才管理办法，建立鼓励优秀人才脱颖而出的体制机制；用好海关总署“海关e课堂”“青关好师傅”等平台和资源，组织一线人员参加资质申报、考试及练兵比武活动，推动青年关员岗位成才。开展“内务规范强化月”活动，组织队列训练、内务督察及内务规范流动红旗评比，开展准军建设相关课题研究；开展专项整治工作，组织37人撰写个人剖析材料，梳理113家重点项目和财物管理领域相关企业名单，形成专项整治问题及廉政风险清单、高风险项目清单；强化日常监督，出台机关纪委工作规则，增补机关纪委委员4人，重新选聘内部监督员4人，充实加强纪检监督工作力量；试行青岛胶东机场海关常规谈话、约谈、提醒、函询和诫勉工作实施办法，对9名干部职工运用“第一种形态”进行组织处理，一体推进清廉海关建设。严的主基调不动摇，持续保持严肃惩治腐败的高压态势，健全完善“三不腐”一体推进制度机制，强化打私反腐“一案双查”，扎紧不能腐的笼子；抓好压力传导，压紧压实“两个责任”，突出强化对“关键少数”的监督，发挥好“一把手”和领导班子重点事项监督自查报告制度作用；深化以案促改工作，召开以案促改警示教育大会，结合“警示教育月”活动强化纪法学习教育，观看《国门卫士岂容违纪破法》警示教育片，组织开展课题研讨和“年轻干部谈廉洁”活动，参观胶州孝廉文化园，征集“清风国门”廉洁文化创意作品5件，在中秋、国庆等节点发布廉政提醒，倡导家庭助廉、文化倡廉。

【疫情防控】2022年，青岛胶东机场海关落实联防联控机制要求筑牢国门防线。做好疫情防控各项工作，落实第九版防控方案、20条优化措施和4个技术性文件，压实疫情防控的“四方责任”；按要求抓细抓实内部疫情防控，出差出行履行审批程序，按规定频次组织各类人员开展核酸检测；树立“口岸疫情防控海关必坚守”理念，总结提炼“七必”（风险必析、重点必查、每日必校、逢警必处、防护必备、疫情必报、有问必答）工作法和“三三二”（3个措施提质量、3个严格防感染、2个到位强保障）工作机制，梳理形成20余万字操作规程；实行“人物同防”，多措并举做好进口非冷链货物口岸疫情防控工作，指导青岛国际机场集团优化消杀工作，缩短流转路径，提升监管效能，在提升物流通关效率同时，守住“外防输入”第一道防线。优化作业流程提升航班保障能力。按照海关总署优化国际航班旅客入境检疫监管流程的要求，立足现场实际，探索创新“提前申报+自动验核+预先发管+无感通关”入境旅客检疫新模式，经过不断优化完善，现场通关效率提升35%，每班保障人员节省27%；推动空港口岸PCR（聚合酶链式反应）实验室运行，应对入境航班大幅增加带来的检测压力，开展24小时动态值守，提高实验室检测效能助力疫情防控工作。完善各项制度落实封闭管理要求，更改封闭管理场所“三区两通道”设置、新建3处物理隔断、更换相关标识，执行封闭管理人员登记造册、日常清洁和消毒措施、核酸检测、“两点一线”闭环管理、每日健康监测、应急值班、错时取餐等制度，封闭管理期间严禁外出、串访；落实海关总署保护关心爱护疫情防控一线人员工作要求，做好心理疏导和服务保障，有针对性地帮助一线人员减压释负；优化服务保障，安排健康体检，保障一线人员身体健康。

【动植物检疫】2022年，青岛胶东机场海关开展生物安全监测。强化外来入侵物种监测工作，调查出外来入侵植物7种、外来入侵昆虫2种，进一步提升口岸生物安全治理能力；开展“海关口岸生物安全日”主题普法活动，通过座谈、电子屏宣传、发放宣传册等，提高全民国家安全意识；注重进出口食品安全及境外动植物疫情信息收集工作，在海关总署发布预警信息80余条，提高动植物疫情风险分析研判能力；防止外来植物疫病传入，全年共对485票进出口货物取样送实验室进行检测，检出各类有害生物281项次，检出检疫性有害生物5批次。

【监管业务】2022年，青岛胶东机场海关加强与风控、缉私部门的风险联合分析研判，加大重点货物的打击力度，查验异常货物303票。查发

▲2022年5月30日，青岛海关所属青岛胶东机场海关关员查获侵权游戏卡片

知识产权行刑衔接案件，查获侵犯知识产权的游戏卡片1万张。全年查获邮件夹藏卷烟20余万支，首次在青岛空港查获进口固体废物。加强快件正面监管，完善智能审图系统后台数据库，优化查验设备智能审图功能，提高系统智能报警与识别的准确性，提高一线关员机检审图水平，提升查发有效能力。快件渠道查获象牙、精神药品、管制刀具、特殊物品、外来物种、侵犯知识产权等情事40余起。推动智能查验台在旅检现场落地使用，优化调整“选、查、处”作业模式。发挥先期机检优势，通过现场研判和风险分析，接连查获入境旅客携带象牙、象骨等濒危动植物及其制品入境情事，截获旅客携带的侵权手表等侵犯知识产权物品、可能危害人体安全的“三无”减肥产品。探索疫情下旅检监管新模式，加强风险评估，根据疫情形势下“水客”特点进行精准布控，将海关执法专业性与灵活性相结合，实现“管得住、通得快”。加强免税店日常调拨、出入库、核销监管，集中监管免税品公司采取碾压、粉碎、焚烧方式销毁2.84万件因疫情滞销而超期变质的香化产品、卷烟等免税商品。受青岛海关指派完成东航、海航机上免税店新仓库验收，全流程监管1.3万件免税品搬迁。

【查缉走私】2022年，青岛胶东机场海关保持打私高压态势，零容忍打击涉毒走私，累计刑事立案毒品走私案7起，查获各类毒品用途的国家管制精麻药品片剂2400余粒，查证其他走私、贩卖精麻药品片剂共4000余粒，抓获犯罪嫌疑人10人；打击快件渠道涉税走私，自主查发7起通过快件渠道走私货物物品系列案，累计抓获犯罪嫌疑人16人，案件总案值2.33亿元；严厉打击涉枪走私，共立案侦办枪支走私犯罪案件2起，查扣走私进境仿真枪支3支、枪支配件3件；从严“扫黄打非”，立案侦办1起寄递渠道走私淫秽物品案，查扣涉嫌走私的淫秽书籍200余册。

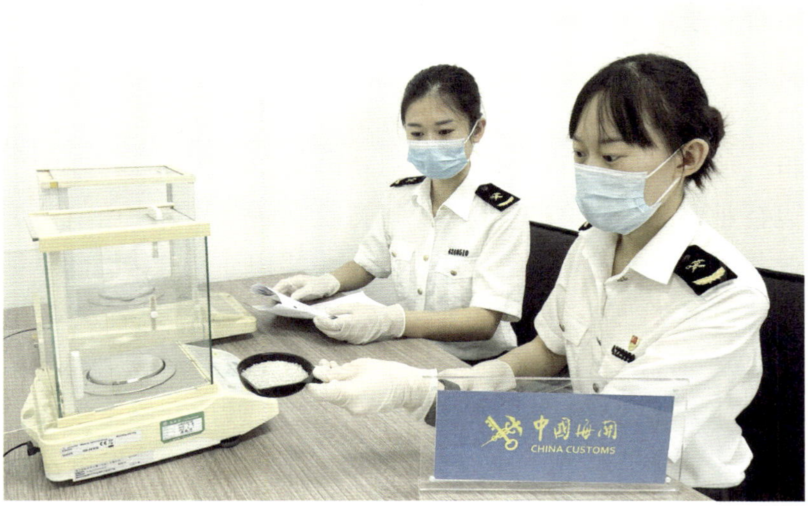

▲2022年8月10日，青岛海关所属青岛胶东机场海关关员监管验放进口毛坯钻石

【卫生监督】2022年，青岛胶东机场海关着力提升卫生监督水平。利用微小气候和空气质量在线监测平台，设置40个点位，对航站楼温湿度、甲醛、PM2.5等10个项目进行实时监测及实时预警，并及时督促运营单位整改不合格项目；开展鼠及体表寄生虫、蚊、游离蜱等病媒生物本底调查和病原学检测工作，防止传染病通过鼠、蚊等病媒生物在青岛空港口岸传入传出；在国境口岸卫生许可证核发中推广“互联网+”海

关工作模式，实现企业许可申报、资料下载、信息查询等“零跑腿”全程网办，办理时限由法定的20个工作日压缩至5个工作日；因地制宜根据航站楼“海星”造型特点，以5个指廊为基础划分5个网格，按照入驻企业经营区域分布，创新实施“网格化”卫生监督工作模式，实现面对面、点对点提供个性化定制服务，构建起全覆盖、全方位、全过程动态监管服务机制。

【智慧货运监管】2022年，青岛胶东机场海关优化口岸营商环境。与20余个海关建立转关监管联系机制，严密监管链条，降低货物在途监管风险；开展多式联运转关货物监管流程改革，减少货物流转环节，作业时效提升50%；持续关注青岛空运产业链、供应链需求，对受疫情、产能、物流运输等影响较大的企业和进出口货物，结合“两段准入”简化通关流程，为企业量身定制查验通关方案，最大限度释放政策潜力；全面施行“不见面”业务办理模式，实现海关查验平台与放行通道的点对点对接，在提升查验效率的同时降低企业人力成本。打造“智慧空港”货运监管体系，实现物流底账清晰、视频监控全覆盖、卡口自动核放、智能化集中查验，通关环节减少四分之一，通关成本降低三分之一；不断创新优化口岸货物进口作业程序，相关经验做法被商务部等6部委下发的《商务部等6单位关于印发〈海运 航空 铁路口岸外贸进口货物标准作业程序参考〉的通知》列为航空口岸的参考标准之一。

【优化营商环境】2022年，青岛胶东机场海关不断优化作业模式提升通关效率。实行“5+2”工作制和预约加班制，实行预约查验，保证查验正常的货物当日放行；开辟进口光刻胶、高新技术、鲜活易腐货物查验通关绿色通道，主动对接进出口企业，了解企业生产计划和通关需求，安排具有专业查验资质的关员优先查验，实现“即报、即审、即验、即放”；畅通企业政策咨询渠道，公开业务咨询电话，建立重点企业挂钩帮扶机制，优化企业协调员“一对一”服务机制，必要时实现上门服务，实现沟通零延时，服务零距离；推进“互联网+”海关建设，持续压缩整体通关时间，全年进口整体通关时间低于考核目标45小时，较2021年同期减少2.94小时。

【青岛空港综合保税区建设】2022年，青岛胶东机场海关将支持和推进青岛空港综合保税区建设作为全年重点工作，制订详细的工作计划，按照时间表、路线图全力推进；加强调研交流，做好业务储备；做好预验收、验收准备工作，开展完成卡口操作、围网报警实地测试，设置隔离围网共5584米，设置主卡口、内卡口各1个，完成各类卡口系统安装，完善卡口功能；建成海关监控指挥中心，区内共设置高清网络摄像机363台、红外报警装置106对，确保海关对围网周界全方位无盲区监控；研究全国海关综合保税区创新监管举措，聚焦航空维修制造、集成电路、跨境电商、国际物流和贸易等高保税政策功能匹配度产业，支持政府部门开展招商引资工作，共引进项目15个，总投资121.9亿元，各类设施总建筑面积118.3万平方米；对接地方政府和临空经济管委，研提青岛空港综合保税区建设和发展意见，融入上合示范区发展战略，服务地方经济发展；形成验收手册等文字材料，并制作视频介绍短片。

【督察内审】2022年，青岛胶东机场海关持续提升内控水平。开展“内控示范科室”创建工作，构建“选点—培育—创建”模式，通过科室自荐、主管科室推荐、党委集体研究确定重点培育科室；深化“制度+科技”监督体系建设，通过“新海廉”平台监控分析，共发现467条业务异常数据，发布通报2期，制发联系单113条；对12个业务科室106名协管员开展风险分析排查，针对排查的4个方面风险隐患制定管控措施9条。加强监督检查堵塞疫情防控风险漏洞。完成海关总署“百名科长百日督查”、海关总署派驻疫情防控实地督查和青岛海关疫情防控督查等迎检工作；实行“日监控、周检查、月汇报”工作机制，采取视频检查、现场监督和单证抽查等方式，开展疫情防控安全防护监督检查，共开展周检查46次，实地检查10次，发现问题201个。

【文化建设】2022年，青岛胶东机场海关加强文化建设。开展文明创建活动，落实2022年度全国文明单位创建工作方案，开展“双报道”（人事报道、组织报道）活动，到胶州市温州路社区进行公益志愿服务，参加2022年度文明单位复查并顺利通过；完善文体中心设施，举办“流关溢彩廿五载　筑梦强关向未来”纪念建关25周年系列活动，组织开展“我的节日”及线上主题摄影展活动，在“胶翔辉映”公众号推出《“疫”线榜样》《青年说学习》《“悦读·荐书”》等专栏。

【法治建设】2022年，青岛胶东机场海关扎实开展法治建设。压实普法责任制，以普法责任清单为基，明确各业务科室责任，拓宽普法主体力量，推动形成全面普法格局；与胶州市司法局联系配合，选聘胶州市“八五”普法讲师团，结合普法时间节点，共同开展“普法赶大集、下基层”等一系列普法活动，融入地方大普法体系；组织参加海关行政许可、案件办理、法规解读等培训交流，优化网站法治专栏，构建融汇“三项制度（行政执法公示制度、执法全过程记录制度、重大执法决定法治审核制度）”“执法风险提示”“新法速递”等8大专题的制度规范体系，实现法规制度集成管理、清单管理、动态管理，提升关员在执法规范、业务办理等方面的能力和水平；加强与青岛海关职能部门、地方公安等部门间的执法协作和沟通联系，移送知识产权刑事案件2起；组建12人制度审核队伍，推进关级制度“立改废释”，梳理核查形成60项现行有效制度，发挥“法治护航”工作团队法制审核功能，创新开展制度实施后跟进评估工作，发挥关级制度“立改废释”工作成效。

【监控指挥中心建设】2022年，青岛胶东机场海关发挥监控指挥中心效能，夯实视频监控基础，规范560余路摄像头命名和编码，实行监控区域网格化管理，建立33个场景视图集。深化监控平台应用，以“视频监控+业务系统+实时连线”形式，实现静态监控与动态监控相结合。完善运行监控机制，制订三级监控指挥中心“五个一”工作方案，编制业务运行监控操作手册，规范监控值守、应急指挥、运维保障3项制度。培养监控专家队伍，定期开展业务学习、实操培训和效能评估。强化技术运维保障，制定“3+7”巡检值班制度，开展摄像头在线和监控录像巡检680余次，保障与海关总署监控指挥中心音视频实时连线率100%，监控镜头在线率99.5%以上。扎实开展执法风险和疫情防控日监控、周会商、月通报工作，开展疫情防控监控检查804余次，货物查验监控检查1400余票，排查并整改问题及风险隐患195个，制发监控处置单122个。

【政务管理】2022年，青岛胶东机场海关着力提升政务工作水平。“目标导向　问题导向　结果导向”引领开展督查工作，召开督查例会16次，开展综合性专项督查2次，督查重点任务67项，查摆解决问题13项；构建“大信宣”格局，收集、编发要情、呈报、动态、外宣等各类稿件400余篇次，同比增长27%；制订信访突发事件应急处置预案，设立“关长接待日”，年内信访投诉举报数量同比下降71.43%，未发生行政复议、行政诉讼案件；完成海关领域基层政务公开标准化规范化试点对标任务，在旅检现场建成山东省内首个空港流线型海关政务公开专区；规范涉密文件的流转和存储程序，加强人防、技防措施，妥善做好党的二十大前后保密工作；协同推进纸质档案和电子档案征、编、研、宣工作，整理归档文书1990件，数字档案馆文书档案全文数字化率达到99%。

【科技发展】2022年，青岛胶东机场海关发挥科技支撑保障作用。打造“科技直通车”服务品牌，对接业务现场技术需求，统筹协调旅检、货运监管系统整合和信息共享，部署移动办公、远程办公系统。推动旅检现场自动验核设备、自动试管分发机调研评估、安装优化、功能升级工作，助力缩短旅客通关时间。加强科技创新理论研究，成立科技创新应用推进工作组，探索运用“5G+AR”技术提升疫情防控智慧化水平。加强计算机机房、网络和核心设备的安全管理，修订完善应急预案，开展安全突发事件应急演习。落实科技监管装备的配备和管理要求，提升监管装备管理使用效能，对1068台科技监管装备建立使用台账。

【后勤保障】2022年，青岛胶东机场海关持续夯实后勤保障水平。落实“过紧日子”要求，规范支出审批，杜绝无预算和超预算支出的情况。进一步规范防疫物资出入库管理，落实验收要求，定期开展防疫物资仓库安全风险排查，设置危险化学品仓库、隔离室和应急物资箱，累计发放各类防疫物资近50万件；落实安全生产管理责任，定期对消防、用电、物业、车辆、食堂、房产等重点安全领域开展风险排查，针对极端天气和偶发事件制订应急预案，组织应急处置演练。

撰稿人

王巧巧

青岛大港海关

【概况】青岛大港海关于2002年11月起筹建，2014年2月25日正式开关。2015年6月，原青岛流亭机场海关6个属地业务科室、44人整建制归并青岛大港海关，青岛大港海关逐渐发展为包含青岛海关最大属地业务以及青岛海关前列口岸业务的综合型海关。2018年，根据国务院机构改革方案，出入境检验检疫管理职责和队伍划入海关。同年12月，海关总署批复机构改革后的青岛大港海关为隶属青岛海关的正处级海关，业务管辖范围为青岛市市南区、市北区、李沧区、崂山区、城阳区和平度市、莱西市7个区市。2022年，青岛大港海关设有内设科级机构39个（含事业单位1个），另有缉私分局设5个科室。

2022年，青岛大港海关以习近平新时代中国特色社会主义思想为指导，深入学习宣传贯彻党的二十大精神，落实习近平总书记重要指示批示精神和党中央重大决策部署，聚焦“两级”海关工作会议、全面从严治党工作会议部署要求，把握“高质量发展年”工作思路和“政治坚强、队伍过硬、机制顺畅、业务精通、服务优质、正气充盈”基层强关建设6条标准，真抓实干，年内获评青岛海关2022年度基层考核“年度工作优秀集体”、青岛市促进跨境贸易便利化专项行动先进单位、青岛市民中心年度“示范窗口单位”。青岛大港海关综合业务一科被认定为“一星级全国青年文明号”，查检四科获评“青岛海关三八红旗集体”，姚斌获评全国海关“百名优秀执法一线科长”，陈康获评“山东省改革尖兵”，张研获评“青岛市促进跨境贸易便利化专项行动先进个人”，姜迪来、陈明、孙锦慧获评青岛市民中心“服务标兵”，邢妍获评2022年度青岛市“融媒体先进个人”，29人次获青岛海关荣誉表彰及奖励，44人次分别受到海关总署司局或青岛海关通报表扬。

年内，青岛大港海关辖区实有海关备案企业3.84万家，其中高级认证企业76家、注册登记和备案企业3.83万家，同比分别增长5.57%、16.92%、5.51%；审核进出口报关单122.72万票，同比增长6.95%；征收税款入库121.10亿元，同比增长11.93%；审核出具“征免税通知书”1404份；签发原产地证书11.77万份，货值65.39亿美元，同比分别增长37.01%、43.05%；检疫监管进出境人员3.65万人次，检疫出入境船舶1216艘次，同比分别增长17.76%、

12.81%；检验检疫货物9.03万批次，货值171.42亿美元，同比分别下降1.39%、增长12.53%。

【贯彻落实习近平总书记重要指示批示精神】2022年，青岛大港海关全面落实“第一议题”制度，制订党委理论学习中心组学习规划，全年围绕习近平总书记重要讲话、重要文章、重要指示批示精神，组织开展党委理论学习中心组学习和“第一议题”集体学习23次，推动习近平新时代中国特色社会主义思想学深学透；构建完善学习、传达、督促、落实的闭环链条，参与“蓝天2022”专项行动，持续高压严打“洋垃圾”走私，查获并成功退运“洋垃圾”100余吨；落实打击海南离岛免税“套代购”走私专项行动部署，侦办离岛骗税“套代购”案件1起；强化安全隐患排查，组织“安全生产月”活动，深入开展“口岸危险品综合治理”百日专项行动，检出出口危险货物包装不合格16批，查发青岛关区当年货值最大的出口危险品伪瞒报案。

【党的建设】2022年，青岛大港海关把创建党建品牌作为加强基层党建工作的抓手，持续挖掘和培树基层党建热源，推进党建品牌创建，迭代升级组织品牌、个人品牌115个，评选表彰“双十佳”和优秀党建品牌，加强宣传推介，发挥品牌建设在科室抓党建、强管理、带队伍、促业务中的推动作用，4个品牌获评“青岛海关党建示范品牌”；深化“强基提质工程”，全程督导40个支部组织生活会，先后3次全面检查“三会一课”落实情况，应用维护“智慧党建系统”，夯实党建基础工作，7个支部获评关区“四强”党支部，聚焦破解党建业务“两张皮”、支部书记能力欠缺等基层党建突出问题，开展重点课题攻坚，1个基层支部“书记项目”获青岛海关立项。深入学习宣传贯彻党的二十大精神，全体党员第一时间通过“线上+线下”等渠道，借助“学习强国”、人民网、新华网等平台网络实时收听收看党的二十大开幕式；将学习宣传贯彻党的二十大精神作为首要政治任务，制订印发学习宣传贯彻党的二十大精神工作方案，“一把手”带头开展学习宣讲，在网站主页设置学习专栏，及时转载学习内容，发布学习心得体会80余篇，举办书画展，组织专题讲座，制作主题视频，营造浓厚学习氛围，通过“三会一课”、主题党日、青年理论学习等多种途径、多种方式，学原文、悟原理，全面领会党的二十大精神实质和精髓要义，夯实广大党员干部守初心担使命的思想根基。

【清廉海关建设】2022年，青岛大港海关持续推进全面从严治党，扎实开展强化政治机关建设专项教育活动，突出政治引领，对照“四个是否”全面梳理排查政治风险点和隐患并制定整改措施，实行项目化推进、销号式管理，切实把牢各项工作正确政治方向；开展“海关重点项目和财物管理以权谋私”专项整治，梳理重点项目，提出整改措施及意见建议，强化事前审批，加强采购管理，持续完善监督机制；抓实以案促改，开展“党章党规党纪集中学习月”活动，深入学习典型案例、警示教育片，举办廉政书画作品展，组织参观青岛市廉政教育馆、清廉家风馆，强化警示教育，筑牢思想防线，突出问题导向，梳理形成问题清单和整改台账，对标对表狠抓整改落实，推动实现综合治理、标本兼治。锲而不舍落实中央八项规定及其实施细则精神，深化纠治“四风”，综合用好“四种形态”，认真落实谈心谈话制度，把严明纪律贯穿于日常教育管理监督全过程，进一步提高纪律约束力。

【口岸疫情防控】2022 年，青岛大港海关贯彻落实海关总署工作部署和青岛海关工作要求，科学精准做好新冠病毒感染疫情防控。强化口岸“人、物、环境”同防，按照最新版新冠病毒感染口岸防控技术方案及海关总署、青岛海关有关规定和属地防疫指挥部有关要求，打造“全面筛查 + 动态监测 + 重点复测”的疫情防控模式，强化出入境船舶和人员卫生检疫，高标准实施进口冷链货物查验、高风险非冷链集装箱货物核酸采样及预防性消毒监督；融入地方联防联控大局，密切与地方政府、港口集团、边检、海事等单位和部门的协作配合，建立从“船边”到“隔离点（外籍船员到机场）”的入境人员全链条闭环管理机制，确保各环节无缝衔接、闭环管理，打造无死角的疫情防控网络，最大限度降低疫情输入风险。全年，共检疫进出境人员 3.65 万人次、出入境船舶 1216 艘次，完成进口冷链货物查验 693 批、高风险非冷链货物核酸采样 63 批、环境监测 23 次、预防性消毒监督 49 次，船舶卫生检疫岗位获评青岛海关“规范执法示范岗”，对“海洋先锋”轮实施卫生检疫及船员换班检疫的全过程获央视《新闻联播》跟踪报道。抓实抓细安全防护，提高思想认识，落实“岗前检查、工作巡查、全程督查”和“双人作业、互相监督”安全防护监督制度，规范防护装备穿脱程序，加强医疗废弃物管理及处置；完善职业暴露应急处置预案，组织桌面推演及实战演练 4 次，提高一线防控人员应急处置能力；成立安全防护领导小组、安全防护监督组，开展疫情防控实地检查 35 次，发现并整改存在问题 57 个，持续强化疫情防控工作人员安全防护；落实封闭管理工作要求，紧盯事前、事中、事后环节，统筹做好封闭管理工作，构建封闭作业全链条管控体系，共进行入境人员卫生检疫岗位封闭管理 17 轮次、进口冷链食品安全监管人员封闭管理 19 轮次，3 人因在封闭管理工作中表现优异获得海关总署政治部通报表扬。

【开展无接触式检疫试点】2022 年，青岛大港海关承担无接触式检疫试点任务，全力做好青岛海关入境交通工具无接触式卫生检疫系统研

▲ 2022 年 9 月 27 日，青岛海关所属青岛大港海关关员对入境船员进行咽拭子采样

发和课题研究，在青岛关区首次试用中国海关入境交通工具无接触式卫生检疫系统，根据试用结果提出针对性改进建议并协助进行关区内系统推广。深入学习研究青岛海关关于进一步扩大入境交通工具无接触式检疫设备试点工作的通知，第一时间制订青岛大港口岸无接触式检疫工作方案，召开相关企业代表会议，研讨无接触式检疫工作新模式，明确各方职责并对相关人员进行技能培训和应急演练，确保试点工作顺利进行，有效降低一线关员职业暴露感染风险，极大提高工作效率，加快通关速度，提升疫情防控信息化数字化智能化水平。

【内部疫情防控】2022年，青岛大港海关切实做好内部疫情防控，印发疫情内部防控文件3个，升级内部工作人员新冠病毒感染疫情防控手册，明确各项疫情防控要求，压紧压实内部防控责任；全面履行出差出行人员登记、审批、核酸检测程序，指定专人对干部职工出行、返岗及核酸检测情况进行追踪管理；多方协调联系系统内外医疗资源，组织开展核酸检测，根据青岛市疫情防控要求，上线一体化疫情防控平台，专人定期实时监测，共开展"应检尽检"1.1万余人次，组织全员检测5000余人次；强化疫情防控风险排查，先后组织30余次全员排查，对与敏感地区有接触的、发热、咳嗽等人员开展自我居家隔离100余人次；结合属地防疫政策，适时实行弹性工作制，进一步加强非工作场所个人安全防护，强化办公场所封闭管理，科学高效应对本土疫情。

【风险防控】2022年，青岛大港海关结合实际制订防范化解重大、系统性风险任务分工方案，明确28项工作任务，压实工作责任，统筹推进落实，守住防范化解重大、系统性风险的底线；制发安全生产全年工作要点，建立安全生产隐患常态化排查制度，结合辖区工作实际梳理形成检查事项清单94项，开展"四不两直"督导检查2次、全领域安全生产风险隐患排查7次，对发现的问题全部建立台账督促整改，组织应急演练3次；加强数据分析，深化"云擎""企智"系统应用，构建"风险商品价格异动"等模型122个，发布全国、青岛关区应用共35个，自主开展日韩进口价格伪瞒报、同名异号涉税证、濒危物种走私、滞期费漏税等专项风险分析，提交青岛关区风险处置39项、布控建议27项，不断提高事前环节风险布控精准性和布控有效率。

【口岸监管业务】2022年，青岛大港海关着力构筑全方位、全链条监管体系，持续强化口岸监管。建成青岛关区首家通过海关总署审核的隶属海关初筛鉴定室，完成单次进口1170头智利羊驼的隔离检疫任务，完成进境散装粮食查验72船次、进境种苗查验194批次；在全国首次从进境大豆中截获检疫性有害生物南方菟丝子，在青岛关区首次检出检疫性有害生物7种次；落实食品安全"四个最严"要求，推进进口食品安全"国门守护"行动，检出因微生物、食品添加剂、成分、标签不合格的进口食品、食品添加剂3批，查发进境冷链水产品不合格6批，均实施退运或销毁处理；强化进出口大宗商品质量安全把控，检出不合格进口大宗资源性商品217批次，实施退运或销毁处置8批次；加强非贸渠道安全准入监管，连续查获快件渠道“三无”减肥药、咖啡因片、淫秽书籍等安全准入情事，刑事立案8起。

【后续监管业务】2022年，青岛大港海关贯彻落实海关稽查业务改革思路，推动稽查理念向“以查发为导向”转变，强化风险研判，优化稽核查、数据监管、综合业务、查检、缉私等部门间联系配合机制，开展贸易调查，加大专项稽查工作力度，办结稽查作业177起；深化核查分类改革，探索执法联动，完善属地监管工作海关与政府部门执法互助、第三方协助执法、属地海关与口岸海关联动、问题综合处置、风险管理会商5项机制，办结核查作业367起，同比增长20%；稳步推进属地纳税人管理，以规范申报为抓手，引导企业合规申报，完善属地纳税企业底账建设，动态更新13家已建底账企业财务数据、差别化纳税服务措施，推动属地纳税人管理与企业认证培育相结合，靶向开展涉税合规引导，用好信用管理工具，深化信用管理体系建设。

【查缉走私】2022年，青岛大港海关保持打私高压态势，深入推进“国门利剑2022”联合行动、“国门勇士2022”、“使命2022”等专项行动，建立联络人机制，强化关警协同，探索联合研判、联合防控、联合打击的方式方法，在线索查发、现场查缉、专业支撑等各环节各方面，固化形成长效性工作机制，推动全员打私和综合治理，提高执法办案质效，全年刑事立案29起，案值1.32亿元，行政立案157起，案值4.8亿元。持续深入打击毒品走私，立案侦办非贸渠道走私毒品案12起，查获走私进口大麻油30克、含咖啡因药品5.62千克；扎实开展夏季治安打击整治“百日行动”，侦办走私武器弹药案件3起，配合做好重大活动安保维稳；侦办辖区首起反洗钱案件，案值4000万元，新类型案件侦办工作取得新突破；侦办涉日韩低报价格、夹藏、伪报瞒报走私案件5起，案值922万元，推动打击涉日韩走私常规常态化。

【优化口岸营商环境】2022年，青岛大港海关加强关地协同，定期向辖区各区市通报外贸情况和AEO企业享惠情况分析，深度参与地方政府组织的海关政策宣讲会、政府部门服务下沉活动，支持回应地方相关需求，新签、续签关地合作备忘录，力促海关支持事项落地落实；先后研究出台促进跨境贸易便利化20条措施和促进外贸保稳提质工作30条措施，扎实开展跨境贸易便利化“百日冲刺”专项行动，2个优化营商环境典型案例被《青岛口岸工作简报》刊发；巩固通关时间压缩成效，对主要进出口企业“一对一”指导，引导企业应用“两步申报”“提前申报”“两段准入”“抵港直装”等模式，进、出口整体通关时间比2021年同期分别压缩0.38小时、0.3小时；完善加贸保证金风险评估体系，引导企业用好主动披露政策，全年开展主动披露作业41起，减免企业滞纳金942万元。

【优化企业服务】2022年，青岛大港海关发挥职能作用，持续提高服务企业水平。全面推行报关单位备案、信息变更、注销业务“不见面”审批、全程“无纸化”网上办理、“全程网办、全国通办”，加强与商务、税务等部门联动配合，审批“多证合一”申报量同比增长4倍；“线上+线下”多渠道开展

▲2022 年 8 月 5 日，青岛海关所属青岛大港海关关员在辖区加工贸易企业调研

税政调研，上报相关税则调整建议 15 条；深入调研免税店经营困难，指导企业进行跨店调拨销售或报关转内销，减少经济损失 600 余万元；推荐 11 家企业申请出口食品生产企业境外注册，支持 300 余家企业新获进出口食品特定资质；完成青岛关区首次轨道客车保税加工监管模式试点备案，合同执行周期延长至原先的 1.5 倍以上，极大缓解企业资金周转压力；采取知识产权海关保护措施 14 次，提出的 3 项特别贸易关注及 4 条通报评议意见被海关总署采纳，有效维护企业切身利益；统筹做好重点企业和重点产业链供应链“白名单”企业结对帮扶，“一企一策”解决问题 61 个。

【畅通物流通道】2022 年，青岛大港海关设立进出口鲜活易腐农食产品属地查检绿色通道，公开预约电话，实施优先查验等措施，确保鲜活产品安全顺畅通关；支持企业实施进境粮食“散改集”模式，库场使用率提高 80%、周转率提高 30%；试点出口水果、种苗花卉“采信第三方检测报告快速放行 + 官方检测合格出具证书”和出境竹木草制品“原料熏蒸 + 成品核销”快速通关模式，平均缩短通关、调运办理周期 2 天；采用优先查验、优先放行等便利措施支持先进技术装备、关键零部件、紧缺资源扩大进口，落实落细先放后检、依申请检验等优惠政策红利，助力山东打造大宗资源性商品集散中心；做大做强“甩挂运输”品牌，扩大“船边直提”和“抵港直装”试点规模，首次实现中韩陆海联运“甩挂运输 + 船边直提”模式，口岸通行时间缩短到半小时以内，全年门到门全程“甩挂运输”货运量 1426 标箱，同比增长 26.87%。

【建设高水平对外开放平台】2022 年，青岛大港海关建设高水平对外开放平台，推动辖区外贸保稳提质。巩固全国首个关地共建原产地证书审签中心先发优势，做好 RCEP 生效实施工作，抓住关键节点，签发全国首份 RCEP 原产地证书，推广原产地证书自助打印和智能审核，实现“零跑腿”办证、“零等待”审核、“零重复”调查，助力打造全国领先的自由贸易协定实施公共服务平台；建成 RCEP 青岛大港海关查验中心，助力开通长江以北首条中日 RCEP“海上快线”，强化中日韩“海上高速公路”品牌效应；首次开展矿山设备保税维修，实现光伏设备融资租赁业务新突破，深化中欧班列“二次转关”模式改革，加大区内重点项目服务推进力度，助力胶州湾综合保税区一线进出口外贸值首次突破400亿元；持续优化AEO示范区建设，依托关区首个AEO孵化基地实施“一站式”信用管理服务，精准培育企业53家次，孵化出站企业16家，新通过海关AEO高级认证企业14家，打造AEO示范高地。

【准军事化纪律部队建设】2022年，青岛大港海关强化纪律作风，开展“内务规范强化月”活动，制定实施内务督察实施细则，完善常态化内务督察机制，定期开展“内务规范先进集体”流动红旗评选及表彰，组织全员学习海关总署《海关内务规范》示范片，确保准军要求内化于心、外化于行；着力打造崇尚求实、扎实、朴实的海关文化，涵养风清气正的政治生态。

【能力建设】2022年，青岛大港海关树立重实干、重实绩、重担当的鲜明用人导向，结合平均年龄大、职级干部多、女性比例高的队伍实际，实行梯次发展，为不同年龄阶段、不同职级干部搭建各自施展才能的平台。1人荣获青岛关区首届外来入侵植物检疫性线虫鉴定技能竞赛一等奖，7位专家参加青岛海关审计项目和专项督察，1人被聘为青岛海关第一批法律顾问，2人多次在线参加WTO/SPS委员会及WTO/TBT委员会例会并发言，青岛大港海关专家牵头完成的科研项目获评青岛市科学技术进步二等奖；着力加强执法一线科长队伍建设，倡导实干实绩导向，组织13名执法一线科长参加海关总署网上专题班，15名执法一线科长上台讲品牌、述党建，加大交流培养力度；深化分析研究，推动全员参与，培养分析研究业务骨干，加强团队建设，全年32篇分析研究文章被海关总署署级及以上载体采用，牵头及参与署级重要课题9个。

【打造幸福海关】2022年，青岛大港海关多措并举打造幸福海关。完善“关长接待日”制度，畅通渠道听取干部群众意见建议；围绕中心工作、志愿服务、疫情防控等制作新媒体作品在“学习强国”、海关总署“金钥匙杂志”、青岛海关“青关好声音”等平台共发布30余篇，唱响主旋律、传递正能量；评选表彰十佳“追梦好青年”，开展生物安全、食品安全、敬老助残、环境保护等主题联学共建12次，激发青春能动力；建成关史展览室、党团活动室，组织新春送“福”、拔河比赛等活动丰富干部职工文体生活；扩大和美超市经营规模，丰富产品种类，及时发放防疫急需物资，关注群众冷暖打造特色民生，用心用情用力做好老干部工作，确保涉及干部职工切身利益的各项待遇落实到位，营造浓厚“和美”氛围。

撰稿人

祁怀鹏

董家口港海关

【概况】董家口港海关于2018年12月经海关总署批复设立，2020年7月1日正式揭牌开关，2021年6月承接辖区业务，2022年1月业务全部承接完毕。董家口港海关是受青岛海关直接领导，按授权负责指定口岸和辖区范围内海关各项管理工作的执行机构，为正处级隶属海关。董家口港海关辖区包括青岛市西海岸新区泊里镇、琅琊镇、隐珠街道办事处及青岛港董家口港区。董家口港海关位于青岛市西海岸新区峄山路222号，设机关办公区、航运中心办公区2个工作区域。2019年12月，获评省级文明单位。内设办公室、综合业务科、业务运行监控科、查验一科、查验二科、口岸监管科、运输工具监管科、企业管理和稽查科、保税监管科9个科室。设立董家口港海关机关党总支，下设9个基层党支部。实有行政编制50人。

2022年，董家口港海关秉持“小关服务大口岸，小关也有大作为”理念，贯彻落实习近平新时代中国特色社会主义思想和党的二十大精神，围绕海关总署党委提出的“12个必”重点工作，按照青岛海关部署，统筹推进促进外贸保稳提质，全年共监管进出口货运量1.31亿吨，货值423.83亿美元，主要进出口货物品种有铁矿砂、原油、液化天然气、沥青混合物、焦炭等，全年税收入库62.55亿元。

【党的建设】2022年，董家口港海关党委率先垂范，把学习宣传贯彻党的二十大精神作为首要政治任务，围绕党的二十大精神，通过党委扩大会、专题宣讲会等多种形式开展宣讲，并结合自身工作、分管领域谈心得体会，党员干部、青年理论学习小组成员撰写心得体会30余篇，掀起学习宣传贯彻党的二十大精神热潮。围绕党的二十大提出的一系列新观点、新论断、新思想、新战略、新要求进行深入思考研究，做到学思用贯通、知信行合一。强化理论学习补足精神之“钙”，学懂弄通做实习近平新时代中国特色社会主义思想，围绕习近平总书记重要讲话，通过党委理论学习中心组等形式集中学习12次。抓实抓细全员理论学习，各支部组织学习100余次，党员干部守初心担使命的思想根基不断夯实。扎实推动政治机关建设专项教育活动和“学查改”专项工作走深走实。成立领导小组高位推动，制订落实方案逐条落实。按照“六对照六看六查”要求，深入查摆问题，全面检视问题和短板，并通过“立行改”与“长久立”相结合的方式有序推进整改落实，切实把讲政治落实到工作各领域、全过程。贯彻落实巡察整改、审计整改要求，认识巡察、审计的重要意义，针对反馈意见，全面检视自身问题，认真制订整改方案，细化分解任务，对66条具体整改措施逐项明确具体要求、责任领导、主协办部门和完成时限，抓好落实整改，切实做好巡察、审计整改“后半篇”文章。推动基层党建“强基提质”。建立健全党建工作计划机制，月初制订工作计划，月末开展对照检查，形成“计划、执行、检查、提升”的正向反馈机制。党建业务深度融合，扎实开展基层党建“双提升”行动，深入挖掘、培育基层党建热源，党委书记项目“强‘先活’队伍，促青年成长”入选青岛海关书记项目，口岸监管科党支部入选青岛海关“四强”党支部，查验二科党建品牌“忠材粮匠”入选青岛海关党建培育品牌。深入推进文明创建，通过省级精神文明单位复查。

【基础建设】2022年，董家口港海关将2022年确定为董家口港海关“基础建设年”，梳理13项重点目标，制订董家口港海关基础建设年工作实施方案，进一步解放思想，激发自主改革的内在动力，做好建章立制、完善体系、提升素质等基础工作。全年共出台各类管理文件27份并落地执行，管理体系初步建成。

【法治建设】2022年，董家口港海关立足工作实际，持续擦亮“董关懂法”法治品牌，树立依法行政意识，规范文明执法，提升法治思维和依法行政能力，依法履行职能。夯实法治基础，做好法治引领，第一时间跟进学习贯彻落实习近平法治思想和习近平总书记关于法治建设的重要指示批示精神，将法治内容纳入党委理论学习中心组年度理论学习计划，全年党委理论学习中心组学法4次。落实主要负责人履行推进法治海关建设第一责任人职责，将法治工作列入全年重点工作任务，通过业务工作督导例会对法治海关建设进行部署、指导、调度。落实制度要求推进执法规范，落实“三项制度”，践行行政执法公示制度、执法全过程记录制度、重大执法决定法制审核制度，梳理发布相关事项清单，营造公开透明、规范有序、公平高效的法治环境。加强行政审批标准化建设，全面落实行政许可“马上办、网上办、一次办”，制定发布进一步加强行政许可管理优化行政许可服务的通知，实行行政审批事项清单管理并进行动态调整，推行行政审批标准化建设，优化行政审批服务。规范执法领域内部核批工作，制定核批事项目录，明确各项执法活动审批层级，规范执法程序，防范执法风险，提高执法效能。

【提升案件办理质效】2022年，董家口港海关落实案件办理岗位制度要求，规范执法依据、执法程序、执法行为及办案时限。办理“简快”案件8起，涉检案件1起，首次办理检验检疫行政处罚案件、缉私行政处罚快速办理程序案件。加强普法宣传，培塑法治理念，将普法责任细化到科，把普法嵌入执法过程中，全年开展法制培训、普法宣传10余次。“普法先行、董关懂法”获评“青岛海关法治建设单项示范点”，“植物及其产品检查岗”获评“青岛海关规范执法示范岗”，董家口港海关获评“青岛海关法治示范单位”。

【队伍建设】2022年，董家口港海关落实新时代好干部标准和忠诚干净担当要求，强化党组织领导和把关作用，打造高素质干部队伍。完成新录用公务员试用期满考核及任职定级工作和干部选拔任用、职级晋升工作，轮岗交流6名，增设内设机构2个，增加人员编制5名。广泛开展以业务需求为导向的“精准滴灌式”培训，开设董关大讲堂7期，联合青岛海关教育处开展“定制式”培训，与9家单位（部门）、5个“青关好师傅”团队交流、现场送教或在线答疑17人次，派员到青岛海关、兄弟海关跟班学习20余人次。

【清廉海关建设】2022年，董家口港海关一体推进“三不腐”，抓好“海关重点项目和财物管理以权谋私”专项整治工作，梳理重点项目，对照分析指引开展重点排查。抓紧抓实以案促改整改落实工作，常态化开展政治教育、纪法教育和警示教育，对照任务清单中重点内容层层剖析，逐项查摆排查问题，制定整改措施。落实中央八项规定及其实施细则精神，纠“四风”树新风，崇尚“求实、扎实、朴实”的海关文化，树正气、易俗气、遏邪气，严肃整治酒驾醉驾。用好监督执纪“四种形态”，着力在用好“第一种形态”方向上发力。对存在的苗头性、倾向性问题早发现、早提醒、早纠正。

【疫情防控】2022年，董家口港海关从严抓好口岸疫情防控。强化制度刚性约束，做好入境交通工具登临检疫和终末消毒监督，打造“全面筛查＋动态监测＋重点复测”的疫情防控模式。巩固“密切合作、分段采样、结果共享”联防联控机制，做好疫情通报、人员移交、病例追溯全流程闭环管理。全年，监管国际航行船舶3287艘次、船员6.65万人次，同比分别增长5.49%、4.40%。登临检查993艘次、核酸采样3086人次，处置突发卫生事件18起。落实“外防输入、内防反弹”总策略和“动态清零”总方针，口岸“人、物、环境”同防，对国际航行船舶，做好风险分析、登临查验、船员在港期间健康监测，监督做好登轮作业人员管理、卸下物料消毒等工作。对入境下船船员，做好疫情排查、核酸检测、携带物品消毒、闭环移交等工作。加强安全防护监督，实行封闭管理。借助视频监控和工作督查，发挥疫情防控安全防护监督员和“挑毛病”专家组作用，重点监控防护操作、医废处置、消毒作业等情况，跟踪问题的整改。年内迎接海关总署“百名科长百日督查”，立行立改。开展入境船舶无接触式检疫试点。根据海关总署以及青岛海关两级部署要求，制订董家口港海关入境船舶无接触式卫生检疫试点工作方案，投入使用无接触远程智能检疫系统6套、移动式正压采样舱1台。通过无接触作业、远程智能检疫等措施，精准检疫、快速查验，最大限度减少船舶在港等待时间，船舶登临检查时间由平均1.5小时压缩为15分钟，缩短时长83%，促进外贸保稳提质。

【服务发展】2022年，董家口港海关助力港区开放，支持对外启用泊位2个、延长临时开放泊位2个、临时启用泊位2个，年吞吐能力增加超2000万吨。完成辖区进境原木场地整改和进境粮食场地扩建达标验核，并初步建成进境粮食初筛实验室。推

▲2022 年 12 月 2 日，青岛海关所属董家口港海关关员对进口冷冻鳕鱼进行现场取样

进 AEO 示范区建设，完成 1 家高级认证企业复核，独立完成培育并通过高级认证程序企业 1 家；加快推进综合保税区建设，会同董家口经济区管委成立工作专班，派员就海关特殊监管区域和综合保税区申建等内容进行宣讲，并就申请设立综合保税区工作开展前期调研和自评。助推 RCEP 高质量实施，参与山东省 RCEP 实施“攻坚年”活动，以“线上”与“线下”相结合的方式，对辖区企业开展 RCEP 政策宣讲和培训，鼓励企业用好关税减让、原产地累积等优惠政策和便利化措施；推广应用原产地证书智能审核和自助打印，加大经核准出口商培育力度。共签发各类优惠原产地证书 3101 份、签证金额 3.25 亿美元，自助打印率 92.65%，帮助辖区 82 家企业快速高效享受目的地关税减让。

【业务改革】2022 年，董家口港海关根据辖区实际持续深化改革，释放政策红利。根据查验货物种类繁多、人力资源不足、办公地点分散等关情实际，建立查验管理中心、集装箱机检专班 2 个虚拟机构，并实现实体化运行，有效整合查验人力资源。对进口矿产品、原油等落实“先放后检”政策，做到“先放后检、即靠即检、边卸边检”，有效缩短了船舶和大宗资源性货物滞港时间，进口铁矿放行时间由 9 天左右缩短为 3 天以内。“董家口港海关助力打造矿石贸易基地”案例获评青岛海关优化营商环境、促进贸易便利化优秀案例。推动新业态发展，监管保税混矿业务 601.8 万吨，货值 6.69 亿美元。保税原油混兑业务3.1万吨，货值2750万美元；根据企业需求，深入研究作业监管模式，先行先试开展不同国别（地区）保税混矿业务，完成2批次，150.46万吨，货值2.08亿美元，助力打造“淡水河谷—董家口铁矿石分销中心”和“董家口标准矿”品牌，实现“把矿山搬到港口”。

【散装冷链食品监管】2022年，董家口港海关根据海关总署以及青岛海关两级部署安排，新增进口散装冷链食品业务。年内选派业务骨干赴兄弟海关实地跟班学习，编写进口散装冷链食品查验作业指导书，在码头前沿创新性建造“海关采样室”。加强与地方联防联控建设，按照海关总署要求科学、精准地做好口岸疫情防控工作的同时，依法依规抓好进口食品安全监管，守护老百姓“舌尖上的安全”。自1月24日起正式接驳进口冷链食品船舶，落实进口冷链食品口岸环节风险监测和预防性消毒各项规定，共查验进口冷链食品15船次、5.3万吨，采集核酸样本3209个。

撰稿人

李振升

青岛邮局海关

【概况】青岛邮局海关的前身是青岛海关驻邮局办事处，设立之初属青岛海关正科级机构。2001 年 5 月，经海关总署批准，由正科级升格为正处级。2007 年 8 月，经上级党组织批准，在青岛邮局海关设立党组。2017 年 6 月，办公场所迁至青岛市城阳区云河路 4 号。2018 年机构改革后成立青岛邮局海关。2019 年 11 月，上级党委决定在青岛邮局海关设立党委。青岛邮局海关管辖青岛市、潍坊市、临沂市和日照市的进出境邮递物品监管工作，是山东省最大的邮运监管现场。青岛邮局海关内设办公室（党委组织宣传部）、综合业务科、业务运行监控科、快件监管科、邮件监管科 5 个科室，共有关员 43 人。

2022 年，青岛邮局海关贯彻习近平总书记重要指示批示精神，深入学习宣传贯彻党的二十大精神，落实海关总署以及青岛海关部署要求，聚焦禁限物品查缉、疫情防控、促外贸稳中提质等重点工作，全年共计监管进出境邮件 131.81 万件，查发各类禁限物品 498 起，其中刑事立案 35 起、行政立案 41 起，行政立案数量同比增长 9.25 倍。先后获评山东省“扫黄打非”先进集体、山东省“扫黄打非”进基层示范点。

▲2022 年 5 月 13 日，青岛海关所属青岛邮局海关关员在入境邮件中查获活体植物

【党的建设】2022 年，青岛邮局海关夯实党建基础，深入学习宣传贯彻党的二十大精神，全年共开展党委理论学习中心组集中学习 17 次，创新“中心组 + 青年理论学习”模式，相关做法被青岛海关选为政治学习典型案例。加强党建品牌建设，综合业务科党支部党建品牌“邮爱邮心”荣获青岛海关党建示范

品牌称号，邮件监管科党支部党建品牌“邮疆金盾”荣获青岛海关党建培育品牌称号，邮件监管科党支部荣获青岛海关“四强”党支部称号。突出特色党建，组织开展党员“过政治生日”活动4期，书法协会展出活动2期，“社区共建”“禁毒宣传进校园”等特色党建活动6次。巩固强化政治机关建设专项教育活动成果，开展关长专题调研7次，青年理论汇报12人次，学习研讨25次，深入查摆问题清单21项，制定整改措施32条，确保“学”到位、“查”到位、“改”到位。提升“海关重点项目和财物管理以权谋私”专项整治成效，发现重点项目问题并迅速整改，组织撰写个人剖析材料。狠抓以案促改工作落实，查找行政管理和业务管理两大类风险点，对标对表制定风险防控措施，按青岛海关要求及时制定问题清单和整改清单。

【队伍建设】2022年，青岛邮局海关扎实开展廉政教育，召开全关警示教育大会，发放致青岛邮局海关关员家属的一封信43份，参观廉政教育基地3次，组织全员签署杜绝酒驾承诺书，与青岛市国家安全局等开展廉政主题共建活动，观看警示教育纪录片，开展“年轻干部谈廉洁”活动。培养专家队伍，获青岛海关各类禁限物品查缉专项嘉奖10人次，派员参加青岛关区“外来入侵植物检疫性线虫鉴定技能竞赛”，分别获二等奖和三等奖。深入总结经验，撰写理论文章4篇，1篇被青关政研采用。4篇综合信息呈报被海关总署采用。成立“青春邮我”新媒体工作室，在“海关发布”“青岛海关12360热线”等平台刊发稿件17篇次。

【查缉走私】2022年，青岛邮局海关开展“邮疆铸金盾　护航二十大”专项活动，发挥政治保卫职能，活动期间连续查发9起枪支走私进境案件。强化禁限物品查缉，织密织牢国门安全防线，全年共计查发各类禁限物品情事498起、其中查获毒品及精神药品102起、枪支弹药及管制刀具14起、濒危动植物67起、涉检物品167起、淫秽书籍90起；采取知识产权扣留措施864批次。查发走私“三无”减肥药案件，开展打击“三无”减肥药走私进境专项行动。10月份，在全国海关口岸首次截获拟鹿天牛等3个外来物种，构筑邮路生物安全防护屏障成效凸显。

【深化改革】2022年，青岛邮局海关成立缉私科，着力思想融合，关党委理论学习中心组学习第一时间吸纳缉私科负责人参加，开展关警联

▲2022年8月19日，青岛海关所属青岛邮局海关关员在入境邮件中查获含麻黄碱成分的减肥产品

合“社区共建”“禁毒宣传进校园”等特色党建活动；着力机制融合，制定完成关警联系配合办法，建立定期从业务科室选派业务骨干随机充实到调查取证工作一线的常态化协作机制；着力业务融合，通过“邮关讲堂”教学平台开展业务互学互助。优化后续处置，持续调整完善青岛邮局海关查缉后续处置指导书，完成全部9大类后续处置流程的梳理编写；梳理并细化内部移交机制和仓库管理机制，对退运邮件处理等邮递监管现场多年积弊问题开展集中攻关并取得成效；推广线上缴税，持续推广应用“财关库银”线上缴税模式，“财关库银”模式下实时入库邮件2194票，共计税款32.24万元。

【风险防范】2022年，青岛邮局海关强化风险研判，加强压力传导，落实风险防范主体责任，制订防范化解重大、系统性风险任务分工方案和海关总署党委巡视发现共性问题对照自查任务分解表；梳理各业务条线隐患风险，编写青岛邮局海关风险指导书，确定风险点79个，对标制定长效应对措施116个；与青岛海关党委第五派驻纪检组开展会商，就疫情防控、安全生产、内部管理、现场监管、邮件通关5个方面风险开展共同排查，制定整改措施，全部完成整改。落实党中央关于疫情防控最新政策等防控要求，做好“新十条”出台后相关医疗物资和机制性保障，确保人员安全和工作链条平稳顺畅。全方位排查办公场所和监管现场风险保生产安全，以定期检查和“四不两直”等形式累计开展安全生产大检查及用电安全、网络安全等专项检查16次，通报问题均已完成整改。

【服务经济】2022年，青岛邮局海关制定青岛邮局海关促进山东省外贸保稳提质10条措施，持续压缩通关时间，降低企业通关成本，帮助企业提高运营效率。持续推广应用进出口货物“提前申报”“两步申报”通关模式，支持企业自主选择申报方式，为市场主体提供合理稳定的通关预期。全年，进口货物提前申报率93.20%，进、出口整体通关时间分别为0.88小时、0.03小时，均位列关区第一。

撰稿人

王玉昭

即墨海关

【概况】即墨海关的历史可以追溯到1865年东海关在即墨金家口设立的海关机构。1931年，金家口海关改属胶海关管辖。后经不断演化，即墨海关于2018年12月经海关总署批准成立，2019年9月正式揭牌。即墨海关是受青岛海关直接领导，按授权负责青岛市即墨区内海关各类管理工作的执行机构，为正处级隶属海关，位于青岛市即墨区振中街7号，距青岛市中心约36千米，设机关办公区、国际陆港办公区、综合保税区3个工作区域。内设9个科室，现有在编人员46人。2022年，即墨海关在海关总署以及青岛海关党委的正确领导下，以习近平新时代中国特色社会主义思想为指导，以迎接学习宣传贯彻党的二十大精神为主题主线，落实“疫情要防住、经济要稳住、发展要安全”要求，“抓党建、打基础、促融合、严监管、优服务、防风险”。全年，监管进出口货物货值303.36亿元，同比下降18.03%；监管进出口A、B、C类快件共163.67万票，重量2143.13吨，货值4.46亿元；税收入库1998.19万元。

【党的建设】2022年，即墨海关以习近平新时代中国特色社会主义思想为指导，将学习宣传贯彻党的二十大精神作为首要政治任务，明确学习宣传贯彻党的二十大精神工作方案，设立学习专栏，张贴学习贯彻党的二十大精神海报，利用法治宣传基地、文化长廊等宣传阵地浓厚学习氛围，依托“关党委—党支部—青年理论学习小组—党员个人”的“四学联动”机制，围绕《习近平谈治国理政》第四卷、党的二十大精神、中央经济工作会议等重点内容，累计开展党委会、理论学习中心组、青年理论学习小组集中学习20余次，讲授专题党课4次。扎实开展捍卫“两个确立”、做到“两个维护”，持续巩固政治机关建设专项教育和“学查改”专项工作成果，要求全关同志把讲政治的要求落实到工作的各方面、各领域、各环节，针对16个岗位梳理出的11项政治要求，制定涵盖19个问题、23条整改措施的任务清单，并与巡察整改、专项整治统筹推进，列入年度重点工作并督办落实到位。压实管党治党责任，履行“一岗双责”，扎实开展以案促改和“警示教育月”活动、“海关重点项目和财物管理以权谋私”专项整治工作。扎实推进基层党建“双提升”行动，深化党建“强基提质工程”，开展“三会一课”和“三项议事”，开展谈心谈话150余人次。深化

“我为群众办实事”成效，开展政策宣讲等活动60余次，解决问题17个。加强“四强”党支部建设，培育“四强”党支部1个、过硬党支部7个，1人获评青岛海关优秀共产党员。

【疫情防控】2022年，即墨海关按照上级部署落实有关工作要求，切实做好疫情内部防控，印发内部防控文件3个，明确各项防控要求，压紧压实内部防控责任；多方协调联系系统内外医疗资源，组织开展一线执法人员核酸检测，根据青岛市疫情防控要求，专人定期实时监测，共组织全员检测5000余人次；强化疫情防控风险排查，先后组织30余次全员排查，建立出差出行、居家观察、重点人群“应检尽检”台账，对与敏感地区有接触的、发热、咳嗽等人员开展自我居家隔离100余人次；结合属地防疫政策，适时实行弹性工作制，进一步加强非工作场所个人安全防护，定期进行办公大楼及工作场所消毒，加强办公区域出入扫码测温管控，发放各类防护物资3万余件。对进口冷链食品监管相关人员实行分阶段实施“14+7”封闭管理模式，共实施25轮封闭管理，工作人员总计100余人次。

【法治建设】2022年，即墨海关以习近平总书记全面依法治国新理念、新思想、新战略武装头脑，将其作为推动新时代现代化强关建设的一项重要内容，用法治思维和法治方式扎实推进海关各项工作，扎实推进依法全面履职。结合青岛海关部署，修订完善制发即墨海关内部管理制度17项。参与青岛海关立法及立法后评估工作，针对9个制度立项任务共提出建议71条，其中针对新《中华人民共和国海关法》提出修改意见63条；针对7个制度评估任务共提出建议21条，在制度征求意见环节提出意见建议8条，提出岗位操作手册工作依据修改建议15条，被采纳10条。营造学法用法良好氛围，举办即墨海关“法为绳墨　宣法即行”书画笔绘活动，开展法治专题授课4次；依托“法治宣传基地”，在重大普法节点开展互助式、沉浸式普法3次。与“我为群众办实事”相结合，将普法宣传作为帮扶企业解决实际困难的重要手段，开展送法上门39次，开展“以案释法”教育宣讲活动8次，开展知识产权政策宣传贯彻9次。与即墨区相关政府部门建立普法宣传长效合作机制，共同举办座谈会5次、开展普法活动6次。在中央电视台、“中国之声”、《大众日报》、《中国国门时报》等新闻媒体，发布深化“放管服”改革方面新闻23篇次，“三项制度”宣传材料1篇；在《民主与法制时报》发布新时代“枫桥经验”宣传材料1篇；在“青岛海关12360热线”“青关好声音”等新媒体平台发布普法宣传文章7篇；撰写法治方面理论研究2篇，获海关学会表彰1篇。上报海关总署创新普法案例1篇，拍摄普法宣传微视频入选海关总署报送司法部门名单。参与青岛海关组织的普法宣传活动，派员参加第三季“模拟法庭”巡回展演2次。践行新时代“枫桥经验”，建成纠纷调处工作室，成功化解复议诉讼风险2起。

【监管业务】2022年，即墨海关严把国门，监管进出口货物货值303.36亿元，同比下降18.03%；共审核进出口报关单6.92万票，同比下降8.61%，其中，进口报关单1.62万票，同比增长

48.86%，出口报关单5.30万票，同比下降18.24%；税收入库7.36亿元，同比下降5.60%；查验进出口货物6955票；共审核出具减免税确认通知书262份，同比增加84.14%；共签发各类原产地证书3.55万份，同比增加112.03%，享惠货值达9.88亿美元；共受理报检进出口商品2.75万批次，同比增长25.02%，出具检验检疫证书1.51万份，同比增长57.73%。确定“国门绿盾2022”等行动方案，落实国门生物安全职责；检出2票进境水果品质不合格并实施检疫处理，对4批截获检疫性有害生物新菠萝灰粉蚧的水果实施检疫处理，对9票进境水果实施退运；对1批出口危险品包装检出不合格后禁止出口，对10票出口危险货物包装和进口设备检出不合格货物要求进行技术整改合格后出口；对1票企业擅自使用未经检验合格的货物实施行政处罚；对出口食品194个项目开展风险监测，所有样品均合格；对肉鸡养殖场开展疫病监测150项次，检测结果均为阴性。

【企业管理】2022年，即墨海关辖区新增报关单位508家、海关高级认证企业1家、出口食品生产企业8家、进口食品收货人9家、出境饲料生产加工存放单位1家、出境种苗花卉生产企业1家、出境竹木草制品生产加工企业3家；备案加工贸易手册1263本，同比减少10.99%；手册变更734本，同比增长14.87%。加工贸易全年进出口总值95.86亿元，同比增长6.6%。其中，“进料加工”的进出口值71.90亿元，占比75.0%，同比增长5.8%；“来料加工”的进出口值23.96亿元，占比25.0%，同比增长15.8%。

▲2022年3月22日，青岛海关所属即墨海关关员指导企业办结出区手续

【查缉走私】2022年，即墨海关保持打私高压态势，深入推进“国门利剑2022”联合行动、“国门勇士2022”、“使命2022”等专项行动，深化综合治税及稽查作业成果，办结稽查作业23起，查发问题18起。实施商品质量及不实贸易管控，对5票检验不合格进口设备进行整改，核查高风险企业230家，实施通关锁定企业5家。强化反走私综合治理，查获快件渠道枪支配件、毒品等禁限类情事133起，查发案件线索47条，行政立案11起、刑事案件8起。

【综合保税区建设】2022年，即墨海关与青岛即墨综合保税区管委建立联席会议机制，共同推进区内空客直升机生产、跨境电商等多项业务稳健发展；与税务、管委等部门共同成立“青岛即墨综合保税区一般纳税人资格试点推进工作领导小组”，制定一般纳税人联合监管、信息共享机制，完成即墨综合保税区一般纳税人资格试点备案工作，不断拓展即墨综合保税区政策空间；抽调海关专家，会同主管部门指导区内网络改造、视频监控部署，提出适合海关“智慧监管”的机检设备改造方案，推动完善区内信息化运维服务保障机制，打造综合保税区“智能卡口”，夯实“筑巢引凤”的区内设施及信息化建设基础。截至年底，区内注册企业累计达93家，新注册企业37家，完成核放报关单2108票，核放出入区车辆1.07万辆/次。支持在综合保税区复制推广自由贸易试验区改革试点经验，全年实现进出口6.05亿美元，同比增长54.7%，其中跨境电商进出口1.55亿美元。

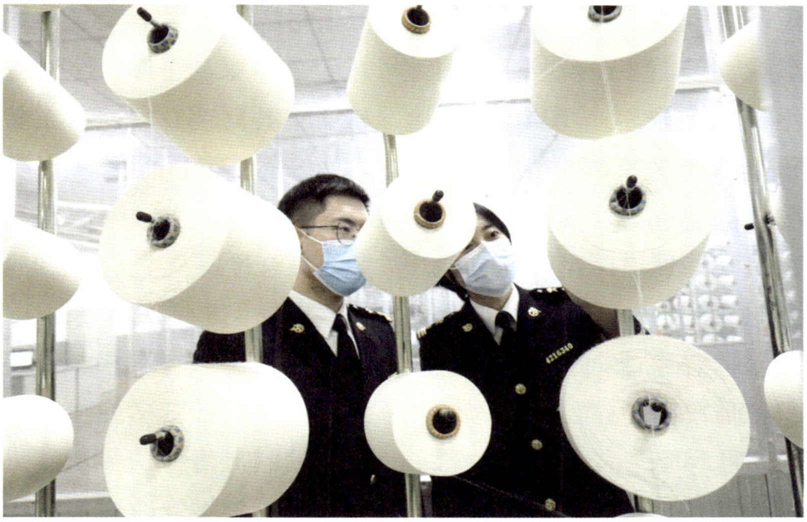
▲2022年11月29日，青岛海关所属即墨海关关员在出口纺织企业开展RCEP原产地调查

【服务发展】2022年，即墨海关创新联动模式，开通“陆海联动、海铁联运”业务，依托青岛港即墨港区，推动港口功能向内陆腹地延伸，服务共建“一带一路”。通过海关转关、在途系统以及港口管理系统将内陆港与港口相连，使港口成为内陆港的中转站，内陆港成为港口的功能区、延伸区、扩展区。内陆港与码头作业系统实现数据互通，申报放行的货物信息自动进入码头配载流程，快速完成属地放行、提单换单等操作流程，避免甩船和加急费用。监管放行180标箱、865.83吨，货值240.81万美元。优化流程，助力辖区新兴业态发展。特事特办，针对重点企业和重点工作落实到人，快速办理人源性蛋白进口检疫，助力生物医药产业发展；提前对接，帮扶企业建立健全疫病检测和控制体系，指导和帮扶辖区活饲料鱼首次出口日本；全程指导和帮扶并深入一线进行专题调研，帮扶辖区企业首次出口虾滑、茶叶、西红柿种子等，拓宽企业出口市场。优化两段准入、属地查验等监管模式，有效支持进口水果、肉类同比分别增长1.5倍、69倍。持续压缩整体通关时间，进、出口整体通关时间分别压缩至30.67小时、1.95小时，均低于青岛关区整体通关时间。5家企业签约属地纳税人协议，重点培育信用企业3家，1家通过海关高级认证。深入开展税政调研，相关建议连续3年被青岛海关采纳。全年RCEP原产地证书签发4934份，享惠货值达11亿元。支持外贸新业态发展，市场采购出口值21.6亿美元。聚焦境外技术性贸易措施，指导辖区自热米饭、饲料鱼、实验犬等产品首次出口。灵活采用“政策+担保”形式为高校及科研院所减免税款。

【风险防控】2022年，即墨

海关聚焦海关重大、系统性风险，梳理12个方面的31个风险点和57条配套措施，落实涵盖9个领域、197个事项的安全生产大检查任务清单。开展“口岸危险品综合治理”百日专项工作，发现并监督整改问题3个。组织开展安全生产、反恐、疫情防控等应急演练项目7次，全面排查并消除安全风险隐患5处。强化“岗位自控+复核验证”自查自纠机制，累计监控数据2万余条，发现并纠正问题196个。依托HLS2017系统处置异常数据475条，处置有效率95.8%；复核内控前置审核项目17个，提出建议40余条。

【分析研究】2022年，即墨海关围绕纺织服装、橡胶轮胎、新兴业态等重点研究领域广泛调研，开展政策分析，获评青岛海关优秀分析研究品牌单位，关于培育壮大外贸新业态新模式研究的调研报告获评优秀调研报告三等奖，并经青岛市委全面深化改革委员会办公室在《2021年全市优秀制度创新成果、改革“金点子”、改革尖兵和优秀调研报告》中发布。鼓励以课题推动工作，参与海关总署署级课题研究5个，撰写调研报告13篇，被海关总署相关载体采用1篇，统计分析文章被海关总署、山东省政府等共采用8篇。

【安全生产】2022年，即墨海关建立全员安全生产责任制，成立安全生产工作领导小组，形成一把手亲自部署、分管关长重点跟踪落实的工作机制，共召开专题会6次，关长办公会部署安全生产工作5次，关领导带队开展红袖章督查4次。领导小组办公室每半月调度一次安全隐患排查，汇总形成风险隐患和整改措施清单，细化16个风险领域、23处风险环节和风险部位，制定针对性措施，明确责任部门、责任人员，逐条整改。在办公后勤、监管执法、卫生检疫、危险化学品等领域建立应急预案10项，组织开展安全应急演练4次，开展核生化爆等方面演练1次、动植物检疫等领域的应急演练1次，开展机房不间断电源切换应急演练1次。持续完善辖区进出口危险品检验“明白纸”，开展进出口危险品的危险特性、安全操作及防护、应急处置等知识培训2次，进一步提升安全意识、强化作业规范性，确保人员安全、作业安全。加强跨部门监管协作开展安全生产责任主体和主体责任的“确责清界”系列动作。与即墨区应急管理局就安全生产协同管理达成协议，建立互联互通、协同管理和应急处置联合演练机制。进一步加强与即墨区安委会成员单位的联系沟通，及时向主管部门通报海关监管工作中发现的安全隐患。依托地方政府资源，与陆港管委联合开展安全检查2次，开展应急演练2次。向即墨综合保税区管委通报海关监管工作中发现的安全隐患3项并跟进整改结果，通过多部门联防联控机制加强跨部门监管协作，提升海关特殊监管区域内安全风险防范能力。

【队伍建设】2022年，即墨海关落实新时代好干部标准和忠诚干净担当要求，强化党组织领导和把关作用，打造高素质干部队伍。强化干部“育、选、管、用”全链条管理，调动各年龄段干部积极性，统筹用好职务职级资源，搭建展示舞台，丰富人才发掘和培养锻炼途径。完善干部培养机制，对5人进行岗位交流，12人次参加“青关好师傅”团队，推荐到海关总署、青岛海关等跟班学习

15人次，选派青年干部参与疫情防控一线、海关总署署级课题研究专班达47人次。常态化开展“内务规范强化月”活动，严肃关容风纪，开展不定期内务督察。依托“钉钉”海关全员培训平台以及“即关大讲堂”“青年理论学习小组”等平台组织多种形式教育培训。

撰稿人

潘吉红

胶州海关

【概况】2018年12月14日，胶州海关获海关总署批复在原有黄岛海关多式联运监管中心监管点和青岛出入境检验检疫局胶州办事处的基础上成立，内设5个科室，行政编制35名。2019年8月6日，胶州海关正式揭牌；2019年10月1日起，全面承接辖区各项海关业务。2019年12月，获评省级文明单位，2020年7月，设立胶州海关机关党总支，共6个党支部。2022年，内设办公室、综合业务科、企业管理科、稽查科、查检科、上合示范区监管科、跨境电商监管科7个科室；行政编制核增至43名，实有行政编制42人，平均年龄38岁，借调事业编制5人。

胶州海关以习近平新时代中国特色社会主义思想为指导，以迎接学习宣传贯彻党的二十大精神为主题主线，在海关总署以及青岛海关党委领导下，落实“疫情要防住、经济要稳住、发展要安全”总要求，聚焦新时代现代化强关建设和服务上合示范区发展，秉承“建设胶关、服务上合”工作定位。全年，共监管进出口报关单2.20万票，同比增长18.60%，其中进口1.70万票，同比增长25.14%，出口0.50万票，同比增长0.80%；监管进出口商品总值142.91亿元，同比增长0.71%；实有备案企业5072家，同比增长10.40%，其中实有高级认证企业12家，同比增长33.33%。荣获青岛海关工作优秀集体。

【党的建设】2022年，胶州海关深入学习贯彻习近平新时代中国特色社会主义思想和党的二十大精神，党委第一时间跟进学习习近平总书记重要讲话和重要指示批示精神，中心组集中学习17次，230余人次参加。认真组织传达学习党的二十大精神，主要负责同志在青岛海关党委理论学习中心组扩大学习上作交流发言。推动习近平总书记重要指示批示精神落地见效，落实好“第一议题”制度，切实从政治层面强化业务工作，加强口岸监管把关，促进外贸保稳提质，严厉打击辖区走私违法犯罪行为。落实组织生活会、请示报告、民主评议党员、三项议事等制度，做好党员发展、组织关系转接、党费收缴等基础工作，持续推进“四强”和“三级”党支部建设，创建6个支部特色党建品牌和4个个人品牌，过硬党支部占比达到三分之二，办公室党支部获评青岛海关“四强”党支部，“上合通关e窗”获评青岛海关党建培育品牌。持续强化政治机关建设，扎实开展“学查改”专项工作和政治机关建设专项教育活动，明确重点任务，梳理存在问题并完成整改。党史学习教育常态化长效化，发布党史学习教育月历，举办庆祝中国共产党成立101周年系列活动，党委书记带头讲授“持续加强作风能力建设　奋力在新时代现代化强关建设中走在前列”专题党课，巩固深化“我为群众办实事”成效。

【队伍建设】2022年，胶州海关持续加强执法一线科长队伍建设，突出实干实绩导向，摒弃“论资排辈”，1名执法一线科长担任党委委员，35岁以下执法一线科长1人，科级领导干部队伍平均年龄41岁。建立干部成长档案，主要负责同志与执法一线科长每月谈话覆盖率100%，激励一线科长笃行实干。持续强化优秀年轻干部培养使用，通过“理论+实践”“线上+线下”“请进来+走出去”有机结合的方式，开展青年理论学习实践活动；建立优秀年轻干部人才库，加强优秀年轻干部交流，新增人员5名，借调兄弟单位4名，借调至财政部青岛监管局1名，盘活人才资源，激发干事创业活力。持续深化教育培训，举办“胶关讲堂”，加强干部分级分类培训，累计参训890人次，一线人员执法能力显著提升。注重专家型人才培养，鼓励一专多能，22人通过业务岗位资质考试，其中9人获得2个及以上岗位资质，干部队伍业务素质进一步优化。持续加大正向激励，确立“图强跨越、走在前列”工作目标，7件大事实事全面见效。激励担当作为，评选先进科室2个、先进工作者6名、“季度之星”4人。

【法治建设】2022年，胶州海关“内外”普法两手抓，内部普法强调基础性，抓常抓长、注重法律意识的养成，利用胶州海关微信公众号、12360海关热线等宣传阵地，在国家安全日、知识产权宣传周、民法典宣传月等节点发布普法微视频。落实“谁执法，谁普法”和“解决企业问题就是最好的普法过程”的要求，利用赴企业行政执法机会对企业进行相关政策法规宣讲，帮助企业用足用好便利政策，降低疫情带来的负面影响。结合“我为群众办实事”实践活动，联合胶州市司法局及九龙社区，开展《中华人民共和国民法典》宣传活动，累计400余人次参加。参与“4·15”全民国家安全教育日、“4·26”世界知识产权日、全国食品宣传周等重点普法宣传活动。参与规章、规范性文件和直属海关相关制度的“立、改、废、释”工作，在立法后评估工作中共提出各类意见建议13条，岗位手册修改意见19条。参与青岛海关组织的案卷评查活动和“青关好师傅”团队组织的各类学习活动，不断提升法治素养和办案能力。

【风险管理】2022年，胶州海关有序推进风险管理工作，不断夯实业务基础，明确各业务环节风险管理节点，确保规范、统一业务执法，对报关单汇率适用错误、超期未理单等11个风险提示进行处置；依托HLS2017、“云擎”等系统开展数据监控，对重点业务指标、业务运行质量、通关效率等进行综合评估，做到同类问题“不贰过”，将风险管理融入日常业务运行中，发挥提示监督作用；定期评估5处监管场所联网摄像头在线率，发现39次监控故障并及时排除风险，缩短故障修复时长，确保监控在线率达标。

【税收征管】2022年，胶州海关依法科学征管，量质并举推动税收征管工作高质量发展。强化税收征管，确保税收安全，针对适用优惠贸易协定税率的重点高风险国家、商品进行监控，上报海关总署进口原产地证核查6票，查发3起原产地证书为虚假证书情事；开展原产地风险防控，对辖区9家原产地企业开展核查，开展归类一致性风险防控，查发蒙氏长额虾归类错误3起、冻红鱼归类错误5起，开展审价补税14票、归类补税78票；规范税收征管，建立2家重点纳税企业底账，开展3轮重点税源商品规范申报核查，共筛查报关单数据1000余条，查发439项要素申报不规范情事；深入开展企业调研，参与报送的《青岛海关深入开展税政调研助力产业发展取得实效》被海关总署采用；共上报税政调研建议3条，其中1条被国务院关税税则委员会采纳。

【疫情防控】2022年，胶州海关依法依规外防输入，疫情防控科学有效。安全防线持续织密，“人、物、环境”同防，开展安全防护培训及突发事件演练11次，查验进口高风险冷链产品1065批次、高风险非冷链产品986批次。联防联控全面巩固，深化联防联控常态化运作机制，推动实现联合调查、联合预警、联合管理、信息共享，妥善参与处置26批次口岸海关和地方监管部门检出阳性货物。加强内部防控，执行日报周报、外出审批、请示汇报等制度，定期进行办公大楼及工作场所消毒，保障各类防护物资2万余件，组建三级应急支援预备队，冷链货物封闭查验12轮次。

【动植物检疫】2022年，胶州海关组织学习落实海关总署以及青岛海关发布的2022年度国门生物安全监测方案，科学制订出境动植物疫情疫病风险监测计划，执行进出境动植物疫病监测作业指令。从澳大利亚进口种牛检出7头疫病动物，涉及二类疫病3种；从厄瓜多尔进口冻南美白虾中检出传染性皮下和造血器官坏死病毒3批；查发进口货物及包装铺垫物有害生物242批298种次，其中检疫性有害生物4批次。开展“国门生物安全”国家安全教育日主题宣传，印刷发放宣传册100余份，利用网络新平台对上合示范区内学生开展外来入侵生物科普宣传，普及国门生物安全基本知识。按照海关总署以及青岛海关要求开通属地查检绿色通道，对出境活动物、水产品以及进出境蔬菜、水果实行优先查检和“5+2”预约查检。优化检验检疫电子底账签发，针对因船期原因导致出口检验检疫电子底账超期需要重新申请的，在确认货物是同一批次以及运输包装保持一致的前提下，允许企业重新申请并签发电子底账。自5月中旬设立进出口鲜活易腐农食产品查检绿色通道联络人机制以来，共快速验放享受绿色通道措施的商品20余批，货值150余万美元。

【进出口食品安全监管】2022年，胶州海关持续开展“国门守护”行动，强化进口食品农产品准入管理，扎实开展进出口食品、化妆品安全监督抽检和风险监测，共完成相关抽检监测620批。稳妥处置突发事件，排查“土坑酸菜”“添加金箔食品”等消除风险隐患。退运过期冻海产品4批次，检出不合格红酒、水产食品共30批次并监督整改，按青岛海关要求分季度报送属地查检典型案

▲ 2022 年 5 月 21 日，青岛海关所属胶州海关关员查验进口辣椒

例 13 起，办理涉检简易程序案件 2 起。重点关注《中华人民共和国进出口食品安全管理办法》和《中华人民共和国进口食品境外生产企业注册管理规定》两部新规章的实施，对企业提出的 20 余个问题研究解答，并对接上级部门做好跟踪解决。先后派员参加海关总署全国肉类质量分析、青岛关区肉类质量分析、输华进口牛黄风险分析、境外水产企业输华注册评审、青岛海关食品农产品示范口岸建设、新西兰输华鹿茸鹿角官方监管体系和注册登记企业回顾性检查等集中工作。

【商品检验】2022 年，胶州海关销毁 1 批不合格进口踢脚板，检出医疗器械标签不合格并监督整改，查发危险货物包装不合格情事案例 2 起。进出口商品质量安全风险管理系统录入风险信息 191 条，季度报送风险监测报告 3 篇，被技术性贸易措施导刊采用 1 篇。针对上合组织国家进出口商品开展抽查检验和风险分析，共计送检机电、轻纺、仿真饰品、食品接触材料等 12 批次 78 个样品，经实验室检测发现不合格产品 7 批次，及时向有关进口商通报检测结果，监督指导做好进口商品源头质量控制。查检工作中开展科技微创新开发“数 e 通—关员便捷助手”进境棉花质量监控管理系统，实现一键导入，减少人工录入差错，提高工作效率，对企业通关、数据分析、对外评价及品质索赔具有重要意义。

【海关统计】2022 年，胶州海关推进数据质量齐抓共管，优化数据质量管控流程，强化联防联控，发挥统计监督效能，保证海关统计数据真实准确。加强统计数据监控，定期组织开展进出口统计调研，参与海关总署以及青岛海关统计条线专项工作，加强统计基础数据审核，共审核贸易、业务统计数据 9000 余条次，更正申报错误数据 110 条；开展涉嫌不实贸易异常数据监控，共对 77 家企业开展核查并通报地方及相关部门，涉及进出口数据 74 亿元，其中对海关总署核查的 7 家重点企业统计数据作暂缓统计处理，涉及贸易统计数据 8.37 亿元。

【政策研究】2022 年，胶州海关推进研究型海关建设，参与编撰并正式出版《上海合作组织成立 20 年贸易发展报告》，为打开上合组织国家市场提供智力支持。《强化上合示范区数字赋能　助力打造“一带一路”国际合作新平台研究》获得海关总署采用，参加海关总署全国肉类质量分析等课题研究，被海关总署采用 13 篇。

【企业管理和稽查】2022 年，胶州海关首创上合示范区高级认证企业产业园，借助上合示范区国际合作平台，推动与5个上合组织国家AEO国际互认洽谈工作。建立以信用为基础的新型监管机制，成功指导德固特、松灵电器2家企业获批高级认证资质，总数达12家，推动地方政府每家企业补贴20万元，另有1家等待现场认证、4家进入最后精准培育阶段。参与胶州市信用体系建设工作，办结辖区首例海关信用修复案例，出具辖区首份“企业信用状况证明”，着力营造“知信、用信、守信”的良好氛围。案例“开展企业全过程信用管理　构建以信用为基础的新型监管机制”以第三名成绩入选青岛市2022年社会信用体系建设典型案例。联合青岛市市场监督管理局、胶州市农业农村局等地方部门完成联合抽查10余起，节约企业迎检时间约40小时，利用新型监管方式，将维护市场秩序，助力企业间公平发展落实到实处，减轻企业负担，保障企业稳定发展。在青岛海关跨关区集中行动中查发多个大案要案，如冻加州鱿鱼低报价格案、临沂莒县倒卖保税花生案，案值超过3000万元。突出重点开展专项稽查打击，属地特许权使用费、特殊关系稽核查后续监管工作成效显著。

【缉私工作】2022年，胶州海关切实加强反走私组织领导，制订胶州海关打击走私“国门利剑2022”行动方案，成立关长为组长、分管副关长为副组长、各相关科室负责人为成员的打击走私行动领导小组，各科室发挥各自职能作用，紧密配合，共同推进“国门利剑2022”行动。明确缉私工作联系配合办法，将全员打私工作列入胶州海关2022年度重点工作任务进行部署推动，并将辖区打私工作开展情况作为重要内容在每个月的月度工作例会、形势分析会中进行分析研究讨论。关键环节和敏感时期召开关长专题办公会对全员打私工作进行研究部署，全关上下统一思想认识，深刻领会精神实质，结合实际抓好落实。加强与青岛海关缉私局、黄岛缉私分局协同合作，定期沟通打私新形势、新动态，参与缉私行动，与黄岛缉私分局联合行动4次，推进关警联合执法进一步深入。邀请青岛海关缉私局案件专家授课，提高案件侦办质量、提升全员打私能力。全年，刑事立案1起，货值约2000万元；行政立案14起，其中一般案件6起、简易程序及快速办理案件8起，货值共约946万元。

【安全生产】2022年，胶州海关拧紧扣牢安全生产责任链条，建立健全“党政同责、一岗双责、齐抓共管、失职追责”的安全生产责任制和口岸反恐工作机制，制定胶州海关2022年安全生产工作要点、安全生产大检查清单，落实“安全生产月”、“口岸危险品综合治理”百日专项行动工作要求。定期进行安全提醒，抓好办公场所、车辆、食品、水电等安全管理，开展安全检查12次，全年安全生产“零事故”。

【支持上合示范区建设】2022年，胶州海关聚焦上合改革攻坚，牵头制定“532”工程，支持上合示范区建设。发挥海关专业、数据和技术优势，依托国际贸易“单一窗口”，支持建设我国多边合作机制首个“一站式”“中国—上海合作组织地方经贸合作综合服务平台”，获评2022年度山东促进跨境贸易便利化十佳案例第一名。成功申建青岛关区首批RCEP海关监管服务创新试验基地，发挥全国首个“上合特色”原产地审签中心效能，指导5家企业成为经核准出口商，签发全国首份对韩RCEP原产地证书，指导开具山东省首份企业原产地自主声明。全年，共审核证书5.01万批，出口货物享受相关国家关税优惠约3.07亿元。推广应用“上合·银关通”关税保函业务，指导10家企业汇总缴税3100万元。试点与上合组织国家开展“一单两报”，出口报关单694票，惠及全国400余家企业。开办“上合海关大讲堂”，累计5万人次通过线上线下参加。优化营商环境，代表青岛海关在青岛市口岸工作会议上作交流发言，1人荣获2022年度青岛市优化营商环境“优秀人物”。利用辖区海关监管作业场所，开展进出口属地查检6618批次，开通属地查检绿色通道，让企业享受到“家门口”海关的便捷服务。食品农产品示范口岸效应逐步彰显。农产品进口49.85亿元，同比增长35.83%；出口73.04亿元，同比增长9.69%。

【智慧物流】2022年，胶州海关“智慧物流”提档升级，开展海关监管场所信息化改造，实施铁路快通、过境运输业务无纸化改革。培育特色班列品牌，推动中欧班列运量拓展至19条，通达上合组织和共建“一带一路”23个国家和地区的53个城市。多式联运中心共到发中欧班列775列，同比增长24.80%。新兴业态加快发展，新增保税仓库5家，总数达19家，总数居青岛关区第二位，保税仓储物流集群加快发展。创新“中欧班列+跨境电商”模式，全年监管14.32万清单、6100万美元货值，监管货值同比增长超七成，“9710”清单出口业务量列青岛关区第一位。促进外贸稳中提质，开展“百日冲刺”专项行动，报送7项典型案例。全年，进、出口通关时间较2021年分别压缩2.49%、18.18%。

▲2022年2月1日，农历大年初一，青岛海关所属胶州海关关员签发全国首份对韩国RCEP原产地证书

【关地合作】2022年，胶州海关与地方政府签署新的战略合作协议，进一步打造关地更高层次、更广维度合作平台。向地方政府建言献策，主要负责同志作为人民代表大会代表提出关于抢抓RCEP机遇助力胶州外向型经济发展的建议，撰写胶州市外贸进出口情况分析等调研报告，邀请地方领导到海关调研，发挥海关支持地方发展的作用。

【财务及后勤保障】2022年，胶州海关稳步提升综合保障水平。稳步夯实财务基础，统筹各类财力资源，全力保障疫情防控、民生和日常运转需要。落实“过紧日子”要求，全年用电同比下降16.67%、用水同比下降17.14%，被国管局等四部委授予节约型机关单位。服务保障细致周到，组织“喜迎党的二十大、庆祝建关三周年”系列文体活动，开设理发室，丰富健身器材种类，优化美化办公和生活环境，为青年阅读室增购图书，更新常备小药箱，增强干部职工的获得感。关爱干部职工身心发展，听民声、察民情、纾民困，持续落实民生“暖心工程”，有效提升群众满意度和获得感。

撰稿人

王安琪　赵恒一　程　璐

日照海关

【概况】日照海关是隶属于青岛海关的正处级单位，原名石臼海关，是国家设在日照口岸的进出境监督管理机关，于1984年6月7日开始筹建，1986年5月19日正式开关，1992年12月25日经海关总署批准石臼海关更名为日照海关。1992年12月，日照海关设立派驻机构日照海关驻岚山港办事处（副处级）；1999年4月，设立日照海关走私犯罪侦查支局（正处级），2003年1月，更名为日照海关缉私分局。2018年，根据国务院机构改革方案，出入境检验检疫管理职责和队伍划入海关。设有日照海关缉私分局（内设5科）、驻岚山港办事处（内设5科）、23个正科级内设机构，以及综合技术服务中心、日照国际旅行卫生保健中心2个事业单位。负责贯彻执行与海关管理相关的法律、法规、规章、规范性文件和相关技术规范，负责辖区内征税、监管、缉私、出入境检验检疫、统计等工作。监管日照口岸（含石臼港区、岚山港区）和日照综合保税区1个海关特殊监管区域。监管货运量、税收总额在青岛海关贡献度常年保持在40%和25%左右。

2022年，日照海关深入贯彻习近平总书记重要指示批示精神，落实海关总署以及青岛海关党委决策部署，围绕新时代现代化强关建设冲刺提升相关要求，以“政治更坚定、监管更有效、服务更便捷、队伍更出彩”为指引，以“讲政治、强基础、大胸怀、高水平”为路径，守正创新、力争一流。全年，监管进出口岸货运量2.82亿吨，同比下降3.40%。其中，监管进口货运量2.74亿吨，同比下降3.64%；监管出口货运量808.88万吨，同比增长5.50%。监管进出口总值772.10亿美元，同比增长13.48%。其中，监管进口总值692.29亿美元，同比增长10.26%；监管出口总值79.81亿美元，同比增长51.94%。监管标准集装箱25.78万箱次，同比下降4.10%。其中，监管进口标准集装箱11.80万箱次，同比下降0.96%；监管出口标准集装箱13.98万箱次，同比下降6.59%。开展重量鉴定2344批、1.48亿吨。报关单接单9.75万票，同比下降6.32%。征收税款547.92亿元，首次突破500亿元，其中征收关税33.13亿元、代征税514.79亿元。办理加工贸易手册备案378份，同比下降3.82%。监管加工贸易手册实际进出口值20.11亿美元，同比下降3.64%。其中，监管加工贸易手册实际进口值8.22亿美元，同比增长9.16%；监管加工贸易手册实际出口值11.89亿美元，同比下降10.87%。新注册企业数571家，实有注册企业数5420家。年内，日照海关首次承办海关总署新录用公务员片区初任培训；首次承办青岛关区口岸核辐射突发事件应急处置示范性演练；首次派员参加世界海关组织估价技术委员会正式会议。日照海关获评国家级“节约型机关”、日照市“七五”普法依法治理工作突出集体称号，日照国际旅行卫生保健中心获评青岛海关“三八红旗集体”，兰妮妮获评“日照市巾帼建功标兵”，18名干部职工在各项工作中表现突出分别获三等功、嘉奖或通报表扬。

【党的建设】2022年，日照海关将学习宣传贯彻党的二十大精神作为首要政治任务，发挥党委“头雁”效应，组织全体党员干部读原著、学原文、悟原理。丰富学习形式，组织知识竞赛2期，开展读书班专题学习3天，党委委员开展专题宣讲10余次，牵头开展相关课题报告3篇。各级党组织、各青年理论学习小组通过“三会一课”、主题党日等载体开展学习研讨，撰写心得体会100余篇。学习贯彻习近平新时代中国特色社会主义思想，落实“第一议题”制度，组织党委理论学习中心组学习12次。持续推进政治机关建设专项教育活动，党委委员到业务一线调研30余次、开展谈心谈话100余人次，指导基层党组织开展专题研讨94次。组织开展“大关强关”大家谈、青年座谈、主题演讲等系列活动6期，征集主题征文86篇。开展基层党建“双提升”行动，企业管理科、综合保障科等7个党支部、“啄木有方”“技高一筹”等4个党建品牌获评青岛关区“四强”党支部、党建示范（培育）品牌。扎实开展组织生活，完成机关党委、党总支和党支部的换届改选工作，选优配齐支部班子。从严从实开好组织生活会，党委全程跟进、现场督导，实现支部全覆盖。深化党史学习教育，持续推进“我为群众办实事”活动，党委委员在主要业务现场轮值带班，到辖区企业、港口等现场调研90余次，推动问题解决。党建带动团建，1个科室获评一星级全国青年文明号，支部和党员的战斗堡垒作用、先锋模范作用得到有效发挥。

【廉政建设】2022年，日照海关落实全面从严治党主体责任清单，扎实推进“汲取案件教训开展以案促改”工作，新聘辖区内特约监督员15人，发挥机关纪委、派驻纪检组、支部纪检委员、外部特约监督员等监督合力，从3个层次深入查摆问题，堵塞漏洞。培育廉政文化，开展常态化警示教育，组织党员干部赴廉政教育基地开展“沉浸式”学习，2件“清风国门”廉洁文化创意作品在中国海关博物馆展出。扎实开展“海关重点项目和财物管理以权谋私”专项整治工作，对84人进行逐一谈话，49人撰写剖析材料，梳理各类问题并全部整改完成。

【队伍建设】2022年，日照海关落实考核制度，运用年度考核、平时考核、专项考核“三位一体”考核体系，提高人才评价的针对性和精准性。深化内涵学军，持续开展“准军流动红旗”争创活动，就工作纪律、内务规范、窗口作风、环境卫生等开展内务督察，全年共开展10次“准军流动红旗”评选活动。以法治、内控扎紧扎牢制度的笼子，完成海关工作人员违规投资企业及在企业兼（任）职问题自查工作，对存在违规情况人员跟踪整改。设立新时代“枫桥经验”工作室，作为青岛关区典型案例推报海关总署，2起行政诉讼取得胜诉、1起行政复议得到维持，实现“零败诉”目标。扎实推进关、科两级风险防控体系建设，将166个风险点纳入科室自控清单，完成2个“内控示范科室”创建申报。强化协调配合，完成国家审计配合和青岛海关审计相关工作。常态化开展志愿服务活动，开展无偿献血、慰问困难党员、新冠病毒核酸采样支援、“国门生物安全进景区、进校园”等活动20余次，筹集爱心善款5.3万余元。组织参加食品安全宣传周、青年文明号宣传周、国家安全教育日等公益宣传。1人进入海关总署危险化学品及其包装岗位练兵“一战到底”阶段；2人入选海关总署业务专家组；1人参加海关总署“百名科长百日督查”活动；培树“振华团队”“小武团队”等党员模范典型，评选大关强关建设“十大杰出青年”，组织开展“十大杰出青年走进岚办”“振华团队”事迹宣讲等活动，进一步激发全体干部职工党性意识和干事创业精气神。

【税收征管】2022年，日照海关有效防范税收风险，提升税收征管效能。承接青岛海关公式定价货物“通关前取消合同备案、通关后实施汇总审价”税收征管改革试点，选取日照钢铁控股集团有限公司作为试点企业，为1534万吨、货值106亿元铁矿石办理汇总审价手续。深化青岛海关事后集中验估中心（日照）建设，以点带面提升片区税收征管效能，办理事后验估指令125票。加强税收风险自主防控，上报SP10铁矿石价格风险被海关总署税收征管局采用，成立风险排查专项小组开展全国性税收风险排查处置。巩固跨境电商“断链刨根”专项行动成果，规范电商企业清单申报，审核验放电商清单1.16万票，累计征税23.4万元。

【卫生检疫】2022年，日照海关深化“全面筛查+动态监测+重点复测”疫情防控模式，推动检疫防线“关口前移”，承办青岛海关第二季度疫情风险评估会，形成相关风险评估报告。实行“一船一策”“一港一策”，动态调整防控措施，确保疫情风险“早干预、早预警、早应对”，全年检疫监管出入境船舶5260艘次、人员11.05万人次，分别占青岛关区海港口岸的18.9%、19.1%。实行“N+7”封闭管理，落实“两点一线、一天一检、定期轮班”要求，做到一线关员、支援医生、专车司机全部覆盖，实现口岸防控一线人员100%封闭管理，完成20批66人次进驻，杨保成等7人荣获青岛海关嘉奖，段寅生等4人获海关总署通报表扬。从严就高做好内部安全防护，开展内部安全防护培训30余人次，开展职业暴露、内部人员核酸阳性等应急演练3次。稳妥有序推进入境交通工具无接触式卫生检疫模式试点工作，单船检疫时长由70分钟缩短为15分钟，释放一线人力资源。同步做好新冠病毒、埃博拉、出血热、鼠疫、猴痘等各类重大传染疾病“多病同防”，全年共实施口岸病媒生物监测44次，布防监测器械数4470个，捕获鼠类2只，蚊类930只。推动口岸公共卫生核心能力主体责任落实，日照口岸公共卫生核心能力明显强化。

【动植物检疫】2022年，日照海关在进境粮食中截获检疫性有害生物15种、3633种次；在进境原木中截获检疫性有害生物11种、551种次，其中黄杉大小蠹、辐射松幽天牛、松树木蠹象、云杉大小蠹、混点毛小蠹为日照口岸首次截获。规范做好口岸外来入侵物种普查和国门生物安全监测工作，共设置8个实蝇监测点、2个红火蚁监测区、13个踏查区和3个诱捕区，发现美国白蛾及11种杂草为“青岛关区外来入侵物种参考名单”外来物种，共计39项次，共制作影像档案77份，制作植物杂草标本50余份，制作昆虫标本10余份。日照海关驻岚山港办事处有害生物和外来物种初筛鉴定室通过海关总署验收。持续开展非洲猪瘟、沙漠蝗、红火蚁、小火蚁、松材线虫等重大动植物疫情防控，开展“国门绿盾2022”专项行动，组织开展外来入侵物种普查监测。《警惕小火蚁》宣传稿件被中国口岸科学技术协会刊发，自制的短视频《守卫国门生物安全　助力构筑生态家园》被《人民日报》新媒体平台、“日照新闻网”采用刊发。与日照市政府共同印发日照市外来入侵物种普查工作方案、日照市野生动植物保护联席会议制度、日照市突发重大动物疫情风险防控应急预案，联合日照市11个部门共同开展“清风行动2022”，完善社会共治机制。

【食品检验检疫】2022年，日照海关抓严抓实进口冷链食品疫情防控工作，对6.8万件进口冷链食品完成预防性消毒监督，全年累计实施封闭管理48期、100人次。贯彻实施《中华人民共和国进出口食品安全管理办法》和《中华人民共和国进口食品境外生产企业注册管理规定》，落实进出口食品安全监督抽检和风险监测工作，完成进口监督抽检159批次、检测项目814项次，检出1批重量110吨、货值17.5万美元的进口印度尼西亚起酥油总砷含量超标，依法实施退运处理；完成出口监督抽检420批、检测项目3788项次；完成输欧盟水产品、蜂蜜兽药残留专项检测182批、1134项次。落实年度花生原料黄曲霉毒素农残和重金属污染水平田间普查工作，完成普查样品检测任务31个，其中4个重金属镉普查样品均有检出。查获1批出口韩国泡菜规格申报不符、1批进口越南冻煮螺肉标签不合格，分别实施改单、技术整改等处理；查办1批退运进境蔬菜未经海关允许擅自开启铅封违法情事。根据海关

▲2022年5月17日，青岛海关所属日照海关关员实地查看蜜蜂养殖基地管理情况

总署安排，对16家输华水产品企业完成文件注册评审，对9家境外输华食品企业完成远程视频检查。派员参与海关总署2022年输欧动物源性食品残留监控计划制订、“进出口食品安全监管史沿革”课题研究专班、欧洲地区食品安全法规研究等工作。支持食品、农产品出口企业开拓新业务，对泰森食品进口肉类、综合保税区远海冷链仓储项目建设等给予帮扶指导。

【商品检验】2022年，日照海关落实海关总署关于进口原油、铁矿“先放后检”等便利化改革措施，指导企业叠加运用“两段准入”申报模式与“先放后检”便利化政策，允许进口铁矿、锰矿“整船申报、分批提取”，铁矿、原油验放时间压缩至3天以内。全年，监管进口铁矿1.5亿吨、原油4340万吨、煤炭712万吨、沥青混合物416.5万吨。围绕生态安全，着力防范“洋垃圾”闯关入境，探索“海关+港口”排查模式，通过风险分析前置、港口实货抓拍和现场实地排查等手段，织牢织密防控网，加强科技手段应用，日照口岸首台固体废物排查仪投入使用，现场固体废物排查鉴别能力显著提升。共排查发现15船铁矿砂中夹带杂物，均实施了拣杂清除处理。围绕国门安全，着力抓好危险化学品检验监管，开展“口岸危险品综合治理”百日专项行动，查处危险化学品“伪瞒报”等违法行为，检验出口危险化学品1942.4吨，开展危包性能检验11.5万箱，开展危包使用鉴定413票、7.1万件，检出5批危险货物包装使用不合格；立案办理1起出口煤焦油沥青“涉危不报”案件。围绕宏观调控，着力提升查检管控效能，在保障产业链、供应链安全稳定，维护国家利益方面发挥海关职能作用，检出1票进口俄罗斯煤炭氟含量超标；检验出口肥料2.4万吨，查发64吨出口尿素伪报逃检案件；检出48吨出口尿素水溶液品质不达标；连续查发7票出口化肥涉嫌逃避法检，涉及重量365吨、货值12.1万美元，实施刑事立案1起、行政立案2起。

【企业管理和稽核查】2022年，日照海关落实稽核查业务改革，提升查发效能，办结稽查作业36起，查发问题35个；办结核查作业123起，查发问题90个。强化自主分析，开展分析研判，向青岛海关提报出口化肥、出口锂电池逃检等行业稽查建议4条。查发青岛关区首起出口锂电池未申请危险货物包装使用鉴定违法情事，在青岛海关涉检稽查专项稽查部署

▲2022年3月1日，青岛海关所属日照海关关员调研免税进口维修用航空器材管理情况

会上作经验推广。查发1起伪报品名出口化肥、3起高报价格骗取退税涉嫌刑事犯罪案件，分别移交缉私和地方公安部门。履行快办案件办理及涉检行政处罚管理职能，强化后续监管效能，办理快速办理案件14起，涉及货值6617万元。开展属地查检与稽核查执法联动试点工作，统筹属地查检和核查作业联合下厂30余次，联合开展出口食品境外通报核查15起。

【服务发展】2022年，日照海关深化关地合作，服务辖区经济社会发展。对接日照市发展需求，制定日照海关促进日照市外贸保稳提质20条措施。全面落实关地合作备忘录，关领导定期带队走访，开展“海关政策进区县”宣讲4次，“一对一”上门宣讲16次，惠及企业500余家次。结合辖区特点，上报税政调研15篇，其中2篇降低进口水产品暂定税率报告被海关总署采用。加大信用企业培育力度，与市贸促会加强合作，举办“诚信兴商”宣讲会，推动AEO企业“优先办理进出口货物通关手续”管理措施落地，2家企业成功通过认证，2家企业基本培育成熟，“AEO示范市”创建成效进一步巩固。推动税款担保改革，在汇总征税基础上引入关税保证保险业务，为18家企业累计办理关税保险等创新型担保293笔、11.87亿元；升级H2018 RCEP原产地管理信息化应用3.0系统，提升原产地申办智能审核便利化水平，累计签发原产地证书2万余份，货值15.09亿美元，原产地证书自助打印率98.31%，可帮助企业获免目的地清关关税约2397万美元，其中RCEP证书2001份，货值8834万美元。推行主动披露政策实施，共办结主动披露作业29起，同比增长8.70%，为企业减免滞纳金38.59万元。向海关总署提报技术性贸易措施研究报告1篇，已在世界贸易组织开展2轮磋商。助力辖区企业开展境外飞机维修业务。11家次企业顺利通过对外推荐注册青岛海关复核评审。支持粮食加工企业新增、扩充仓容27.5万吨。

【支持扩大口岸开放】2022年，日照海关支持扩大口岸开放，助力提升对外开放新层级。召开关港联席会议了解需求，年内新增正式对外启用泊位2个、临时开放泊位5个，增加港口年吞吐能力3887万吨。支持指定监管场地申建，辖区2家A类进境原木指定监管场地正式通过验收；新增进境粮食指定监管场地立项申请获海关总署批复。审批2家保税仓库新设、1家保税仓库扩容，口岸原油保税库容突破千万立方米；监管入库2645万吨，同比增长19.4%。支持日照港更新改造集装箱码头1个，新增场地3万平方米。综合保税区一线进境值为242.4亿元，同比增长100%；推进综合保税区二期规划建设，支持综合保税区跨境电商业务发展壮大。支持中欧班列过境货物海铁换箱作业，降低高资信企业商业封志抽验比例，监管进出境中欧班列47列、4382标箱，箱量同比增长0.34%。

【便捷通关举措】2022年，日照海关不断优化口岸营商环境，推出提升通关效率20条具体措施，设立属地查检绿色通道，快速验放鲜活易腐农食产品316批次；对884船进境木材、粮食实施靠泊检疫，为企业节约费用约740万元；对135艘次出口货物实施“边运抵边装船”，港口作业效率提升30%，为企业节约倒运费460余万元；对4532辆（台）出口工程车辆实施“抵港直装”，同比增加近4倍。持续压缩通关时间，建立数据监控核查机制、定期约谈机制。全年，进、出口整体通关时间分别为32.41小时、2.09小时，进、出口提前申报比率分别达到38.34%、44.72%，两步申报率达到32.43%。

【查缉走私】2022年，日照海关开展“国门利剑2022”专项行动，刑事立案55起，同比增长83.3%，案值2亿余元；行政立案74起，立案案值12.19亿元。严厉打击枪支走私，立案侦办走私武器弹药犯罪案件9起，查扣走私气体动力枪支13支、配件1000余件、铅弹1158发、制弹模具20余套、制枪工具1宗，捣毁制枪窝点5个，同时深挖涉枪线索并推送全国34个缉私部门开展多轮滚动打击；服务海南自由贸易港建设，研究“套代购”走私的特点与规律，立案侦办“套代购”走私犯罪案件17起，案值8803万元，打掉多个专业走私和销售团伙；加强涉生物安全领域法律研究，立案侦办的1起走私人类遗传资源材料案获全国首起判决；严厉打击洗钱犯罪，立案侦办洗钱犯罪案件4起，案值147.6万元；立案侦办涉毒走私案件6起，查获甲基苯丙胺25.77克、“迷奸药”15毫升、有“冰毒”成分“0号胶囊”50粒共计350克；推进打击“三无”减肥产品走私进境专项行动，查获含麻黄碱成分无品牌减肥药1.38万粒；参加青岛海关打击“水客”走私集中收网行动，刑事立案4起；严厉打击通过“水客”携带、夹藏走私进境HPV九价疫苗，刑事立案2起，查获人乳头状瘤病毒疫苗1500余支；严厉打击濒危物种走私，立案侦办走私砗磲、珊瑚、斑点池等濒危动物制品案1起。

【海关统计和政策研究】2022年，日照海关推动“一科一品”工作机制建设，优化信息联合研判机制，建立信息快速响应机制，作为青岛海关课题组成员参与海关总署署级课题11个，其中7个受青岛海关委托在关区牵头。服务区域经济发展，优化完善“送数上门”机制，向日照市委、市政府报送分析研究成果84篇。参与青岛关区分析研究员队伍建设，打造钢铁、粮食研究小组等优势团队，18名业务骨干参加青岛关区12个专业小组，形成调研报告、青关政研10篇。开展贸易和业务专题分析，开展重要经济体贸易监测，上报青关监测预警信息、业务统计分析快报55篇。加强统计数据质量管控，形成从制度规范、刚性执行、主动纠偏到持续改进的统计数据质量管理闭环，自主审核报关单2万余票，发现申报差错报关单46项次，涉及统计超2亿元。

【综合技术服务中心】2022年，日照海关综合技术服务中心共接收法检样品5333批次、1.39万样次、4.24万项次；接收社会委托检测样品865批次、961样次、5133项次。通过CNAS实验室认可和资质认定“二合一”复评审，扩大认可原油、粮谷等6类、14个检测项目，实现进口原油有机氯就地检测，大幅压缩检测周期和通关时间。鼓励科研创新，参与的青岛海关组阁揭榜科研项目“食品安全高关注因子检测研究”通过验收；作为主要完成单位参与的科研项目“离子色谱创新技术体系的国产应用替代及系列标准建立”获山东省科技进步二等奖；作为主要完成单位参与的科研项目“离子化合物分析创新在实体清单中的国产应用替代及标准体系建立”获青岛市科技进步二等奖。制定国家标准《饲料微生物检验采样》；主持研制“饮用天然矿泉水大肠菌群（滤膜法）”标准样品；获得发明专利授权1项，实用新型专利2项。

【日照国际旅行保健中心】2022年，日照海关所属日照国际旅行卫生保健中心通过联防联控、多病同防、加大设备投入、开展技能培训、提升检测能力等多项措施为疫情防控提供保障。作为日照市大规模筛查实验室，共支援日照市大规模核酸检测16批次、约2.5万管次、44万人次；作为地方疫情防控物资代储机构，专人专库专账管理储备物资，服务口岸及地方疫情防控。发挥口岸传染病监测体检及预防接种职能，为辖区出入境人员提供服务，共完成出入境人员传染病监测体检6814人次，同比增长24.75%，其中检出HIV-1抗体阳性1例、梅毒8例；完成出入境人员预防接种4814人次，同比增长33.46%；出入境费用减免120.58万元，同比增长58.85%。加大与日照及周边地区船务等公司的交流合作，将海事体检与出入境业务有机融合，推出“一检两证”“一检三证”“当日体检当日出证”等体检优势及便利措施，共完成海事体检约1535人次。以取得地方从业体检资质为契机，开展属地范围内食品等从业人员体检，加强与日照市政府汇报沟通，争取地方从业人员体检财政资金支持。

撰稿人

李　月　杨慧丽　周晓真　相湛昌　高　媛

威海海关

【概况】威海海关于1987年5月11日正式开关，是受青岛海关直接领导的正处级隶属海关。原威海出入境检验检疫局于1999年由原威海进出口商品检验局、原威海动植物检疫局、原威海卫生检疫局合并组建。2018年，根据国务院机构改革方案，出入境检验检疫管理职责和队伍划入海关。2019年11月14日，青岛海关党委批复设立威海海关党委。威海海关设有驻机场办事处（内设4科）、驻海港办事处（内设4科）、驻邮局办事处科（内设3科）、驻文登办事处（内设4科）和16个正科级机构，以及技术中心、威海国际旅行卫生保健中心、后勤管理中心3个事业单位，设有威海海关缉私分局（正处级，内设6科），驻有青岛海关党委第八派驻纪检组。威海海关在职干部职工236人，威海海关缉私分局在职干部职工23人。共设37个基层党支部，有正式党员278人。

威海海关是口岸和属地业务兼备的综合型海关，管辖范围为威海市（荣成市除外）的各项海关管理工作，辖区内有威海港、威海国际机场2个开放口岸，“海、陆、空、邮、铁”运输方式多样，业务门类齐全，涵盖货管、旅检、保税、稽查、企管、海关统计、卫生检疫、动植物检疫、进出口食品安全、商品检验、综合保税区、海运空运快件、个人邮递物品、跨境电商全模式、打击走私、实验室等工作。整体业务呈现3个特点：一是加工贸易、跨境电商比重高，分别占比43.6%和8.9%，拥有跨境电商全模式；二是单量高、货重轻、税收低；三是对韩业务优势明显，货值占比53.4%，中韩原产地证书签发量居山东省所有签发机构首位。2022年，监管进出口货运量406.68万吨，同比增加8.75%；监管进出口总值1592.92亿元，同比增长2.73%；审核进出口报关单48.82万票，同比减少5.64%；征收税款26.77亿元，同比增长14.80%；备案加工贸易合同3177份，同比减少11.18%；监管进出境飞机1838架次，同比增加0.05%；监管进出境船舶1255艘次，同比减少6.76%；监管集装箱45.92万标箱，同比减少3.69%；监管进出境人员5.28万人次，同比增加34.12%；累计签发原产地证书9.82万份。

威海海关党委班子以习近平新时代中国特色社会主义思想为引领，结合威海市“精致城市·幸福威海”发展方向，“守正创新、崇德善治”，以改进作风、基层创新、精致管理、幸福海关为抓手，以巩固根基、打造亮点、补齐短板、严守底线为路径，推动新时代现代化精致样板海关建设。年内，威海海关被评为全国第二批“节约型机关”、青岛关区进出口食品安全专项工作表现突出单位，被威海市消防行业协会评为2022年度消防安全“四个能力”建设先进单位，威海海关缉私分局被评为青岛海关2022年度工作优秀集体，技术中心获得青岛海关“三八红旗集体”荣誉；1人获评山东省“七五普法”依法治理工作先进个人，1人获评青岛海关三八红旗手，3人分别获关区“勇担使命开新局　青春献礼二十大”主题演讲比赛三等奖、优秀奖，3人因打击进口夹藏非法医美及高档消费品工作成效突出获得奖励，7人获得青岛海关工作表现突出奖励，1人被评为“优秀消防安全管理人”，威海海关缉私分局21人获集体三等功。

【党的建设】2022年，威海海关深化政治建设，全面学习宣传贯彻党的二十大精神，通过党委理论学习中心组、党委会、科务会、“三会一课”专题学习，制订学习宣传贯彻党的二十大精神工作方案，明确目标任务，一把手讲授专题党课，党委委员到支部开展宣讲23人次，引导全体党员干部学思践悟、融会贯通，全关撰写心得体会120余篇。落实“第一议题”制度，围绕党的二十大精神和习近平总书记重要讲话，开展中心组（扩大）学习、党委专题学习23次，集体学习重要讲话、重要理论文章等40余篇。扎实推进党史学习教育常态化长效化，制定威海海关推动党史学习教育常态化长效化工作任务分解表，用好地方红色资源开展现场教学。加强党委自身建设，发挥好党委理论学习中心组示范引领作用，组织中心组学习12期。执行新形势下党内政治生活若干准则，班子成员带头遵守党员领导干部双重组织生活规定。不断完善“三重一大”事项和党委议事清单，召开党委会22次，集体研究议题70余项。以大事实事引领，7件大事实事取得实效。落实意识形态工作责任制，全面把握干部职工思想动态，对苗头性、倾向性问题及时防范化解。开展调查研究，2个研究课题被海关总署及青岛海关相关载体刊登采用。提升基层党建工作质效，开展基层党建“党委书记项目”，别开生面开展组织生活公开课，以点带面强化基层支部政治功能和战斗堡垒作用。推进基层党建“双提升”行动，结合实际制定4个方面具体行动措施19条，开展学习研讨91次。加大合格支部建设，创建青岛关区“四强”党支部6个、党建培育品牌3个，相关部门和人员分别被授予一星级全国青年文明号、青岛关区疫情防控先进个人等。

【廉政建设】2022年，威海海关推动全面从严治党走深走实，开展新时代海关廉洁文化建设，制定加强新时代海关廉洁文化建设的意见，叫响“正心明德”廉洁文化品牌。推动以案促改工作取得实效，明确“重在实效，不搞形式、不走过场”要求，针对查摆问题形成整改措施并全部完成整改。开展“海关重点项目和财物管理以权谋私”专项整治，筛选重点项目，排查风险问题。推进“学查改”专项工作，查摆问题并制定整改措施。用好打私反腐“一案双查”和稽查领域“一事双析”（企业稽查部门实施稽、核查时应当注意发现海关工作人员有关涉嫌违法违纪线索）。创新党内监督、部门监督、职能监督、专职监督、派驻监督、外部监督六方立体监督体系，动态调整“三大风险”（执法风险、管理风险、廉政风险）清单，形成监督合力。完善专职监督机制，出台系列规范文件，定期听取工作情况报告，切实发挥日常监督效能。

【队伍建设】2022 年，威海海关以“以德为先、实干为上”为选人用人导向，合理安排职级使用。按照“岗位适配、防控风险、集约优化”原则，分 3 批次对 57 人开展岗位交流。稳妥推进事业单位绩效工资入轨工作，科学、透明推动见效。依托“钉钉”海关全员培训平台、“威关讲堂”平台组织多种形式教育培训，开展疫情防控一线人员培训 230 余人次。大力推进内控体系化建设，探索建立基层海关“预防 + 监督 + 整改 + 提升”内控机制管理回路，着力防范“三大”风险。落实中央八项规定精神，深入纠治形式主义、官僚主义，对酒驾醉驾问题逢节必讲，未发生违法违规情事。

【监管业务】2022 年，威海海关强化口岸监管效能。开展“国门绿盾 2022”专项行动，检出外来有害生物 81 种类、342 种次。推进非贸渠道打击侵犯知识产权专项执法行动，采取知识产权保护扣留措施 218 批次。加强危险品、重点敏感商品检验监管，检出不合格 72 批次。稳步推进进口食品“国门守护”行动，检出不合格食品化妆品 15 批次，上报 200 余条食品安全风险信息被海关总署采纳。开展“口岸危险品综合治理”百日专项行动，查发进出口危险品伪瞒报、包装不合规等情事 10 起，上报经验做法及案例 39 条，推动治理机制长效化常态化。关注快件拆单集货风险，对 950 票涉嫌拆单集货的进境快件作退运处理。

【税收征管】2022 年，威海海关不断提升综合治税水平，完善属地纳税人管理，总结规范申报常见问题 19 项，开展合规引导 237 次，发布警示案例 7 次，属地企业规范申报率达 100%。处置事中验估报关单 1585 份，验估指令参数处置及时率 100%，配合区域验估中心处置事后验估报关单 138 份。查发新增“双特”（特许权使用费、特殊关系）企业 2 家，规范快件企业涉税要素申报，提升稽核查作业有效性，建立健全“现场—风控—稽查”联动机制，办结稽核查作业 201 起。加强涉案财物管理，加大巡检力度，举行涉案财物网上公开拍卖 4 次，对 33 吨

▲ 2022 年 11 月 30 日，青岛海关所属威海海关关员冒雪查验进口货物

化妆品、日用品等涉案财物分批销毁。全年，实现税收入库25.75亿元，同比增长10.5%，入库及时率达100%。

【风险防控】2022年，威海海关构建业务风险立体防控体系，制发威海海关防范化解重大、系统性风险任务分工方案，涉及3大类风险，细化应对措施。不断完善业务风险联研联防联控机制，就出口钢材骗取退税、涉韩日集装箱夹藏等22类风险开展定期联合研判，发布风险信息专报11期。青岛关区内率先启动即决式风险布控试点，完成即决布控查验31票。加大数据综合治理力度，对15家企业实施暂缓统计，向商务、税务、外汇管理等部门通报涉嫌不实贸易企业157家。

【法治建设】2022年，威海海关构建特色法治工作体系。建立践行新时代“枫桥经验”的“专班+实体工作室+13个现场调处岗”三级工作体系，调处化解执法纠纷40余起，成功率100%。全面推进行政执法“三项制度”落地落实，在政务服务窗口公示岗位信息和非即办事项查询电话，优选26名业务骨干组成审核小组，开展重大执法决定法制审核24次。持续完善行政执法领域内部核批事项，更新优化206项。营造普法氛围，党委理论学习中心组专题学习法律法规4次。

【查缉走私】2022年，威海海关贯彻落实习近平总书记重要指示批示精神，查发进境濒危野生西洋参、濒危红珊瑚手链等涉濒危物种制品走私情事，查获含濒危动植物成分化妆品29起。开展“蓝天2022”专项行动，查获固体废物7批，涉案2272.13吨。查获国家管制的一二类精神药品1812粒、“三无”减肥药2.4万粒，立案侦查走私武器弹药案件1起，查扣自美国进口气枪枪管1支、枪支安装工具若干。查发不合格危险品、重点敏感商品72批次。查发关区首起逃避商检走私出口新冠病毒抗原检测试剂案，查获涉案新冠病毒检测试剂共1.25万个。持续保持口岸打击走私高压态势，全年刑事、行政立案共35起，案值5.8亿元。其中，刑事立案23起，案值5.74亿元，案值同比增长15.73%。办理行政案件44起，案值1726.11万元。刑事立案走私废物案件3起，查获旧汽车配件等固体废物2000余吨。行政立案调查4起，查获废矿砂、毛边混合物等固体废物272.13吨。与深圳海关开展打击粤港澳“水客”走私团伙的6号集群行动，摧毁走私韩版手机犯罪网络1个，打掉走私犯罪团伙8个，案值约8亿元，其中打掉辖区内团伙1个，案值3.1亿元。侦办“套代购”走私案件3起，案值约395.28万元。

【服务发展】2022年，威海海关助推外贸稳增长，推进“放管服”改革，长期保持受理行政许可“零超时”“零差评”。持续压缩整体通关时间，推行“提前申报”“两步申报”，实行“船边直提”“抵港直装”无感通关模式，进、出口整体通关时间分别为19.63小时、1.19小时。与荣成海关、威海市贸促会签署“RCEP实施攻坚年”活动合作备忘录，联合开展惠企政策宣讲8次，落实RCEP区域或缔约方“快运货物‘6小时放行’”要求，深化原产地签证智能审核、自主打印等改革措施，全年签发RCEP原产地证1.5万份。深化“AEO示范市”建设，新培育高级认证企业4家。推广加工贸易边角废料内销网上公开拍卖，拓宽企业内销渠道，全年成交总额833万元，综合溢价率39.6%。精准服务企业发展，发布促进外贸保稳提质12条和助力外贸经济高质量发展措施6条，联合举办新闻发布会2次。健全关领导定点联系、专家团队业务支撑、协调员贴近服务三级联系企业工作机制，解决货物滞港、通关受阻等问题200余个。推进企业集团改革扩面增效，为三角轮胎股份有限公司减少报关费用200万元、保证金循环占用1000万元。推介应用主动披露制度，组织“线上+线下”政策宣讲15次，办结主动披露事项18起。助推本地食品农产品品牌建设，帮扶“养味”品牌饮料出口新加坡、加拿大，助力“乳山牡蛎”出口俄罗斯市场。对韩技术性贸易基地正式获批，2篇特别贸易关注被提交WTO/SPS例会讨论。参与上报海关总署税政调研4项。

▲2022年7月28日，青岛海关所属威海海关关员为第三届（韩国）山东进口商品博览会提供驻场监管及政策咨询服务

【物流大通道建设】2022年，威海海关助力“四港联动”进入实质化运作阶段，指导乳山口港、南海新港泊位升级改造，支持开通直航欧洲、俄罗斯海运航线以及中俄冷链专列、中蒙班列，增设监管作业场所2处。支持口岸开放，指导乳山口港、南海新港泊位升级改造，助推威高快件场所、广运安达海关监管作业场所设立审批。服务中欧班列发展，支持开通“威海—莫斯科”中俄冻柜专列和“威海—乌兰巴托”中蒙班列。

【服务新业态发展】2022年，威海海关助力综合保税区发展绩效评估继续保持全国A类，为26家增值税一般纳税人企业节约税务成本5320万元。支持跨境电商综合试验区做大做强，实行“跨境电商+保税展示+线上新零售”监管模式，吸引天猫国际、洋码头、速卖通等电商企业超200家，助力5家电商企业布局海外仓。打造快件健康规范发展样板，完善快件实货监管信息化管理系统，深化CT机智能同屏比对应用，实现“图像完整、申报规范”低风险快件“快速分析+读秒放行”。探索中韩海运邮递物品“一点清关”作业模式在青岛关区复制推广。

【业务改革】2022年，威海海关加大改革创新力度，推进自主改革创新，向青岛海关报送改革创新案例19个。探索应用“智慧旅检”“无接触式卫生检疫监管平台”“移动式无接触核酸采样舱”等智慧监管模式，大幅提升口岸疫情防控工作质效。推荐威高普瑞医药有限公司参加真空包装等高新技术货物布控查验试点，为青岛关区首家申报企业，预计每年享惠货值3亿元。申报海关总署科研项目7项，报送“微创新”6条，“动物源基体标准样品研制及食品安全监测质控技术研究”获海关三级科技成果。

【口岸疫情防控】2022年，威海海关强化组织领导，根据新冠病毒感染疫情形势动态调整指挥部各工作组及专班工作职责，分管副关长“走进封管区”，调研6个方面问题，提出9项具体建议。根据最新要求修改、制订威海海关工作人员封闭管理工作方案等7项工作制度方案。筑牢口岸防线，落实海关总署以及青岛海关最新文件和方案要求，对健康申明卡核验、体温监测、采样检测、移交转运、信息通报等规定动作，100%执行到位；指导威海国际机场新入境卫生检疫场地顺利启用，探索“智慧卫检”“无接触式卫生检疫监管平台”应用，开展入境航空器、船舶登临检疫，强化终末消毒监督；开展进口冷链食品、高风险非冷链集装箱货物布控采样作业，对进境集装箱100%预消毒。不断健全完善口岸联防联控机制，参与地方指挥部6个工作组运作，完善人员移交、信息通报、病例追溯、应急处置等各环节保障机制，切实做到全链条无缝衔接、闭环管理。全年，累计监管进出境人员5.7万人次、运输工具3320架（艘）次，货物采样284批次。

【内部疫情防控】2022年，威海海关落实封闭管理要求，对封闭管理进行监督检查通报，发布3期“封闭管理监督检查工作通报”，向青岛海关报送12期威海海关关于报送封闭管理监督检查工作情况的函，发布12期威海海关新冠病毒感染疫情防控工作指挥部办公室工作简报、10期内务督察通报。建立全体干部职工健康状况“日报告、零报告”、出差出行、居家观察、重点人群“应检尽检”台账，加强办公区域出入扫码测温管控和消毒管理，组织开展工作人员感染新冠病毒内部应急处置、职业暴露应急处置演练。发挥监督检查4支力量（党委委员带队督查、派驻纪检组监督、专家组督查、安全防护监督员）和“挑毛病”专家组作用，全面排查风险隐患和薄弱环节，建立“贰过”问题监督问责机制，从严从紧督导“贰过”问题，做好“百名科长百日督查”迎检工作，对督查过程中反馈的建议项立行立改。

【妥善应对本土疫情】2022年3月7日，威海出现本土确诊病例，威海海关接到威海中心城区进入静止状态的通知后，主要负责同志现场指挥，23个部门82人1小时内到岗值守。动态掌握疫情防控和进出口工作要求，在海关职责和能力范围内为威海抗疫提供支援。支持地方提高核酸检测能力和速度，协助检测核酸样本5.7万个；支持省市专家开展溯源工作，在海关业务方面提供专业支持。结合静止期间进出境受阻的实际情况，对转其他口岸通关的企业，协调口岸海关做好查检地点变更，及时签发属地证书；对暂停企业做好手册变更展期、未提离货物（物品）单证审核工作，为“重启”做好前期准备。

【综合保障】2022年，威海海关优化工作服务保障措施。推动事企业单位经营管理，持续落实“过紧日子”要求。弘扬求真务实的作风，倡导“有声有色地工作，有滋有味地生活，有情有义地交往”。保健中心通过山东海事局评审组的现场评审，获得海船船员职业健康体检机构资质。深化威关特色文化建设，建成关史记忆馆，开展威海海关建关35周年系列活动。开办民生超市，为干部职工提供团购和净菜服务。

【安全生产】2022年，威海海关开展安全生产专项整治。多次召开专题会议研究部署安全生产工作，梳理细化涉及13个条线的313项权责清单，组织6个安全生产集中检查组深入一线督导，完善隐患排查上报机制，为党的二十大胜利召开营造稳定安全环境。开展4轮全面安全自查，对发现问题隐患立查立改，“回头看”持续关注整改成效。落实网络安全责任制，成立网络安全保障工作领导小组，开展网络安全全面自查4次、常态化督查7次。完善三级监控指挥中心建设，设备在线率高于99%。提升机房网络运行水平，参加网络攻防演练，定期更新病毒库和防护策略，开展应急演练3次。做好机要保密工作，牢固树立“保密工作无小事”意识，及时调整保密码小组和责任人，党的二十大期间规范保密管理，开展2轮全面保密自查。

撰稿人

赵　莎

龙口海关

【概况】龙口口岸设立海关的历史最早可追溯到1862年清政府设立的东海关龙口钞关。1945年，伴随着烟台解放，黄县（今龙口市）抗日民主政府接收了海关，东海关成为中国共产党领导下的第一个人民海关，东海关龙口分关对外办公。1951年，因龙口港改为非对外贸易口岸，龙口地区海关撤销。1985年，随着龙口港的对外开放，国务院批准重新开设龙口海关。1987年，龙口海关正式开关。龙口海关是受青岛海关垂直领导的正处级隶属海关，主要职责包括海关监管、进出口关税及其他税费征收管理、出入境卫生检疫、出入境动植物及其产品检验检疫、进出口商品法定检验、风险管控、海关统计、打击走私等。

2022年，龙口海关以习近平新时代中国特色社会主义思想为指导，深入学习贯彻党的二十大精神，根据两级海关工作会议、全面从严治党工作会议的部署，落实青岛海关党委“全面建设新时代现代化强关”的发展思路。全年，共监管口岸进出口货物2731万吨，货值93.23亿美元；审核报关单3.34万票，完成税收入库92.79亿元，同比分别增长10.63%、55.72%；检疫监管口岸进出境船舶1585艘次；检验检疫出入境商品6712批次，货值673亿元；签发各类原产地证书8290份，同比增长5.87%。龙口海关“党委书记党建项目”入选青岛海关关区项目，获评青岛海关“四强”党支部2个，团支部获得首届山东省直机关最美团支部荣誉称号。获得支持地方经济发展绩效考核一等奖。组织参加“清风国门”廉洁文化创意作品征集活动，1件作品获海关系统二等奖、青岛海关一等奖。

【政治建设】2022年，龙口海关深入学习贯彻习近平新时代中国特色社会主义思想，落实“第一议题”制度，专题学习习近平总书记重要讲话、重要指示批示精神23次，组织党委理论学习中心组集中学习13次。扎实推进政治机关建设专项教育活动，把“学查改”贯穿全过程，梳理政治要求及存在问题，制定整改措施，引导全体干部职工树牢政治机关意识和纪律规矩观念，切实增强防风险、提站位的政治自觉，工作推进情况被海关总署专项教育工作简报采用。着力提升思想政治理论学习效果，建立青年干部代表列席党委理论学习中心组学习制度，组织学习交流会，依托网络渠道组织疫情防控一线人员开展线上共学，1人获评青岛海关青年理论学习标兵。党的二十大胜利召开以后，关党委第一时间组织开展专题学习，研究制订学习宣传贯彻方案，召开部署动员会，组织开展专题宣讲活动，配发学习书目，在关内迅速掀起“比学赶帮超”、全面学习宣传贯彻党的二十大精神的热潮；组织“喜迎二十大，笔墨赞盛世”专题创作，营造全员参与的浓厚氛围；持续巩固党史学习教育成果，制定推进党史学习教育常态化长效化措施，组织赴辖区红色基地见学，持续弘扬伟大建党精神；深化“我来讲党课”活动，围绕“走好第一方阵　我为二十大作贡献”，党委书记带头讲党课，各党支部“走出去”开展联建联创主题党日活动7次，现场征集并及时解决企业困难诉求8项，真正发挥党的二十大精神对海关各项工作的指导和引领作用。

【风险防范】2022年，龙口海关深入贯彻习近平总书记关于重大风险防范的重要指示批示精神，根据海关总署以及青岛海关党委的统一部署，制订龙口海关防范化解重大、系统性风险任务分工方案，针对排查出的政治和管理等领域存在的突出风险隐患，制定有针对性的防范举措，挂账销号，明确责任，持续堵塞漏洞，切实提升整体风险防范能力。牢固树立安全生产第一责任意识，结合推进“口岸危险品综合治理”百日专项行动、安全生产大检查等，定期组织开展“回头看”，组织开展安全生产能力提升专项行动，强化应急机制建设，围绕网络安全、消防安全、内部疫情防控等内容组织开展应急演练7次，持续强化全员安全生产能力和意识。

【执法标准化建设】2022年，龙口海关注重深化“集成式岗位操作规范化建设示范点”引领作用，不断提升现场执法行为的规范化、法治化水平，全面推动“放管服”措施提档升级。优化行政许可一个窗口设置，选优配强窗口咨询人员，最大限度为企业提供便利，行政许可事项持续多年保持“零超时”“零差评”。优化执法促进外贸保稳提质，实行简易程序案件“一站式”办结，对危险化学品案件从快办理，切实缩短办案周期，推动海关执法政治效果、法律效果和社会效果有机统一，相关做法被《中国国门时报》刊发。

【改革创新引领】2022年，龙口海关推进多元化税收担保改革，全年为辖区企业办理关税保证保险28笔，担保额度2.87亿元，辖区企业备案企业集团财务公司保函3.63亿元，为企业节约财务

▲2022年8月26日，青岛海关所属龙口海关关员在辖区企业开展原产地核查工作

成本超千万元。推广应用进出口货物“提前申报”“两步申报”通关模式，进、出口提前申报率分别为70.18%和42.8%，两步申报率约为25%。全年，进、出口整体通关时间较2017年分别压缩93%和84%；落实“多证合一”改革，优化线上线下办事流程，实现“一网通办、一窗核发”。通过“多证合一”方式备案企业235家，占同期备案企业总数的82.7%；参与烟台片区稽查集约化建设改革试点工作，提出优化完善稽查集约化建设改革建议，提升稽核查工作的有效性。推进自创改革项目，继续探索运用无人机技术开展进口散货船舶水尺观测零接触模式，将水尺观测作业时间缩短70%以上，自主撰写的《无线图传技术无人机在大宗商品水尺计重中的应用》被《中国口岸科学技术》采用。

【法治海关建设】2022年，龙口海关落实涉法疑难问题提前介入制度，组建法治专家虚拟团队，强化3项制度落实和督促，对照法规处涉法风险，对查验、取样送检、行政处罚等方面进行全面自查，进一步规范作业流程，从小处、从源头规避执法风险；强化对依申请公开答复意见的审核把关，妥善处置法院、公安机关、国家安全局等部门证据调取和协助执行工作，全年共处理法律事务接待事宜3起；参与海关总署以及青岛海关制度立项和规章评估，提交立法建议被采纳4条；持续提升技术性贸易措施应对能力，强化技术性贸易政策宣讲和企业培训，帮助辖区企业健全质量管理体系和自检自控体系，应对技术贸易壁垒，维护自身合法权益。

【海关正面监管】2022年，龙口海关履行海关打击走私第一责任。强化对打私工作的组织领导，加强口岸进出口风险分析，深化与口岸单位的信息共享和协作配合力度，全年，共办结行政处罚案件25起，同比增长56%；与烟草等部门联合开展打私宣传进校园活动，提升海关打私工作社会影响力。切实履行海关口岸卫生监管职责，“外防输入”不放松，全面加强出入境船员健康申报、体温监测、医学巡查、流行病学调查、医学排查处置等工作。深入开展远程卫生检疫系统应用，借助科技手段提高检疫准度和效率。落实海关总署以及青岛海关有关要求，全面加强安全防护，发挥三级监控指挥中心监督管理作用，持续加强与地方疫情防控指挥部的协调配合、妥善处置涉疫情事。强化口岸生物安全管控，切实提高疫情截获能力和水平，截获有害生物3395种次，其中检疫性有害生物636种次、非检疫性有害生物2759种次。持续开展进口食品“国门守护”行动，做好进出口食品安全监督抽检和风险监测工作，共实施进口食品查验185票，检出2票进口食品标签不合格，检出杂草72批。共监管进口大宗危险化学品242批次，473万吨，检出9批危险公示信息不合格并实施技术整改，查获危险化学品伪瞒报案件4起，其中1起入选关区典型案例。深化综合治税和海关后续监管。全年，完成税收入库92.8亿元，同比增长55.7%，提报14条税收风险参数建议。持续推进核查分类改革，开展重点领域核查行动，在关区首先使用车辆轨迹智能分析系统，有效提高风险分析准确性。全年开展稽查作业14家，查发问题12家，查发倒卖保税料件案件线索1起，首次查发进口电动车零配件归类错误、漏报特许权使用费、商业服务费等问题3起。

【服务辖区经济发展】2022年，龙口海关融入辖区经济社会发展大局，持续优化口岸营商环境。释放集团财务公司担保改革红利，全年为裕龙炼化一体化项目办理税收担保额度6300万元，推动重大项目实施。帮扶水果和食品出口企业迎检解禁，开拓国际市场，年内辖区1家企业成功获得对俄出口水果资质，葡萄酒首次出口新加坡，特色水果等产品出口均获得稳步增长。助力龙口市获评关区“AEO示范市”，支持企业申请高级认证，推行“抵港直装”“船边直提”改革，全年进口货物“船边直提”615.5万吨、“抵港直装”23.9万吨，为企业节省费用近3000万元，全方位为企业纾困解难。着力优化口岸营商环境，推动RCEP等自贸协定实施落地。深入推进部分大宗进口货物“先放后检”改革，巩固压缩通关时间成果。龙口海关获得支持地方经济发展绩效考核一等奖。

【队伍建设】2022年，龙口海关全面落实高素质专业化干部队伍建设要求，成立人才工作领导小组，强化专家队伍建设，立足人力资源不足的实际情况，内部挖潜，打破科室界限，优化调整15个虚拟团队；深化准军建设，组织开展“内务规范强化月”活动，持续抓好干部监督管理，开展以案促改选人用人工作自查，不断提升干部人事工作规范化水平，推荐1人申报正高级职称，聘任1名八级管理岗；通过慰问送学、支部联学、红色研学等多种形式提高退休干部党建活动参与度，组织老干部参加老年大学、健康讲座、开展敬老爱老重阳节健康主题游，听取老干部意见建议，发挥好老干部作用。

【廉政建设】2022年，龙口海关扎实推进全面从严治党向基层延伸，组织支部书记述责述廉述党建，加强机关纪委建设，统筹推进“海关重点项目和财物管理以权谋私”专项整治工作和以案促改专项活动；加强与派驻纪检组长效化配合机制建设，召开2次会商，提升派驻监督工作有效性；开展“警示教育月”活动，各支部利用“三会一课”、主题党日等持续加大学习力度，依托青年理论学习小组开展“年轻干部谈廉洁”活动，组织新关员开展“扣好廉洁从政第一粒扣子”主题团日，在退休干部中持续开展“遵纪守法保平安”警示教育，不断提升廉政教育效果；加强海关廉洁文化建设，组织参加“清

▲2022年10月12日，青岛海关所属龙口海关关员对出口新能源汽车实施现场监管

风国门”廉洁文化创意作品征集活动，1件作品获海关系统二等奖、青岛海关一等奖，4件作品分获青岛海关二等奖、三等奖，并获优秀组织奖。

【后勤保障】2022年，龙口海关落实“过紧日子”要求，统筹预算执行与重点任务推动，集中财力优先保民生、重点保运转、精准保发展。加快预算执行，主动与地方政府协调对接，有效弥补经费缺口。规范后勤管理，确保各项采购过程都公开、公平、公正，不断提升科技保障服务水平，在互联网及视频专网加装防火墙，规范机房等重点部位日常管理，不断提升网络安全管理整体水平；细化关心关爱举措，通过夏送清凉、冬送温暖等形式为一线人员送去急需药品、防暑降温品近百件，争取工会专项慰问金、专项党费3.9万元；做好疫情封闭管理人员保障，建立“一对一”结对帮扶机制，提供体检套餐，不断提升暖心效果；事业单位参与市场竞争，综合技术服务中心全年实现外部委托检验收入同比增长6.86%。

【政务服务】2022年，龙口海关按要求建成政务公开专区，顺利完成基层海关政务公开标准化达标任务。强化信息和新闻宣传，各层级媒体持续发声，全年在各类新闻媒体发稿300余篇次，参加电台直播活动，组织召开海关优化营商环境新闻发布会，不断扩大海关监管服务工作的社会影响力。

撰稿人

姜　昊

荣成海关

【概况】荣成海关原为石岛海关，1990 年 7 月 10 日开关，行政级别为副处级，隶属威海海关；1993 年 6 月行政级别升格为正处级，由青岛海关直接领导；2005 年 2 月更名为中华人民共和国荣成海关，2005 年 5 月从荣成市石岛镇迁址荣成市区。2018 年，根据国务院机构改革方案，出入境检验检疫管理职责和队伍划入海关。2018 年 12 月，海关总署批复机构改革后的荣成海关为隶属于青岛海关的正处级海关。荣成海关管辖范围为荣成市的各项海关管理工作。2017 年，荣成海关被授予“全国文明单位”荣誉称号。

2022 年，荣成海关设有 11 个正科级机构，驻龙眼港办事处（内设 3 科）、驻石岛港办事处（内设 4 科）、2 个副处级办事处，综合技术服务中心、荣成国际旅行卫生保健中心 2 个事业单位；有行政编制 95 人、事业编 34 人，荣成海关缉私分局有警员 16 人。荣成海关深入学习贯彻习近平新时代中国特色社会主义思想，落实海关总署党委以及青岛海关党委工作部署，确定“精致荣关建设年”主题。全年，监管进出口货物 257.17 万吨，同比下降 3.17%，货值 834.96 亿元，同比增长 36.07%；监管进出口集装箱 20.46 万标箱，同比增长 7.40%；监管进出境船舶 3721 艘次，同比减少 8.98%；监管跨境电商出口货物价值 60.53 亿元，同比增长 45.82%；审核报关单 22.44 万份，同比增长 1.86%；入库税收 14.01 亿元，同比增长 68.84%；签发各类原产地证书 3.85 万份，同比增长 125.24%，货值 21.22 亿美元，同比增长 132.69%。

荣成海关优化服务，助力中韩自贸区地方经济合作示范区高质量建设，服务 RCEP 海关监管服务创新试验基地建设。全力稳定市场主体，加大出口企业对外推荐注册力度，辖区出口食品生产备案企业达 433 家。持续巩固压缩进出口通关时间，创新应用无接触式入境卫生检疫平台，提高入境船舶检疫效率。建设检验检测实验室，扩项增项，提升进口水产品、农食产品、化妆品等的检验检测能力和口岸通关效率。支持打造综合性跨境电商创新发展集聚区，新增龙眼港跨境电商业务，辖区企业备案“海外仓”超 9000 平方米。加强技术性贸易措施工作，组织研究提报的 TBT/SPS 通报评议意见、特别贸易关注议题被海关总署以及青岛海关采纳 12 条次。

经中央精神文明建设指

导委员会复审确认，荣成海关继续保留“全国文明单位”荣誉称号。荣成海关作为全国50个优秀集体之一被海关总署政治部通报表扬，获评“青岛海关法治建设示范单位”。缉私分局缉私科获评海关总署缉私局先进青年集体。栾昕鹏在疫情防控工作中受到海关总署政治部表扬。王天泽参加的分析研究工作受到海关总署统计分析司表扬。1项党建研究成果获评山东省机关党建研究一等奖。法制科获得青岛海关三八红旗手荣誉称号。23人次在进出口食品安全、动植物检疫、口岸疫情防控等工作中表现突出被青岛海关表扬；徐丽亚在青岛海关机关团委演讲比赛中获得三等奖，姜欣、孙伟航获优秀奖；姜欣获评“青岛海关12360热线”新媒体优秀小编；于斌获评青岛海关缉私局“最美缉私警察”。

【党的建设】2022年，荣成海关深入学习宣传贯彻党的二十大精神。制订学习宣传贯彻工作方案，依托党委理论学习中心组、党支部“三会一课”、青年理论学习小组等载体，开展多层面、多形式学习；开展学习领会党的二十大精神“大家谈”活动，开设《学习贯彻二十大时光》专栏，建设学习贯彻党的二十大精神文化墙，持续推动党的二十大精神入心入脑、见行见效。扎实开展捍卫“两个确立”、做到“两个维护”、强化政治机关建设专项教育活动。党员领导干部带头讲党课22次，引导党员干部“从政治看业务、从业务看政治”。丰富党建活动形式，组织党员干部参观红色教育基地，开展书画笔会、剪纸手工、趣味运动会、知识竞答、演讲比赛等群众性文体活动，扩大党建活动的覆盖面和影响力。重视加强青年队伍建设，打造“指尖课堂”，在“钉钉”端推送党建学习各类内容；创设“三个我来讲”（政治要求我来讲、党建工作我来讲、支部建设我来讲）等分享交流平台，邀请业务骨干、青年党员走上讲台，分享工作中的所学、所思、所感。结合基层党建“双提升”行动，推动党建与业务深度融合，擦亮“国门‘稽’先锋”原有海关总署党建培育品牌，培育“新动能　心服务”青岛海关党建示范品牌和“国门匠心‘综’是情”青岛海关党建培育品牌；首次评定驻石岛港办事处口岸监管科党支部为“四强”党支部，企业管理科党支部复核通过。

【法治建设】2022年，荣成海关强化法治宣传教育，制作普法作品5期，被“青岛海关12360热线”微信公众号采用和发布。强化执法规范化建设，获评“青岛海关法治建设示范单位”，稽查岗和原产地岗获评“青岛海关规范执法示范岗”，落实“三项制度”相关做法被推选为青岛关区典型做法。成立新时代“枫桥经验”工作室，总结一线执法践行新时代“枫桥经验”典型案例11起供行政执法科室参考。办理法律事务接待7次，对制度性文件行进合法性审查12次。加强海关法学理论研究，2篇论文分获“齐鲁海关法论坛”二、三等奖；1人受邀参加第十五届海关法论坛并作主题发言。

【风险管理】2022年，荣成海关与青岛海关风险防控分局开展业务监管风险信息研判70余次，通过风险信息共享、风险联合研判等方式，发掘风险点，提炼风险要素加工布控指令26条，命中报关单96票；围绕支持外贸保稳提质开展联合分析研讨，形成持续优化口岸营商环境、支持中小微企业发展等工作举措18项；在跨境电商出口渠道查获危险货物3罐，按规定移交海事部门处理。聚焦远洋渔业自捕回运水产品和修造船特色产业，统筹执法安全与推动贸易便利化，对海关实际监管流程进行规范化标准化梳理。作为青岛关区4家试点海关之一参与青岛海关业务现场即决式风险布控工作试点。

【税收征管】2022年，荣成海关深化综合治税工作，强化对重点企业、重点商品的税收预测和把控，加强属地纳税管理，稳步实施汇总征税便利措施。全年，共入库税款14.01亿元，自开关以来征收税款首次突破10亿元。加强对自报自缴、汇总征税、提前申报、保证金转税等环节的跟踪监控，密切与缉私部门的联系配合，以管治税、以打促税。持续加大对规范申报、税款催缴、保证金核销等监控力度，加强与国库、银行的对接，确保应收尽收，及时入库。加强税政调研，提报的冻蓝鳕鱼新增进口暂定关税税率建议被国务院关税税则委员会采纳实施，预计每年为辖区水产企业降低进口成本超500万元。

【卫生检疫】2022年，荣成海关围绕“外防输入、内防反弹”总要求，落实“人、物、环境”同防工作部署，加强与地方联防联控机制配合，做好口岸新冠病毒感染疫情防控工作。加强口岸进出境交通工具、人员卫生检疫，共监管进出境（港）船舶3721艘次，检疫监管入出境船员5.9万人次。规范做好进口冷链高风险货物检疫，按照风险布控检查指令开展采样检测和预防性消毒监督工作，完成进口冷链食品核酸采样1698票、2689个集装箱，预防性消毒监督349票、545个集装箱。加强科技创新在疫情防控中的作用，在全国海关首创运行无接触式入境卫生检疫平台，港口卫生检疫工作效率提升80%。更新自动化设备提升PCR实验室检测能力，完成人体样本核酸检测61.5万人次、冷链商品核酸检测6.77万管。

【动植物检疫】2022年，荣成海关共检疫监管进境种牛2999头、种鸡6.98万只。扎实开展“蓝天2022”“国门利剑2022”行动，组织开展非洲猪瘟、红火蚁、松材线虫、高致病性禽流感等重大动植物疫情防控，从进境种牛中检出动物疫病3种、8头次，在货运和船管渠道截获进境植物有害生物58批、67种次，其中检疫性有害生物5种、23种次，一般性有害生物15种、44种次。规范进口粮食储备管理，对辖区粮食储备公司申请出库大

▲2022年11月8日，青岛海关所属荣成海关关员监管整船出口河鲀

豆进行监装，跟踪验核系统填报和流向情况。承担海关总署进出口食品安全局、动植物检疫司对50多家输华肉类、水产品、活水生动物等企业的视频检查、文件审核，以及境外解禁风险评估等工作任务。成立食品安全风险信息采集小组，紧密跟踪国内外食品农产品法律法规和技术性贸易壁垒措施，向企业推送境外法规、技术标准及预警信息75条。助力辖区苹果首次出口南美国家苏里南、预制菜首次出口加拿大市场、高端苹果首次进军北美市场。为企业出口产品提供预约出证等便利措施，针对企业出口产品滞留在境外港口需要转口的实际需要，为7批货物重新办理证书，帮助企业挽回经济损失750万元。

【食品检验检疫】2022年，荣成海关落实“四个最严”要求，开展食品安全监督抽检和风险监测工作。全年，共抽取进口食品监督抽检样品3636个、1.07万项次，检出重金属超标、微生物超标等进口食品不合格21批次；抽取出口食品监督抽检和风险检测样品317个、1027项，检出微生物超标出口食品5批次。

【商品检验】2022年，荣成海关扎实开展“口岸危险品综合治理”百日专项行动。梳理辖区5家危险化学品企业产品种类情况，精准掌握风险隐患，向企业发放政策明白纸。强化危险品进口查验全流程管控，构建“预报式进口+预约式查验+直通式放行”模式，加强对进口危险化学品的风险分析，优化监管作业流程，采用转场作业方式，抵港后直提入库、区外查验，实现场所无堆放、口岸无积压。全年，共监管进口危险化学品42批、5184吨；出口危险化学品24批，危险货物包装112批。检出1批出口危险化学品不合格，检出1批出口危险货物包装不合格；检出5批进口热水器标识不合格，检出1批进口医疗器械电气及标识不合格。

【监管业务】2022年，荣成海关服务港口高质量发展，根据班轮抵离港时间，实行预约通关和随船式监管服务作业模式，打造最快通关速度和一流口岸营商环境。集成推进“两步申报”应用、进口提前申报、原产地证书自助打印等业务改革，进、出口货物整体通关时间分别为13.67小时、0.85小时。支持地方重大项目建设，对企业急需的进口加工设备，采取“优先受理、上门检验、即检即放”属地查检模式，为荣成核电、歌尔集团、成山集团等企业快速验放进口设

▲2022年12月3日，青岛海关所属荣成海关关员监管出口海运集装箱驶入班轮

备67批、8416万元。支持打造综合性跨境电商创新发展集聚区，落实“简化申报、清单核放”等监管便利化措施，推动“跨境电商+海外仓”模式构建，全年监管跨境电商出口货物60.53亿元。封存来自非洲猪瘟疫区、禽流感疫区冻肉255千克，对1艘入境船舶进行熏蒸处理，从进出境空箱截获14批次植物疫情。建立安全生产长效工作机制，加强安全生产联抓联管。与缉私部门成立关警联合检查小组，对辖区内监管场所进行24小时不定期巡查。加强过境货物实际监管，累计办理过境业务389票、货值3714.31万美元。开展知识产权保护“龙腾行动2022”行动，在跨境电商出口渠道查获鞋包、服装等侵权物品132件。

【海关统计】2022年，荣成海关加强数据质量管控，建立统计数据差错快速反应机制，及时发现、处置、纠正异常数据，保证统计数据真实准确。共监控统计数据3万条，开展统计监督及核查反馈5期，联系企业审核数据200余条，纠正各类差错41条。推进统计数据共享和服务，向有关部门和地方政府提供进出口数据服务60余次、3万余条。牵头开展“乌克兰危机对全球粮食安全影响”署级研究课题，相关研究成果被青岛海关业务统计分析快报采用16篇。

【企业管理和稽查】2022年，荣成海关加大出口企业对外推荐注册力度，推荐辖区食品加工企业境外注册28厂次。高质量推进企业信用管理，创新“线上授课、在线交流、线下宣贯、模拟认证”的培育新路子，为辖区重点企业开展政策解读80余次。新增荣成泰明食品有限公司、荣成广润水产食品有限公司2家AEO高级认证企业，辖区高级认证企业达17家。落实高级认证企业实验室优先检测、优先出具检测报告，通关环节优先受理等便利措施。优质高效服务辖区远洋渔业企业发展，为辖区19家具备远洋渔业资质的企业备案142份次；审批远洋渔业征免税证明580份，货值29亿元。将“企业集团”加工贸易监管推广扩大至3个企业集团、17家关联企业。应用联网监管模式支持荣成歌尔科技有限公司快速开展加工贸易。切实履行海关稽核查职责，强化后续稽查监管，共开展稽查作业18起，案值782.43万元，开展核查作业74家，开展年度监督管理110家。在青岛关区率先开展远洋渔船补税、进口化妆品濒危证核查、进口活水生动物假证核查等多个种类的稽核查作业。

【查缉走私】2022年，荣成海关巩固打击“洋垃圾”、象牙等濒危物种及其制品走私成效，立案侦办辖区首起走私象牙案，查获象牙制品1.18千克；与威海海警联合侦办走私废物案，查获走私废物1500吨；查获以“人造毛帽子边条”等品名申报的固体废物2批共7.4吨，均作退运处理。开展“国门利剑2022”“护卫2022”“清风”等打击走私专项行动，全年立案侦办刑事案件20起，案值1.92亿元，抓获犯罪嫌疑人3名；移送起诉案件2起，案值394万元。立案调查行政案件14起，案值3250.21万元。

【政务管理】2022年，荣成海关提升政务运行效能，精文简会，发文同比减少49.51%。支持辖区房车出口新闻被中央电视台《新闻联播》和《人民日报》刊播，为荣成海关首次，并多次在中央电视台新闻频道栏目和山东电视台播出；《青岛海关破获海上卷烟走私大案》先后在中央电视台《正点财经》《天下财经》《第一时间》等播出。工作跟踪督办日益规范，全年督办事项321个并全部反馈。规范档案工作，完成建关以来所有文书档案的数字化工作，文书档案数字化率达到100%。参加海关史研究征文活动，上报的征文被海关总署《海关研究》（海关史专刊）采用1篇。加强值班工作，完善值班室硬件设施。高质量建设完成荣成海关政务公开专区，办理依申请公开3起，未发生行政复议，在海关总署“12360服务”微信公众号发布作品4篇。强化政风行风建设，组织答复民生咨询求助事项22起。

【财务及后勤保障】2022年，荣成海关夯实财务保障基础，提高预算执行水平，预算资金执行率达100%。提升涉案财物管理质效，及时处置涉案财物5批次。改造职工餐厅，就餐秩序、就餐环境明显改善，完成4处办公大楼消防维修改造。利用科技手段推进绿色节约型海关建设，24小时监控办公场所水、电、空调运行情况，杜绝跑、冒、滴、漏。

【科技发展】2022年，荣成海关作为青岛关区4个试点单位之一参与全国海关业务现场即决式风险布控试点工作，承担全国海关新一代查验异常处置系统试点工作。加大科研工作力度，上报海关总署科研项目5个，2个青岛海关关级科研项目通过验收，3项专利获批为实用新型专利。技术中心采购、维修升级检测设备11台（套），24个检测领域、700个检测项目通过CNAS、CMA“二合一”评审，大幅提升食品、化妆品检验检测能力。保健中心完成常规实验室升级改造，提高检验检测能力；完善猴痘病毒、流感病毒等试剂和检测技术的储备，提升荣成口岸“多病同检”能力；强化PCR实验室硬件配备和实验室管理水平，在国家、山东省、威海市各级组织的能力验证活动中均取得合格评定。牵头制作的科普演讲《聚合酶链式反应式新冠核酸检测方法》和《荣成海关科研成果——口岸移动式检疫方舱》视频被青岛海关科技宣传周活动采用。

【督察内审】2022年，荣成海关完成2次配合国家审计工作，完成4个海关总署署级审计课题。推进审计发现问题整改，扎实做好审计“后半篇文章”，梳理2019年以来海关执法业务领域和内部管理情况。聚焦关内重点工作开展监督检查，开展5项督察作业。扎实开展“内控示范科室”创建工作，加强内控体系化建设，人事政工科创新实施的“四每工作法”（每人必联、每事必督、每会必评、每案必省），作为青岛海关典型经验被海关总署督察内审司采用宣介。

【队伍建设】2022年，荣成海关突出实战实训，围绕口岸疫情防控、稽核查业务实操、实验室安全培训等重点工作开展培训83人次。针对青年关员打造“导师领训、岗位实训、资质培训”三位一体方式，全面提升素质能力。开创“勤学荣关微课堂”，采取线上模式推送，解决疫情防控和工学矛盾等培训难点，落实教育培训全覆盖，推送学习内容6期。聘用副高级岗位4名、中级岗位6名，将海关总署以及青岛海关关心关爱一线人员的政策要求落实到位。将廉政建设抓在经常、融入日常，围绕“扣好廉洁从政‘第一粒扣子’”开展交流研讨，落实领导干部任前廉政谈话和考试制度，组织学习党章党规党纪和法律法规26次，强化纪法意识。组织40余名关警员参观威海廉政教育基地。开设警示教育专栏，线上推送旬旬学3期、月月考1期，习近平论党风廉政建设和反腐败斗争12期，“每周一案例”51期，组织集中观看海关系统警示教育片，深挖案件背后深层次问题，强化警示效果。

【RCEP实施】2022年，荣成海关结合辖区进出口商品情况，梳理RCEP进出口降税重点商品，定期统计分析企业享惠情况，精确定位用惠不足企业，有针对性地送政策、送服务上门。设立“RCEP原产地咨询服务窗口”，及时受理解决企业享惠用惠过程中遇到的问题，指导企业做好自贸协定关税降税比对，选择合适的协定享惠。推进RCEP政策惠企，联合地方举办2期“用好RCEP政策，推动荣成外贸高质量发展”专题宣讲培训会，海关业务骨干就RCEP关税减让政策、原产地累积规则以及海关促进外贸保稳提质措施等进行了培训解读，并就抢抓RCEP政策机遇、优化产业链供应链布局、推动荣成重点产业融入“双循环”新发展格局提出意见建议。牵头推报的实践案例“外贸综合服务平台架起中小微企业享惠RCEP‘快车道’”获评山东省RCEP优秀实践案例。共签发RCEP原产地证书2205份，签证金额5396万美元，为出口企业节约进口国（地区）关税约500万元。

【服务产业链高质量发展】2022年，荣成海关围绕辖区“突破发展海洋经济”主题，关领导深入辖区7大产业链27家重点企业现场办公，答疑解惑问题78个。20名“海关专家”与荣成市7大产业链链长无缝对接，建立联合服务外贸企业工作台账，摸清摸透企业难点堵点。针对疫情、汇率贬值、海运费波动、国际市场订单萎缩等因素对重点产业链影响，构建“联合研判+综合施策”服务平台，“一企一策”定制帮扶企业套餐，推进问题清零。辖区出口房车、轮胎、食品、修造船等产业链供应链重点企业对外贸进出口拉动作用更加凸显。

【畅通港口物流】2022年，荣成海关在石岛口岸对冷链散杂货物应用进口“船边直提”、出口“抵港直装”监管模式，共对1200票64.90万吨进口远洋自捕水产品实施“船边直提”，对825票22.67万吨出口饲料鱼实施“抵港直装”。2种监管模式大大提升了监管现场散杂冷冻货物物流效率，为收发货人节省了费用，提升了贸易便利化水平。

【建设进出口食品农产品示范口岸】2022年，荣成海关强化进出口食品农产品示范口岸建设，围绕辖区出口农产品、海洋食品、活水生动物等特色产品，打造优势品牌，不断提升出口产品竞争力。支持辖区特色农产品扩大出口，通过政策宣讲、专家点对点服务等方式，对企业厂区环境、有害生物监测、质量管理体系等进行政策帮扶指导。对荣成市优势农业项目如苹果、无花果基地进行资质类备案服务，辖区各类出口食品原料种植、养殖基地备案达25家。发挥海关技术优势，构建“海关专家+联合研判+综合施策”服务平台，指导出口食品企业优化质量管理体系建设。采取

“提前申报+预约查验”的方式开辟查检绿色通道，开展“顺势监管”，满足企业快速通关需求。加强技术性贸易措施工作，引导企业积极应对境外技术性贸易壁垒。辖区共有728厂次对境外注册，通过欧盟注册远洋渔船达126艘，占山东省注册渔船四成。

撰稿人

张　斌

济宁海关

【概况】济宁海关是国家在济宁设立的进出境监督管理机关，是隶属于青岛海关的正处级海关机构。1994年3月，经国务院批准，济宁海关正式成立。2000年10月，济宁海关走私犯罪侦查支局成立；2003年1月，更名为济宁海关缉私分局。2003年4月，设立济宁海关驻曲阜办事处。2018年，根据国务院机构改革方案，出入境检验检疫管理职责和队伍划入海关。截至2022年年底，济宁海关设有缉私分局（内设5科）、驻曲阜办事处（内设3科）、11个正科级内设机构，以及综合技术服务中心1个事业单位。全关共有干部职工184人，其中关员80人、警员14人、工勤及协管人员90人。

2022年，济宁海关共监管进出口货物652.91万吨，货值51.30亿美元，同比分别增长0.24%、13.67%；审核进出口报关单5.64万票，同比下降3.48%；入库税款20.81亿元，同比增长5.39%；监管进出口集装箱17.10万个，同比增长2.24%；实有备案企业5948家，新增企业833家；加工贸易手册实际进出口12.70亿美元，同比增长40.22%。行政立案9起，案值1476万元；刑事立案13起，案值2.22亿元；办结稽查作业16起，办结核查作业108起。

济宁海关以习近平新时代中国特色社会主义思想为指导，认真学习贯彻党的二十大精神和习近平总书记重要指示批示精神，落实海关总署党委以及青岛海关党委部署，落实大事实事引领战略，围绕“新时代基层海关文明标杆”的“基础建设年”开展全年工作。继续保持全国文明单位荣誉称号，连续8年荣获“支持济宁发展突出贡献单位”称号，获评青岛海关2022年度工作优秀集体，被国家机关事务管理局、中共中央直属机关事务管理局、国家发展和改革委员会、财政部评为全国第二批“节约型机关”，获评青岛海关“清风国门”廉洁文化创意作品征集活动优秀组织奖。

【党的建设】2022年，济宁海关学习贯彻习近平新时代中国特色社会主义思想和党的二十大精神，落实党委理论学习、“第一议题”制度，全年开展党委中心组理论学习12次、“第一议题”学习50次。研究制订济宁海关学习宣传贯彻党的二十大精神工作方案，设置学习专栏、学习展板，开展应知应会答题，组织党员干部通过“三会一课”“金句晨读”等方式深入开展学习讨论，以会议精神指导工作开展。扎实开展捍卫“两个确立”、做到“两个维护”、强化政治机关建设专项教育活动，做好理论学习、自查整改等规定动作，组织开展“政治机关建设大讨论”等活动。对照“四个是否”深入查找政治建设方面的问题和风险，开展原因剖析，研究制定整改措施并全部落实到位。加强领导班子自身建设和基层党建工作，印发进一步加强自身建设的决定。认真组织开展基层党建“双提升”行动，深化党建“强基提质工程”，新增青岛关区“四强”党支部2个、党建培育品牌1个。组织开展关史特色研究，发布16期主题微信、3期原创视频和1期理论研讨。推进党史学习教育常态化长效化，深入开展“我为群众办实事”实践活动，组织党员干部赴企业“同工、同岗、同劳动”，帮助解决困难问题8个。

【廉政建设】2022年，济宁海关组织开展“海关重点项目和财物管理以权谋私”专项整治和以案促改工作，高标准做好自查等规定动作，领导班子成员深入一线跟班作业，摸排廉政风险隐患。开展个别谈话，梳理高风险岗位及人员，检查、自查发现问题并整改完毕。对海关总署关注的7个工程项目认真自查，未发现以权谋私问题。举一反三对济宁海关党委成立以来实施的12个工程项目进行“回头看”。将以案促改与专项教育、专项整治相结合，统筹做好纪法学习、警示教育和自查剖析。组织学习违纪违法案例，引导干部职工知敬畏、存戒惧、守底线。继续实行“关心—关注—管控”工作机制，结合岗位特点和人员实际常态化开展“三大风险”分析，有的放矢加强廉政风险防控。制定外勤执法监督管理办法，固化外勤作业向派驻纪检组报备、外勤执法异常情况第一时间报告和执法回访“三项制度”，进一步加强外勤作业监督。认真落实中央八项规定精神，持之以恒加强作风建设，以形式主义、官僚主义为重点强化“四风”纠治，继续改进调查研究，加强窗口作风建设，精简会议、发文，厉行勤俭节约，成功创建全国节约型机关。加强警示教育和廉政文化建设，扎实开展“警示教育月”活动，组织学习典型案例42例，赴济宁市廉政教育中心开展现场教学。组织参加青岛关区“清风国门”廉洁文化创意作品征集活动，7件作品分别获一、二、三等奖。主动接受派驻纪检组监督，召开会商会议2次，共同推进全面从严治党重点工作。

【队伍建设】2022年，济宁海关落实党管干部原则和好干部标准，规范选任程序，完成科级领导干部选拔任用，选聘专业技术七级岗2人。倡导创先争优，鼓励干部职工尤其是执法一线科长、青年干部承担改革重点难点任务，参与青岛关区重点工作和课题研究，全年52人次获海关总署、青岛海关和地方表彰奖励，其中1人荣立个人二等功、4人荣立个人三等功、1人获评第二届青岛海关“最美缉私警察”。加强青年队伍建设，完成团支部换届，配强青年工作力量。成立3个青年理论学习小组，引导青年加强思想建设。总结编写《初关新语》专题教材，加强新关员培养。发扬青年先锋作用，1人获评全国海关缉私局先进青年，1个科室在济宁市“提升执行力、青年争先锋”活动中获评“青年先锋岗”，1个青年家庭获山东省省直机关“最美家庭”称号。

【监管业务】2022年，济宁海关强化税收征管，针对特许权使用费、滞期费、进口环保橡胶油等审价重点开展审价工作。对1家经营异常企业启动税收强制工作。加强属地纳税人管理，利用线上线下平台“一对一”解决企业纳税疑难问题，辖区9家企业主动申报特许权使用费，相关工作经验被青岛海关编发。深化多元化税收担保方式改革，为企业节省资金和办理时间。开展“国门绿盾2022”行动，持续加强进出境动植物管理。加强进境粮食检疫监管，对3家企业违规存放进境粮食行为立案处罚。强化动植物检疫除害处理监管，安全实施检疫处理5983批次、47.78万吨。实施进出口食品安全情况通报，做好监督抽检和风险监测，深入开展进口食品“国门守护”行动。加强进境商品质量监管，检出154批棉花短重547吨，检出出口化肥不合格10批，发现进口机电设备不规范情事6起。加强危险品监管，检出出口危险货物包装不合格9批，发现1家企业信息异常并移交应急管理部门。体检出入境人员5294人次，检出各类传染病10例。

【稽核查管理】2022年，济宁海关加强稽核查管理，完成稽查作业16起，同比增长23.4%；开展核查作业108起，查发问题89起。宣传主动披露政策，全年企业主动披露10起，纠正申报错误7起。经联合风险研判开展专项核查行动27起，查发整改问题15个；开展企业信息核对15家，查发整改问题4个。开展“核查领域采信第三方出具报告制度”7起，运用“互联网+”开展网上核查21起。

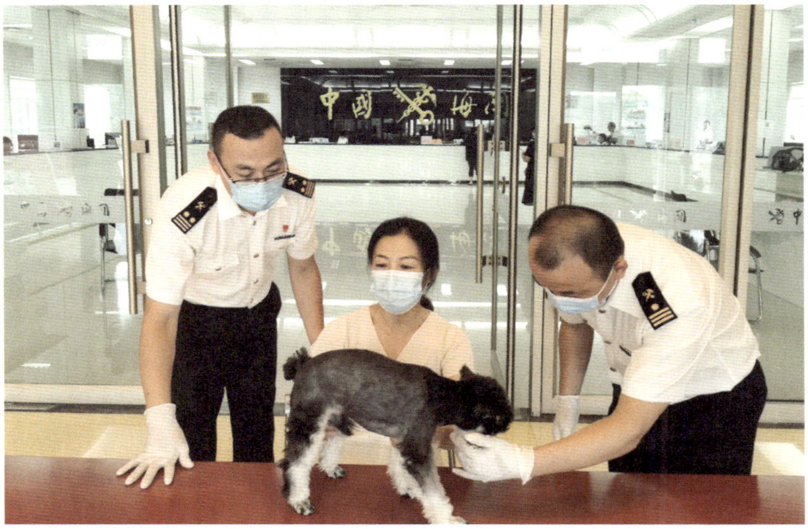

▲2022年7月29日，青岛海关所属济宁海关关员对出境伴侣动物进行检疫查验

【查缉走私】2022年，济宁海关深化与法院、检察院的三方合作，召开联席会议4次。组织开展风险联合研判15次，为打击走私提供风险信息支持。加强重点领域打私工作，全年侦办刑事案件13起，案值2.22亿元，同比增长132%。其中，侦办涉枪走私案件4起、毒品走私案件1起，减少社会安全隐患；首次侦办海南套代购走私案件，案值1505万元，打掉专业走私团伙3个；参与青岛海关打击乐器走私专项行动，查扣吉他等涉案货物170余包装箱，案值2.1亿元。

【优化营商环境】2022年，济宁海关落实海关总署促进外贸保稳提质10条措施和青岛海关19条细化措施，不断优化外贸营商环境，助力济宁市外贸进出口值首次突破800亿元。领导班子成员带队分赴各县市区开展政策宣讲，实现县市区全覆盖，累计培训企业380余家、3000余人次。开设属地查检绿色通道，保障植物产品快速通关。全年，辖区出口植物产品6234批次，货值10.3亿元，同比分别增长22.1%、16.9%。帮扶微山县国家粮食储备库等7家企业获得进境粮食加工或储存资质，辖区进境粮食企业达到25家。全年辖区进口粮食170万吨，助力保障粮食供应链产业链安全。加强指导帮扶，推动大闸蟹、咸鸭蛋等特色产品扩大出口，鲤鱼籽首次出口以色列。多措并举为企业纾困解难，推广应用网上办、容缺办、集中办等便利措施，应对疫情影响。通过“关长接待日”、企业协调员、走访调研等多种方式密切联系企业，帮助解决实际困难。推广应用循环包装物检疫监管模式改革，为企业节约通关成本15万元。

▲2022年7月15日，青岛海关所属济宁海关关员对出口柳编开展属地查检

【助企精准享惠】2022年，济宁海关深化改革提高通关效率，进、出口提前申报率分别为36.1%、33.9%，出口两步申报率为38%，出口整体通关时间同比压缩16.4%。助力深化“AEO示范市”建设，继续实施“精选、精育、精审”工作法，8家企业通过青岛海关认证，辖区AEO企业增至21家。推广应用RCEP政策，建立重点进口企业享惠台账，签发RCEP项下原产地证书1372份，货值5671.7万美元。签发优惠原产地证书1.56万份，金额10.3亿美元，同比分别增长36.0%、59.9%。

【支持开放平台建设】2022年，济宁海关支持内河港航产业发展，对接济宁市主管部门和经营企业，多次赴龙拱港、梁山港调研，就设立海关监管场站、集装箱货物水路转关等政策进行宣讲。服务济宁市“制造强市”战略，成立支持济宁市智能制造产业基地项目工作组，重点服务小松全球项目和永生重工等配套产业链、供应链、物流链及关联新业态顺利落地。支持对外开放平台建设，加强对上沟通汇报，支持济宁市申建保税物流中心（B型），协助推进兖州国际陆港铁路监管场所建设。支持跨境电商发展，助力济宁市成功获批第七批国家跨境电商综合试验区。协助地方推进技术性贸易措施评议基地建设，推动梁山专用车及零部件技术性贸易措施评议基地正式获海关总署批复，济宁大蒜产品技术性贸易评议基地顺利通过海关总署年度考核。主持山东省重点研发计划“技术性贸易壁垒应对措施及其服务我省大蒜出口产业高质量发展的研究”结题验收。开展输欧含明胶类复合食品技术性贸易措施研究，通过海关总署磋商促使欧盟取消不合理限制。综合技术中心贸易摩擦工作站被山东省商务厅评为优秀级别，并获追加资金。

【能力建设】2022年，济宁海关组织开展“大培训”授课47期。组织参加全国稽查岗位练兵，分管领导班子成员获青岛关区个人第一名并入选全国百强，集体获青岛关区第三名。加强专业人才培养，1人获评信用管理中级专家型人才，3人获评信用管理初级专家型人才，7人入选青岛关区虚拟认证中心人员库，4人次新获得动植检查检疫资质，3人通过进出口危险货物及包装监管资质考试，1人考取医学检验专业技术资格证书，5人换发或新增新冠病毒检测培训合格证书。在青岛关区首次专业人才库评选中，济宁海关25人次入选，列青岛关区百人以下隶属海关首位。组织完成外勤中心办公场所改造，完善内外勤轮值机制和工作流程，制定检验检疫证单授权签字人管理办法等制度，开展精简单证专项检查整改问题3项。进一步优化职责分工，将内勤中心承担的原产地调查等7项外勤事项剥离至外勤中心办理。内勤中心跨科室成立减免税专员、企业协调员、归类小组和AEO认证队伍，外勤执法100%实现“双随机”统一派单，“全岗通办”水平进一步提升。开展业务改革问题清零工作，向青岛海关提报改革问题建议7项，1项建议被海关总署采纳。

【法治建设】2022年，济宁海关加强法治建设，关党委带头学法用法，全年开展关党委专题学法46次。加强制度建设，制定或修订制度41项，完善济宁海关工作规则、“三公”管理、政府采购等一批基础性制度。加强执法规范性建设，开展“一线释法”活动15次，规范办理一般程序检验检疫行政处罚案件3起。加强普法工作，开展集中普法活动8次，对重点企业“送政策”上门28次。审核民事法律合同52份。5条立法后评估建议、3条制度立项建议、5条制度评估建议分别被海关总署、青岛海关采纳。汲取儒家优秀传统文化，打造“和为贵”海关事务协调服务中心暨新时代“枫桥经验”海关工作站（济宁），运用新时代“枫桥经验”妥善处理行政复议案件3起。获山东省“七五”普法依法治理工作先进集体称号，被选为山东省“八五”普法依法治理工作联系点。

【科技创新】2022年，济宁海关成立科技创新推进工作专班，推动监控指挥中心、智慧消防、智慧门禁等科技创新项目实施。建成PCR实验室，并通过山东省临检中心临床基因扩增检验实验室技术审核。依托“钉钉”平台对公务用车、办公用品采购等27项日常管理事项实施在线审批。完成253处摄像头安装，基本实现视频监控全覆盖。成功申请发明专利“一种中空纤维萃取检测火锅底料中罂粟壳成分的方法”，实现发明专利“零”的突破。牵头完成海关总署署级科研项目“中国海关对外贸易指数科学计算与国际比较研究”和青岛海关关级科研项目“进出口玩具质量安全风险预警和快速反应监管体系研究”“功能化MOFs材料结合液质非靶向筛查检测多类兽药残留的研究”。

【后勤保障】2022年，济宁海关继续做好民生工作，完成工会换届，优化整合民生委员会、伙食委员会，为民生工作强化组织保障。深入实施“明厨亮灶”，进一步规范职工食堂管理，提高服务质量。继续做好外卖、净菜、团购、民生超市等服务。组织开展各类文化体育活动，丰富干部职工精神生活。

撰稿人

王华文

临沂海关

【概况】临沂海关是负责临沂市范围内海关各类管理工作的正处级隶属海关。办公场所主要分布于关本部、凤凰大街办公区、商城、综合保税区、机场5处，以及1处在建的新综合技术服务中心和1处在建的济铁物流园监管作业场所办公区。内设19个科室，主要承担辖区内进出口商品的监管、征税、统计、保税监管、稽查、打私、反宣品查缉、知识产权海关保护以及国境卫生检疫、进出境动植物检疫和进出口商品检验、鉴定、认证和监督管理等职责；设综合技术服务中心1个事业单位，主要承担进出口食品、农产品、工业品的检验检测，出入境人员传染病监测、健康体检、旅行预防接种，科研与技术服务等工作。截至2022年年底，有干部职工117人，其中行政编制89人、事业编制28人。关员平均年龄42.68岁，35岁以下关员占比20.5%，本科及以上学历占比93.2%，党员占比89.7%。

临沂海关在青岛海关党委正确领导下，全关上下围绕新时代现代化强关建设目标，落实“疫情要防住、经济要稳住、发展要安全”总要求，强化监管、优化服务。全年，共监管进出口货运量1598万吨，货值194.08亿美元，审核进出口报关单28.47万票，同比分别减少10.4%、4.42%、6.03 %；税收入库14.51亿元，同比增长3.1%；监管进出口集装箱49.29万个，同比减少11.51%。市场采购报关单16.62万份，货值676.09亿元，同比分别减少14.9%、1.4%；货物检验检疫11.51万批次，货值60.37万美元，同比分别减少12.71%、10.92%；实有备案企业1.08万家，同比增长9.9%，新增企业1169家，同比下降7.2%；备案加工贸易手册299册，备案金额9.07亿美元，同比分别下降30.3 %、22.49%。获得“2021年度模范机关建设工作表现突出集体”“山东省‘七五’普法依法治理工作先进集体”“全国海关信息工作先进单位”“临沂慈善奖先进单位”“2021年度全市高质量发展综合绩效考核先进单位”“临沂市巾帼建功先进集体”“青岛海关‘三八红旗集体’”“一星级全国青年文明号”“青年理论学习小组标兵集体”等荣誉，30余名党员干部受到上级表彰奖励。

【党的建设】2022年，临沂海关以政治建设为统领，推动党建工作高质量发展。落实“第一议题”制度，把习近平总书记重要讲话和重要指示批示精神作为行动号令，每月召开工作督查例会确保贯彻落实到位。全面落实党中央重大决策部署，落实疫情防控要求，深入开展“国门利剑2022”专项行动。支持“第一书记”乡村振兴工作，领导班子成员带队走访慰问3次，组织团购“第一书记”任职村农特产品。持续强化理论武装。深入学习贯彻习近平新时代中国特色社会主义思想，开展中心组学习21次，中心组成员撰写调研报告8篇。扎实推进政治机关建设专项教育活动，深入排查问题，整改措施落实到位。深入学习宣传贯彻党的二十大精神，组织170余人收听收看党的二十大开幕会，召开党委专题学习会议和党委理论学习中心组（扩大）学习会议，党委班子成员讲党课5次。执行党委工作规则，认真落实民主集中制，提高党委工作规范化、制度化、科学化水平，开好党史学习教育专题民主生活会，开展学习研讨12次，谈心谈话90余人次。落实党委班子成员双重组织生活制度和党建工作联系点制度。召开党的建设领导小组专题会议，定期总结全面从严治党工作。开展年度组织生活会和民主评议工作，扎实开展基层党建“双提升”行动，深入开展实训练兵。开展“四强”党支部和党建品牌创建工作，3个党支部获评青岛关区“四强”党支部，3个党建品牌获评青岛关区党建示范、培育品牌，与青岛海关食品处、兰陵县代村开展“三方共建”主题活动。建立“三会一课”督导机制，实施党建工作考核办法。落实党委意识形态工作责任制，构建“党委统一领导、班子分工负责、支部齐抓共管”的意识形态工作格局。多层次开展意识形态领域风险分析研判，党委召开2次意识形态工作专题会议，有效发挥意识形态工作统一思想、凝聚人心、汇集力量的强大作用。

【廉政建设】2022年，临沂海关推动清廉海关建设，落实中央八项规定及实施细则、重大问题请示报告等法纪、制度。每季度组织开展纪检监察工作联席会，做好领导干部个人有关事项报告、领导干部配偶子女从业情况报告，用好“四种形态”，及时开展针对性教育和谈心谈话工作，抓好党内监督。认真组织“警示教育月”活动，组织关员赴廉政基地开展警示教育，观看警示教育片，重要节日发布廉政提醒，筑牢廉政思想防线。扎实推进巡察“回头看”反馈问题整改，针对青岛海关党委第三巡察组反馈的问题和意见建议，成立巡察整改工作领导小组，制定整改举措，确保整改不留死角。

【队伍建设】2022年，临沂海关把握正确用人导向，做好干部调整选拔任用。开展违规在企业兼职自查，对相关人员开展组织提醒谈话。推进事业单位改革，推报3名事业人员职称评审，其中1人为正高级，有序完成事业单位绩效工资初步改革。强化准军建设，组织关员赴武警临沂支队交流学习，召开退役军人座谈会。加强内务监督，抓实日常作风建设，深化“内涵学军”，全员准军集训和“内务规范强化月”常态化。狠抓日常作风建设，定期开展内部督查。各支部开展内务规范自查、自学，组织开展队列训练，进一步内强素质、外树形象。推进文明单位创建，成立创建工作领导小组，完善创建工作机制，构建“党委统一领导、班子分工负责、部门齐抓共管、全员全面参与”的责任体系。制订工作方案和实施计划表，明确8个方面任务、

69条创建措施。做好年度创建档案上传工作，共梳理制度文件135个，各项创建活动154次。完成省级文明单位复核工作。

【法治建设】2022年，临沂海关开展“执法工作质量提升专项整治活动”，梳理排查执法岗位67个、执法依据2249个、工作记录536个，自查发现问题8个，对执法依据文件实施动态调整23个，及时分析风险堵塞执法漏洞15条。践行新时代“枫桥经验”，依托法治工作学习推进小组、法律顾问、地方政府三方资源，应对化解涉法、涉诉、涉访问题3个。依法开展破产追税。开展“法律六进”主题送法普法宣传，被临沂市司法局推荐为山东省“八五”普法依法治理工作联系点。

【内部疫情防控】2022年，临沂海关严密内部疫情防控，落实优化调整疫情防控政策要求，完善各项防控措施，安全高效应对属地疫情。关心关爱干部职工健康，加强防疫物资储备发放管理，组织开展152轮、2.5万余人次口咽拭子核酸检测。

【卫生检疫】2022年，临沂海关开展病媒生物监测工作，全年共开展鼠类监测8次，布放鼠夹5760夹次，有效布夹数5732个，共捕获小家鼠2只。游离蜱监测7次，捕获游离蜱幼虫1只。成蚊监测12次，布放二氧化碳诱蚊灯36盏次，共捕获蚊虫924只，其中淡色库蚊845只、白纹伊蚊57只、骚扰阿蚊22只。布放伊蚊诱捕器数900个，未发现阳性诱捕器。鼠类样本和蚊类样本送青岛综合技术服务中心进行带毒检测，未检出阳性。协助青岛海关开展病媒生物监测培训前期准备工作和现场授课工作，制作国境口岸游离蜱监测、国境口岸病媒生物监测个人安全防护演讲稿并承担游离蜱的现场监测授课工作，现场教学过程中捕获游离蜱60余只。

【动植物检验检疫】2022年，临沂海关跟踪研究境内外重大动植物疫情动态，及时采取预警和快速反应措施，严防非洲猪瘟、高致病性禽流感、沙漠蝗等重大动植物疫情疫病传入传出，防止疫情叠加。牵头做好非洲猪瘟防控工作，依托重大动植物疫情应急预案和突发事件应急处置预案，加强应急演练、应急物资储备及人员安全防护，重点防控重大动植物疫病疫情、外来生物入侵等风险，重点防范质量安全突发事件，提升动植物疫情应急处置能力和突发事件应对能力。优化进境粮食监管工作，为企业发放“明白纸”，明确办理业务所需提供具体材料、办理时限等信息。共推荐11家企业取得进境粮食加工企业资质，6家企业扩大备案品种。针对临沂地区进境粮食加工、存放企业数量多、分布零散、运距较长和普遍检疫防疫意识不强、管理水平不高的情况，在2021年“进境粮食监管水平提升攻坚”专项整治活动的基础上，开展专项整治“回头看”活动，对辖区内已备案的全部52家进境粮食指定加工、存放企业进行检查，其中限期整改46家，实施行政处罚2家，约谈了未及时提交核销材料的8家企业负责人，检查中共发现不符合项共计112个，全部完成整改，规范提升了辖区企业进境粮食加工管理水平。全年，共检疫监管进境粮食188批、149.60万吨。

【食品检验检疫】2022年，临沂海关完成辖区花生产地黄曲霉毒素、农残及重金属田间污染水平普查，按要求抽取164个黄曲霉毒素样品、10个农残样品和10个重金属镉样品进行检测，指导监督企业选择污染水平低的区域作为花生原料收购备案地，加大对输往高风险国家花生原料进厂验收、出口前检验等关键环节的监管力度，确保新作物年度出口花生的安全卫生质量。做好出口腌渍蔬菜及相关食品备案企业排查工作，核查13家出口备案腌渍蔬菜生产企业，发现企业存在没有按规定频次对生产用水进行检测、周转桶（筐）长有霉斑、盛装化学物质的容器无标识等问题29项次，已要求整改完毕。全年，共检验检疫进出口食品及化妆品2.99万批、96.12亿元，同比分别增长2.17%、21.67%。其中，出口食品及化妆品2.69万批、78.47亿元，同比分别增长1.4%、10.1%；进口食品及化妆品2991批、17.65亿元，同比分别增长27.3%、120%。

【商品检验】2022年，临沂海关全面梳理辖区危险品生产企业生产资质和具体生产经营情况，对于生产设备和生产工艺发生变化的企业和商品，及时要求其重新鉴定产品危险特性。参与开展危险化学品企业应急事故演练，提升突发事故应急处置能力。根据标准更新情况，制作《危险品申报和包装指南》，规范企业申报和包装要求，组织辖区内30余家危险品生产和申报企业参加新标准宣传贯彻视频会，开展微信群内答疑。编写危险品查验“明白纸”40余份，明确现场查验要点和操作要求，切实提高一线查验关员实操水平。全年，检验检疫出口危险化学品1466批次，同比减少33.5%；危险货物包装性能检验4566批次，同比减少3.2%；使用鉴定2221批次，同比减少6.6%。检出出口危险品不合格40批次，其中17批次涉及危险警示标签不规范，11批次涉及货物包装印刷信息不全，4批次涉及货物包装标记与性能单不一致，3批次涉及内包装不合格，其余涉及货物UN编号及货物名称申报错误、生产日期错误、备货不齐等问题。落实海关总署以及青岛海关对于新增化肥法检的检验要求，按照布控指令开展检验。全年，检验出口化肥共347批，27.44万吨，货值1.5亿美元。其中，检出不合格7批，1.3万吨，货值1221万美元，分别为：磷酸一铵2批，1万吨，货值1135万美元，总砷含量超标；土壤调理剂5批，0.3万吨，货值86万美元，总汞含量超标。

【出境木质包装监管模式创新】2022年，临沂海关创新出境木质包装监管模式，梳理学习相关监管要求，研究分析改进当前监管模式可行性，经青岛海关动植物检疫处函复同意，优化对出境木质包装IPPC标识加施过程监管模式，取消纸质单据审核，利用“出境木质包装除害处理系统”等系统“主动电放”申报单据。监管模式优化后，标识加施企业平均可提前2天完成流程验放，包装使用企业可提前2天安排货物出口装运，大幅缓解企业海运及资金压力。标识加施企业自主网上办理相关业务，年可节约代理、交通、快递等费用近2万元。

【“放管服”改革】2022年，临沂海关深化“放管服”改革，实施临沂海关关于进一步做好深化“放管服”改革优化口岸营商环境促进外贸发展的意见，精准制定15条具体措施，加快打造市场化、法治化、国际化一流外贸营商环境。推广海关网上办事程序，不断提升“多证合一”办理通过率，企业注册、备案事项全部实现网上办理，完成进出口收发货人备案1500家，审批报关企业23家，新备案出口食品企业58家、食品/化妆品进口商27家、种养殖基地7个，注册登记出口植物产品生产企业264家。推广应用原产地证书自助打印，近八成证书实现“零跑腿”签证，“零重复”调查实现100%。开展属地查检模式改革，成立联合查检中心，统筹属地查检作业，增加线上视频查检功能，实行注册登记线上评审，年均视频查检近7000批，平均每份证稿拟制时间缩短半天，有效降低现场查检频次，大幅提高通关效率，查检模式改革经验获山东电视台《山东新闻联播》报道。

【服务发展】2022年，临沂海关强化政策供给，制定出台临沂海关服务和促进外贸保稳提质25条措施，汇编涵盖31个政策包的《临沂海关惠企便民手册》，实现海关政策“一码通”。官方微信公众号年内累计发布政策解读类稿件89篇。开展“送政策上门”活动，为外贸重点县区量身定制“政策礼包”，汇编贸易分析报告230余份，对7个县区1400余名政企人员开展政策业务培训，为辖区企业提供免费检测技术服务。以落实减税降费措施为重点，用足用好内销便利化和企业集团等优惠政策，持续加大惠企服务力度，为山东临工工程机械有限公司、山东医学高等专科学校、临沂大学的重大技术装备、科技创新和鼓励项目减免税款，通过关税保证保险等新型担保方式为相关单位、企业释放流动资金4.6亿元。落实通关便利化措施，畅通物流监管，设立鲜活易腐农食产品出口“绿色通道”，推行“提前申报”“两步申报”，提升通关速度，巩固压缩整体通关时间成效。全年，进、出口整体通关时间分别为28.6小时、1.6小时，与2017年基准相比分别压缩79.6%、85.2%。

【推广RCEP便利化措施】2022年，临沂海关推广RCEP便利化措施，构建原产地签证协同推进机制，探索市场采购商品原产地签证便利化模式，签发各类原产地证书10.2万份，签证金额246.1亿元，同比分别增长17%、6.6%；为企业在进口地享受关税减让9.1亿元。服务保障第二届RCEP区域（山东）进口商品博览会成功举办。

【推动“AEO示范市”建设】2022年，临沂海关联合临沂市商务局制订《推动临沂市创建AEO示范市工作方案》，成立跨部门的认证工作专班，建立关地协同促进“AEO示范市”高质量发展工作机制。筛选14家外贸企业列入年度重点培育计划，开展48次专题培训和精准培育，助力4家企业获得AEO高级认证资质，辖区高级认证企业达到12家。

【服务综合保税区建设】2022年，临沂海关推广自由贸易试验区相关创新制度，启用“批次进出、集中申报”等创新方式，打造综合保税区便捷物流监管模式。支持综合保税区粮食加工业态发展，3个糖类加工项目获批。支持综合保税区高端业态项目发展，新增2个保税研发、1个保税租赁项目获批，保税维修项目达到3个。

【综合治税】2022年，临沂海关严密全领域税收风险防控，建立强化“双特”审价，加强税收进度监控，完成税收入库14.5亿元，同比增

▲2022 年 9 月 13 日，青岛海关所属临沂海关关员现场监管出口鲜花

长 3.1%。加强后续监管，聚焦新兴外贸业态发展，深化“网上核查”“第三方采信”等稽查改革举措，提升查发效能，办结稽查作业 11 起，涉及案值 6.4 亿元。

【统计监测预警】2022 年，临沂海关强化统计监测分析预警，向政府反映辖区外贸发展新动向，为企业开拓市场提供数据支持，撰写监测预警分析 36 篇。

【中欧班列运行】2022 年，临沂海关服务保障中欧班列高质高效运行，争取青岛海关支持，在区外采取临时监管措施，实现班列的提前开通运行。推动“铁路快通”新模式，设立“中欧班列绿色通道”及专用窗口，对出口班列实施“即到即查”“即查即放”“预约加急通关”等便利措施。助力开通临沂至俄罗斯、德国、哈萨克斯坦、越南等新线路，指导“班列 + 园区”“班列 + 运贸”等一体化新业态开展，全年监管出境欧亚班列 166 列，同比增长 55.1%。

【安全生产】2022 年，临沂海关紧抓安全生产，聚焦危险化学品监管、网络信息安全、执法作业安全和监管作业场所、实验室、办公区管理等重点领域，加强安全隐患排查，落实安全检查制度，修订 8 个应急预案，开展 9 次安全巡查，提升突发事件处置能力，守牢安全底线、监管红线。推进安全生产专项整治 3 年行动，规范落实出口危险品查检要求和查检人员资质要求，监管出口危险品 1466 批，检出不合格 40 批。

【查缉走私】2022 年，临沂海关开展“国门利剑 2022”联合行动，打击食糖、胶合

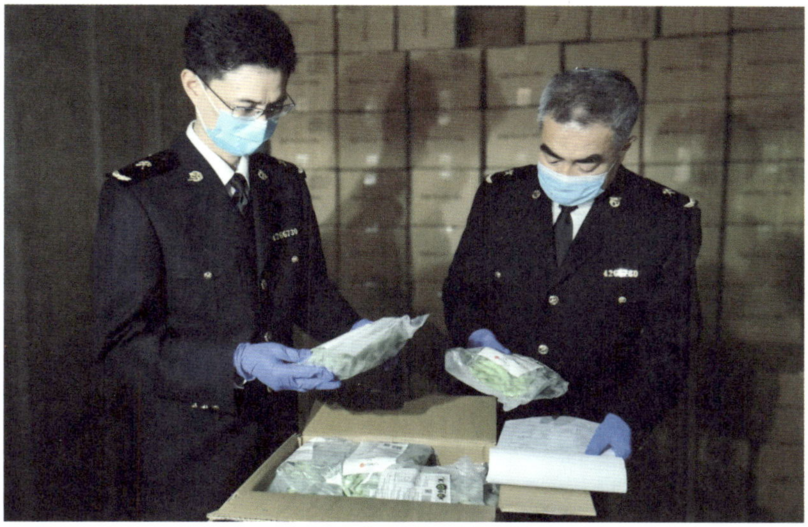

▲2022年3月31日，青岛海关所属临沂海关关员在冷冻毛豆冷库调研

板、红酒等重点涉税商品走私，查处行业性、团伙性走私，行政立案43起，涉案金额6940.5万元。

【临沂国际商城】2022年，临沂海关指导建设临沂商城跨境电商综合服务平台，为临沂跨境电商零售出口、市场采购贸易向数字化转型发展提供技术保障。指导临沂启阳国际机场、临沂港、济铁物流园等海关监管场所设立“跨境电商监管中心”“跨境电商云仓”，支持跨境电商与市场采购同仓存储、拼箱出口，探索“市场采购+跨境电商+海外仓+欧亚班列”融合发展模式。支持企业海外仓建设，临沂企业海外仓达6家。开通跨境电商零售进口（9610）渠道，成为青岛海关辖区唯一开通该业务的内陆海关。支持临沂申请开展预包装食品市场采购出口试点。全年，完成跨境电商“9610”出口264.9万单。

【机场口岸正式开放验收】2022年，临沂海关开展问题自查和预验收，指导督促问题整改，做到问题“逐一跟踪监督、逐一整改销号”。建立健全工作规范，完善卫生检疫、预防性消毒以及应急处置作业指引，顺利通过山东省口岸办组织的预验收。支持机场统筹设立国际快件监管中心和跨境电商监管中心的远景规划，拓展国际空港功能和发展空间。

【临沂国际陆港】2022年，临沂海关成立工作专班，加强沟通协调，高标准研究海关监管场所规划设计方案。细化场所功能布局，规划疫情防控、冷链物流、保税仓储等基础设施，建设与海港直连一体化的信息化管理系统，提升“智慧监管”水平。推动加快海关监管作业场所及办公楼建设，主体已基本完工。提前介入河东区铁路物流园建设，指导项目规划设计。

【综合保障】2022年，临沂海关聚焦中心工作加强信息宣传，全年在《人民日报》《山东新闻联播》《中国国门时报》等海关总署核定媒体刊发新闻宣传稿件200余篇次。召开新闻发布会4次，舆情线索零遗漏。应急值班、督查督办、机要保密等工作质效不断提升。提升基础设施，完成三楼淋浴设施改造工作，满足运动后沐浴诉求。更新一二层卫生间设施，解决底层卫生间长期存在反味、洇水问题。更新洗车机、直饮水机等设备，满足洗车、饮水诉求。开展民生超市建设，建设面积106平方米，体现海关特色、满足职工需求。开展民生团购，精心选择供货单位，以最高品质、最低价格开展团购活动29期。引入专业物业管理公司，落实安保、消防监控、会议服务、保洁、维修等方面要求，加强日常检查及考核，提升办公区域物业管理水平。完成9个协会年度登记工作，会员人数达124人。组织开展“喜迎二十大”球类比赛，派员参加临沂市职工运动会相关项目比赛。组织全员健康体检，为2名一线关员申请职工疗养。开展工会夏日送清凉活动，组织工会会员观影。

【企事业发展】2022年，临沂海关技术中心通过CNAS复评评审，参加各类能力验证12类26项，均获满意结果。保健中心完成6大项27小项的全国室间质量评价活动，均获满分成绩。组织人员参加食品标签检验等内、外部培训，1人获青岛海关技能竞赛三等奖。争取科研立项，申报海关总署科研项目2项，申请发明专利2项，参与国标、行标制修订2项。提高服务质量，法检平均检测流程时长2.9个工作日，全年“零超期”。为进出口企业免费培训检测技术人员6人。开展科技活动周、实验室开放日活动，邀请企业和市民参观实验室。制订实验室搬迁方案，加快实验室搬迁进度。

撰稿人

孙祥瑞

菏泽海关

【概况】菏泽海关是国家在菏泽设立的进出境监督管理机关，是隶属于青岛海关的正处级海关机构。1996年12月，原青岛海关驻菏泽办事处正式对外办理业务。原菏泽进出口商品检疫局于1989年8月建局；1999年11月24日，当时的菏泽进出口商品检验局、菏泽卫生检疫局、菏泽进出境动植物检疫局合并组建为原菏泽出入境检验检疫局。2018年12月，菏泽海关挂牌成立。菏泽海关是省级文明单位（2009年）、省级青年文明号（2015年）、全国海关先进基层党组织（2016年）、全国文明单位（2017年），现设办公室（党委办公室）、人事政工科（党委组织宣传部）、综合业务科、业务运行监控科、企业管理科、保税监管科、查检一科、查检二科、稽查科和技术中心（挂靠济宁海关技术中心）。菏泽海关管辖范围为菏泽市各项海关管理工作，基本任务是出入境监管、征税、查缉走私、统计，对外承担税收征管、通关监管、保税监管、进出口统计、海关稽查、知识产权海关保护、打击走私，以及辖区国境卫生检疫、进出境动植物检疫和进出口商品检验、鉴定、认证和监督管理职责。

2022年，菏泽海关在青岛海关党委的正确领导下，在菏泽市委、市政府的大力支持下，以政治建关为统领，深入学习宣传贯彻党的二十大精神，锚定新时代现代化基层强关建设目标，聚焦政治提升、服务提升、能力提升、管理提升、文化提升"五项工程"，强化监管优化服务。全年，审核报关单4.19万份，监管货运量740.56万吨，检验检疫出入境商品6.43万批，签发各类原产地证书1.98万份。推进东明石化累计实现集团财务担保34.72亿元，提高企业的资金使用效率。持续压缩进出口通关时间，全年进、出口整体通关时间分别为6.03小时、1.88小时。通过"全国文明单位"复审，获全国"节约型机关"称号，获菏泽市"支持菏泽发展先进单位"荣誉称号，获评"菏泽市优化营商环境先进集体"。刘岳云荣获青岛海关三八红旗手，宋军、甘新会荣获青岛海关政务信息工作先进个人，顾晓晴、刘琰、梁文康荣获青岛海关演讲比赛三等奖，李磊支援广州口岸一线疫情防控工作获山东省政府发函书面表扬，郭广荣获"菏泽市烟草市场治理先进个人"。

【党的建设】2022年，菏泽海关将学习宣传贯彻党的二十大精神作为首要政治任务，制订学习宣传贯彻方案，设立党的二十大精神学习专栏，张贴学习贯彻党的二十大精神海报，利用文化长廊等宣传阵地营造学习氛围。党委带头、上下联动，党委书记为全体党员讲授“走好第一方阵，我为二十大作贡献”专题党课，领导班子成员分别在所在支部带头学习、带头宣讲，组织召开党委中心组理论（扩大）会议专题学习，以支部为单位抓好每名党员干部的学习，3名同志参加青岛海关“勇担使命开新局　青春献礼二十大”演讲比赛，收集心得体会30余篇，结合“12个必”撰写课题报告2篇，切实把党的二十大精神融入血脉、铸入灵魂。贯彻习近平总书记重要指示批示精神，突出“第一议题”学习，督办重点工作40余项。推动巩固拓展脱贫攻坚成果，通过“扶贫832平台”采购农副产品2万元。深入推进“光盘行动”，从小事小节严起，让勤俭节约风尚深入人心。与青岛海关党委第十三派驻纪检组2次召开全面从严治党专题会商会议，分析研判形势，扛起党委全面从严治党主体责任。深入推进“重点项目和财物管理以权谋私”专项整治活动，对照35个重点项目查询纸质和电子资料1600余份，与派驻纪检组联合召开专题会议12次，组织企业座谈会2次。结合“警示教育月”、以案促改活动，关长讲授“强化警示教育效果，推进清廉海关建设”廉政党课，开展“年轻干部谈廉洁”“书记科长谈责任”等研讨发言，逐案剖析、对照反思，持续整治酒驾醉驾，筑牢拒腐防变思想防线。

【队伍建设】2022年，菏泽海关重新厘清科室职责，调整岗位21人次。开展“最美基层爱岗敬业菏关人”评选表彰活动，31人次分别在6个领域受到表彰，向全关上下传达能者上、优者奖的选人用人鲜明导向，有效改善干部队伍年龄问题，激发队伍活力。优选配强执法一线科长队伍，党委委员定期听取执法一线科长工作情况汇报，提升执法一线科长抓党建、防风险、带队伍的能力和水平。加强教育培训和课题研究能力，危险化学品监管专业岗位资质新增6人，依托“菏关讲堂”平台自主开展专题培训28期。关注干部职工合理诉求，依托民生委员会和工青妇组织，办好食堂改善、车棚改造等民生实事，改善值班条件和用餐环境、购置提升用餐器具及卫生消毒设备、丰富民生超市供给，做好办公楼防水改造及公有住房的修缮工作，协调推出团购、体检等项目，定期组织物业、食堂满意度调查，开展丰富多彩的群团活动，用心用情加强退休老干部关爱与管理，切实提高干部职工获得感和职业自豪感。深化内涵学军，开展为期一个半月的考勤纪律专项督察，党委委员带队突击检查26次，提醒纠正具体问题30余个，准军意识和习惯养成不断提升。

【政治机关建设】2022年，菏泽海关持续强化政治机关建设，认真开展强化政治机关建设专项教育活动，细化工作方案，开展交流研讨20余次，关领导深入企业、基层一线开展调研12次，发现问题并提出整改建议14个，教育引导干部职工正确处理“政治与业务”的关系。突出抓好青年理论学习小组建设，与青年关员开展理论学习“面对面”交流。聚焦“强基提质工程”，选优配齐4名支部书记，举办基层党支部书记暨科长述职交流会，引导各支部创新开展主题党日实践活动。深化党史学习教育，关领导带队赴6县2区调研，推动解决问题30余项。精心维护班子团结，落实民主集中制，党委会19次研究“三重一大”等事项，切实发挥党委把方向、管大局、保落实的作用。开好党史学习教育专题民主生活会。制定党委履行机关党建主体责任清单18项，党委委员深入基层支部联系点调研指导10余次、以普通党员身份参加支部组织生活60人次。履行好意识形态责任制，牵头召开专题会议研究加强队伍意识形态和宣传工作，组织“关长接待日”38期次，畅通诉求表达渠道；在海关总署官司方网站、《中国国门时报》等13个媒体上发布稿件125篇，通过“菏泽海关发布”政务微信公众号推送文章47篇次。

【服务发展】2022年，菏泽海关优化口岸营商环境，助力菏泽市成功获批中国（菏泽）跨境电子商务综合试验区。跟进菏泽市党政领导安排的工作事项，融入菏泽市“三个十大”行动（菏泽市出台的《“十大创新”2022年行动计划》《“十强产业”2022年行动计划》《“十大扩需求”2022年行动计划》）和“231”特色产业体系（“2”指生物医药和高端化工“两大核心产业”，“3”指农副产品精深加工、机电设备制造、商贸物流“三个优势产业”，“1”指新能源新材料、新一代信息技术、现代服务业等“新兴产业集群”）建设等战略规划。从创新工作模式、扶持地方产业产品、培育外贸新动能、服务企业长效机制等15个方面出台菏泽海关关于促进菏泽市外贸保稳提质15条措施的通知。落实关地合作备忘录，首创建立与鲁西新区的联系机制，与曹县、单县签订合作备忘录；开展“海关政策进区县”宣讲7次，惠及企业600余家次。推广“提前申报”“两步申报”“两段准入”等改革，全年进、出口提前申报率分别达到85.7%、33.28%，“两步申报”应用率70.7%，海关作业时间不断压缩，全年进、出口整体通关时间分别为6.03小时、1.88小时。支持菏泽市高端人才引进，全年办理留学生购买免税汽车50票。菏泽市实现外贸进出口总值654.3亿元，同比增长15.1%。获评“支持菏泽发展先进单位”荣誉称号。

【税收征管】2022年，菏泽海关深入推进综合治税，持续深入落实属地纳税人管理，建立重点纳税企业名单，与企业签订属地纳税人遵从管理协议，以差别化合规管理服务方案助推税收征管高质量发展，全年实现税收入库53.38亿元，同比增长62%。抢抓RCEP自贸协定实施机遇，助力企业享惠金额达3.6亿元。推广原产地证书自助打印改革，自助打印率83.24%，节省企业费用约280万元。及时向企业和单位推送、讲解进口设备减免税优惠政策，为辖区9家单位减免税款。支持山东东明石化集团财务公司税收担保工作，将该公司税款担保备案额度由4亿元提升到5亿元。全年，共备案海关税款担保保函4份，总额4.11亿元，企业累计实现税款担保35亿元，降低企业财务成本。

【统计分析】2022年，菏泽海关立足“数据+研究”，提高统计分析的针对性，全年共撰写菏泽市政府约稿、菏泽市外贸分析、业务分析研究、统计监测预警信息31篇；参与编撰菏泽市政府约稿《菏泽市重点外贸企业对深化通关便利化改革的期盼诉求》，参与编撰的《多地海关反映入境植物检疫证书核查存在相关制约亟待关注》被海关总署采用。加强海关统计基础工作，强化业务统计数据溯源治理，运用虚假贸易监控等系统严抓动态监测分析，扎实做好业务数据管理与安全治理，有力打击不实贸易，严防进出口统计数据造假、弄虚作假。

【企业管理】2022年，菏泽海关共完成报关企业注册登记2家，进出口收发货人注销87家，进出口货物收发货人备案638家；办理电子口岸业务185家；办理竹木草制品、出境种苗花卉、海关监管车辆等企业、场所注册登记、延期、变更和注销259家；办理“9810”海外仓备案19家；协助3家肠衣企业应对韩国文件审查。深化“AEO示范市”建设，与菏泽市商务局等5家单位构建多部门间信用体系，推动出台《菏泽市关于对海关高级认证企业（AEO）部门联合激励细化措施》，新增AEO高级认证企业3家，总数达10家，地方政府为每个AEO高级认证获任企业补助奖励10万元。

【保税监管】2022年，菏泽海关共办理加工贸易手册设立436份，同比减少15%，备案总值4.2亿美元，同比增长13.51%；累计变更手册230份，审核处理各类核注清单2100条；密切关注手册进出口情况，定期开展手册催核，全年核销结案手册413份，同比增长16.34%，手册报核、结案及时率均继续保持100%。全力支持菏泽内陆港保税物流中心（B型）发展，强化业务指导和全程跟踪，验收通过鲁西南首个“1210”跨境电商监管作业场所，支持保税物流中心红酒业务发展，全年红酒出入区32.6万升，同比增长142%；菏泽内陆港保税物流中心（B型）进出口总值突破1.5亿元，同比增长68%，在山东省5家保税物流中心中排名第2位。全力支持山东润泽公用型保税仓库开展保税原油混兑业务，保税原油混兑货运量和货值分别占青岛关区的86.2%和86.4%，成为山东省保税原油混兑调和业务量最大的现场。大力扶持出境加工新模式，全程指导企业办理“出境加工电子账册”，全年辖区出境加工进出口货值1600多万元，同比增长31%。

【属地查检】2022年，菏泽海关共实施出境动植物、食品、商品及化学品抽中查验4302批，查验送检3860批，拟制各类单证1.93万份；入境查验666批，抽样送检684批；拟制各类单证776份。签发出境危险货物包装性能检验结果单1245批、出境危险货物包装使用鉴定结果单3494批。继续做好非洲猪瘟等疫病疫情防控工作。开展实蝇、有害杂草国门生物安全监测，发现重点关注的外来有害生物4种。继续做好进口商品和冷链食品风险监测，以及进口高风险非冷链集装箱货物检测等工作，先后参加菏泽市疫情防控非冷链工作组春节和五一值班、定陶和曹县进口非冷链集装箱货物集中监管仓的验收及监督检查等工作和会议7次。强化进出口危险化学品及其包装的检验监管，检出出口危险化学品不合格19批，出口普通化学品不合格2批，危险化学品包装使用不合格26批，化肥不合格1批。综合施策做好大宗商品供给，保障进口粮、进口棉顺利入

▲2022 年 3 月 24 日，青岛海关所属菏泽海关关员对出口全植株牡丹进行现场检疫

储备库。助力打造 20 余个产品品牌，促进低温高倍率锂电子电池、全株牡丹、DHA 藻油等 10 余种产品实现首次出口，促进大蒜、木板材等出口企业深加工转型升级。在出口初级农产品领域实施“一体分厂制”模式改革、出口食品领域实施无障碍放行改革，为企业节省各类费用约 1500 万元。

【稽核查与后续监管】2022 年，菏泽海关深入开展“国门利剑 2022”专项行动，全年共查办行政违规案件 10 起，办结 10 起，涉案货值 1.09 亿元。健全事前联合研判机制，建立风险分类模型，提高查发和协同处置效率，新开稽查作业 8 起，办结 8 起，查发问题 8 个，案值 856.2 万元。推广主动披露制度，释放政策红利，全年办结主动披露作业 5 起，其中减轻处罚案件 1 起。建立与地方公安、国税等 6 部门的沟通协调机制。落实“管理＋风险”、“线上＋线下”、合并作业等分类工作制度，与市场监管部门开展“集体会诊”式联合执法，实现“进一次门、办多项事”，降低实地核查次数和频率，减少对企业正常经营秩序的干扰，全年累计开展核查作业 112 起，其中开展线上核查、联合执法 32 起和 12 起。

【法治建设】2022 年，菏泽海关依法行政，推行柔性执法、理性执法，推广应用新时代“枫桥经验”，开展党委集体学法等活动，完成 1 个“内控示范科室”申报，获评“青岛海关法治建设示范单位”。做好普法工作，以“四有”（有基地、有平台、有保障、有成果）普法示范点为支点，组织开展“4・15”全民国家安全教育日、“4・26”世界知识产权日、“8・8”海关法制宣传日等集中宣传活动；结合“我为群众办实事”

▲2022 年 6 月 10 日，青岛海关所属菏泽海关关员现场监管编织绳

实践活动，在执法过程中开展嵌入式普法，开展“线上+线下”政策宣讲会32次，覆盖辖区500余家企业，发放宣传手册2000余份。深化“制度+科技”运用，运用“新海廉”平台深化内控机制建设，制发业务监控核查联系单10余份；持续做好法制审核，完成行政处罚案件普通程序法制审核3份，民事合同审查13份。

【综合保障】2022年，菏泽海关抓实抓细疫情防控，先后12次召开会议部署疫情防控工作，完善应急预案并开展桌面推演2次，组织50人次参加个人防护装备穿脱、口岸采送样实操培训，参加地方联防联控，派出1名年轻同志支援广州口岸一线，获山东省政府发函书面表扬。先后开展“安全问题隐患排查”“安全生产月”“安全生产大检查回头看”等活动18余次，统筹抓好实验室、监管现场、办公场所、车辆和食堂安全，联合企业开展反恐突发事件应急演练，从根本上消除安全隐患，全年未发生安全事故。加强政务值班工作，开展内部培训，加大抽查力度，全年实现海关总署、青岛海关抽查零通报。落实网络安全管理，购置防火墙、上网行为管理等设备，完成业务网终端信息化改造13台。健全请休假、政府采购、聘用人员管理与考核等内部制度，建成菏泽海关首个政务公开专区并投入使用，发文和会议数量只减不增，信宣工作扎实推进。牢固树立“过紧日子”思想，压缩办公运行成本和节能降耗成效显著，获评国家级“节约型机关”。

撰稿人

张印栋

枣庄海关

【概况】枣庄海关的前身为青岛海关驻枣庄办事处，1997年9月19日正式开关对外办理业务。2018年，根据国务院机构改革方案，出入境检验检疫管理职责和队伍划入海关。2019年1月20日，由枣庄市市中区兴华路10号搬迁到枣庄市薛城区嘉陵江路77号；同年1月31日，枣庄海关正式挂牌成立。枣庄海关内设7个科室，分别为办公室（党委组织宣传部）、综合业务科、业务运行监控科、企业管理科、查检一科、查检二科、稽查科。

2022年，枣庄海关以习近平新时代中国特色社会主义思想为指导，以迎接学习宣传贯彻党的二十大精神为主题主线，围绕青岛海关党委建设新时代现代化强关的目标定位，落实“疫情要防住、经济要稳住、发展要安全”重要要求。全年，共监管进出口货运量30.97万吨，监管进出口货物总值6.51亿美元；审核报关单5953票，征收税款8569.17万元；新增备案企业549家，同比增长35.20%；加工贸易备案手册93份，加工贸易备案总值2.23亿美元，同比分别增长10.70%、6%；查获走私违规案件5起、案值447.84万元；签发原产地证书1.04万份、金额5.68亿美元，同比分别增长10.20%、27.10%；检验检疫出入境商品1.13万批次、货值50.88亿元。枣庄海关获评“服务枣庄发展突出贡献奖”。

【党的建设】2022年，枣庄海关党委落实主体责任，履行枣庄海关党委全面从严治党主体责任清单，召开枣庄海关全面从严治党工作会议，制订枣庄海关2022年全面从严治党工作重点任务分工方案，分解部署重点任务37项。2次召开党委会专题研究全面从严治党工作，与青岛海关党委第十三派驻纪检组召开全面从严治党专题会商会，深入开展党委书记试点项目研究，形成创新成果9项，成功入选青岛关区党委书记项目。每年全覆盖开展支部书记抓党建述职评议会，突出“上级评、同级评、下级评、群众评、年度考”的“四评一考”5个维度，对支部书记形成综合评价意见，打通全面从严治党的“最后一公里”。

贯彻落实习近平新时代中国特色社会主义思想，组织党委理论学习中心组集体学习12次，各党支部通过“三会一课”、主题党日等形式学习96次，党支部书记讲党课32次。制定枣庄海关党委推动党史学习教育常态化长效化14条细化措施，组织党员干部到运河支队纪念馆等红色教育基地开展党性教育。深入推进青年理论学习提升工程，开展“读写编讲行”活动，搭建“智汇青枣”学习平台，每月开展1次集体学习，22名青年关员列席中心组学习会，获评青岛关区青年理论学习优秀案例。全面学习、把握、落实党的二十大精神，第一时间召开党委会、党委理论学习中心组扩大学习会，制订实施方案，开辟专题网页，将思想和行动迅速统一到党的二十大决策部署上来。分层分类抓好专题学习，党委委员分别到所在党支部宣讲党的二十大精神，各党支部书记结合工作实际开展宣讲8次，全体关员运用《党的二十大报告辅导读本》等广泛开展自学，努力做到学懂弄通做实。推进政治机关建设，落实“第一议题”制度，研究贯彻习近平总书记重要指示批示精神12次。开展政治机关建设专项教育，建立110项政治要求清单，形成从政治层面强化业务工作的自觉。落实意识形态工作责任制，党委会2次专题研究意识形态工作，制定防范化解网络意识形态风险10条措施。做好巡察整改“后半篇文章”，制定整改措施，召开巡察整改专题民主生活会，推动问题整改落实到位。提升基层党建质量，发挥党委“头雁”作用，党委委员带头参加双重组织生活，带头围绕“我为二十大作贡献”等主题讲专题党课，制定枣庄海关党委2022年履行机关党建主体责任清单，党委委员交叉联系基层党支部，全面压实党建主体责任。巩固深化“强基提质工程”，开展“双提升”行动，组织党务干部大练兵，完成党总支、党支部换届选举工作，规范“三会一课”、党费收缴等基础工作，推广应用“智慧党建”系统，全面提升党建质量，综合业务科党支部获评青岛关区“四强”党支部。加强党建品牌创建，持续推动党建业务深度融合发展，业务运行监控科党建品牌获评青岛关区党建示范品牌。

【队伍建设】2022年，枣庄海关把人才作为最宝贵的资源，严管厚爱并重，激发关员干事创业的原动力。实行分级分类精准培训，组织参加稽查等重点领域岗位练兵，全员培训学时学分实现双达标。弘扬“求实、扎实、朴实”的海关文化，组织开展准军集训、“内务规范强化月”活动，实行关领导每月轮值督察制度，强化号令意识，整肃关容关纪，常态化纠治酒驾醉驾，锤炼过硬作风。加强科研工作，实验室新增扩项41项，发表4篇科研论文，申请实用新型专利1项。深化精神文明建设，连续4年开展“大手拉小手”志愿服务活动，派出88人次参加全国文明城市创建活动，通过省级文明单位复审。持续推进幸福枣关建设，发挥工会等群团组织作用，组织开展庆祝建关25周年趣味运动会、演讲比赛、健步走等文化活动。法治建设稳步推进，全面践行新时代“枫桥经验”，编制完成枣庄海关制度体系文件目录，重大合同审查法律顾问参与率100%，“三项制度”经验成为青岛关区典型做法。

【廉政建设】2022年，枣庄海关着力开展风险隐患排查整改，深入推进“海关重点项目和财物管理以权谋私”专项整治工作，开展干部配偶、子女从业情况排查。深入推进以案促改工作，制订枣庄海关党委汲取案件教训开展以案促改工作实施方案，明确5大方面11条具体措施，成立党委书记任组长的以案促改工作领导小组，统筹推进以案促改工作。扎实推进清廉海关建设，落实中央八项规定精神，制订防范化解重大系统性风险任务分工方案、防范化解海关系统腐败风险重点任务分工、落实海关总署党委加强新时代海关廉洁文化建设实施意见的细化措施，开展“警示教育月”活动，党委书记围绕“永葆清正廉洁政治本色”讲专题党课，8名党支部书记分别在支部讲廉政党课，组织开展“年轻干部谈廉洁”主题团日活动，3件作品在“清风国门”廉洁文化创意作品评选中获奖。构建立体监督网络，制定“1+3+3”（枣庄海关内控工作领导小组“1”个管理核心，部门自查、季度复查、专项检查“3”个内控维度，署级、关级、隶属级“3”套节点方案）内控机制，重新聘任10名特约监督员，制定30项三动公开标准目录，让权力在阳光下运行，枣庄海关连续25年保持零违纪。

【监管业务】2022年，枣庄海关筑牢口岸检验检疫防线，慎终如始抓好新冠病毒感染疫情防控工作，规定动作100%落实到位。扎实推进“国门绿盾2022”专项行动，开展高致病性禽流感监测17批次、检疫性食蝇监测168点次，疫病疫情实现零输入。落实“四个最严”要求，扎实开展进口食品“国门守护”行动。严把商品检验关，检出不合格医疗器械1批。防范化解重大风险，59条防控措施全部落地，组织开展“口岸危险品综合治理”百日专项行动，与应急管理部门建立沟通协调机制，检出不合格危险化学品53批。强化实货监管，规范枣庄内陆港运行管理，组织开展口岸环节反恐应急演练，不断巩固安全生产专项整治3年行动成效。

【综合治税】2022年，枣庄海关深化综合治税，推进属地纳税人管理，超额完成年度预测目标。严密后续监管，树立查发主导理念，全面取消常规稽查，推行直接实施稽查，办结稽查作业6起。落实“核查领域分类”改革，稳步推进“多查合一”，办结核查作业44起，查发问题作业41起。深入开展“国门利剑2022”专项行动，与公安、税务、外汇管理等部门签署合作备忘录。配合地方政府做好不实贸易管控，建立与商务、税务等部门信息通报机制，对239家企业开展统计巡查，防范虚假贸易风险。

【优化营商环境】2022年，枣庄海关着力优化口岸营商环境，出台促进外贸保稳提质的16条措施，开展促进跨境贸易便利化行动，持续压缩整体通关时间，进、出口整体通关时间同比分别压缩54%、47%。大力推广“提前申报”等改革应用，进、出口提前申报率分别为93.75%、69.72%。建立“问题清零”机制，搭建“跨境贸易便利化直通车”，实施窗口无否决权，解决企业咨询、困难120余个，政务服务好评率保持在100%。开展RCEP攻坚年活动，签发RCEP原产地证书1100份，与贸促会原产地调查实现零重复。推进出口马铃薯检疫措施改革，助力辖区马铃薯企业开拓国际市场。创新“易枣通”锂电池监管模式，采取“预约查验、集中查验、即报即验”模式，同比缩短查检时间60%以上，年内枣庄锂电池出口跃居山东省首位。

【服务外贸保稳提质】2022年，枣庄海关全力推动枣庄市外

▲2022 年 1 月 13 日，青岛海关所属枣庄海关关员对出口锂电池进行现场查验

贸量稳质升，支持枣庄成功创建跨境电子商务综合试验区，备案跨境电商企业达 111 家。助力枣庄全国二手车出口试点城市建设，指导 1 家企业获商务部备案，助推二手车出口大幅增长，年内累计出口 286 台，货值 3199.4 万元，货值同比增长近 40 倍。围绕服务黄河流域生态保护和高质量发展，创新实施内陆港“陆海联动、海铁直运”监管模式，实现该监管模式常态化运行。保障欧亚班列开行 26 列。培育壮大外贸主体，加快“AEO 示范市”建设，新增高级认证企业 1 家。枣庄市实现外贸进出口总值 431 亿元，同比增长 42.8%。

撰稿人

李　明

莱州海关

【概况】1996年11月19日，国务院正式批准莱州港为国家一类开放口岸并设立海关。1997年3月13日，莱州海关筹备处成立；1998年10月28日，莱州海关正式成立，为正处级机构，隶属于青岛海关。2016年5月11日，根据海关总署关于烟台海关机构设置的批复，撤销莱州海关，设立烟台海关驻莱州办事处（正处级）。2018年，根据国务院机构改革方案，出入境检验检疫管理职责和队伍划入海关。同年12月，设立莱州海关。莱州海关设有7个科室和1个事业单位（综合技术服务中心），在职干部职工39人，其中行政编制33人、事业编制人员6人；本科及以上学历37人，占比94.87%；中共党员33人，占比84.62%。莱州海关是口岸综合型隶属海关，业务辖区为莱州市；现有监管场所1处，为莱州港监管作业场所。莱州港为大宗散货、液体化工品码头，拥有开放泊位12个，主要进口商品为原油、铝矿砂、燃料油等，主要出口商品为甲基叔丁基醚、二甲基甲酰胺、硅酸钠等。

2022年，莱州海关共监管进出口货物603万吨，进出口总值241.91亿元，税款入库19.98亿元，同比分别减少37.35%、29.02%、39.47%。检疫监管出入境船舶471艘次，检疫处理非洲猪瘟疫区船舶95艘次。对辖区8家企业开展核查，其中6起转稽查作业，开展主动披露作业4起；派员赴莱州某粮食进口企业开展核查，查发其未按规定在指定场所加工情事，案值2500万元。推进“国门利剑2022”专项行动，围绕打击象牙等濒危动植物及其制品走私、“洋垃圾”走私与烟台海关缉私分局线索共享、案件联合办理，会同打私办开展反走私宣传2次，办理行政立案4起，作出处罚决定5起。

【党的建设】2022年，莱州海关扎实推动政治机关建设专项教育活动走深走实。全面梳理业务岗位政治要求26项，扎实开展“学查改”，深入查摆政治和业务风险，狠抓整改落实。把党建工作与业务工作同谋划、同部署，促进政治、党建和业务工作融合开展。全面提升党建工作质量，发挥政治引领作用，组织“三会一课”、主题党日等政治理论学习50余次，组织微党课、时政日学、青年讲堂等活动10余次。持续推动党建“双提升”，推进党支部标准化建设，培树党建示范品牌，1个党建品牌获评青岛海关“党建培育品牌”、1个党支部获评青岛海关“四强”党支部。履行管党治党政治责任，党委带头严守政治纪律和政治规矩，研究决贯彻执行民主集中制。切实加强全面从严治党主体责任落实，研究制定全面从严治党工作重点任务清单，压紧压实中层干部到一线关员的责任压力传导，打通全面从严治党主体责任落实的“最后一公里”。

【廉政建设】2022 年，莱州海关扎实推进党风廉政治理，党委班子带头讲廉政党课，规范参加双重组织生活，自觉接受党员监督评议。对外公布举报渠道，征集以权谋私问题线索，强化内外部监督。深入推进专项整治工作和以案促改工作，常态化开展监督执纪检查，进一步严明纪律，强化“八小时以外”监督，做好节日期间正风肃纪，杜绝纠治酒驾醉驾。落实中央八项规定及其实施细则精神，紧盯违规收受礼品礼金、接受吃请、公车私用等歪风陋习，严防“四风”反弹。规范实施廉政风险防控治理，以莱州海关廉政风险防控清单为各领域风险防控治理的“总抓手”，补充增加专项整治工作自查的问题和风险点及防控措施，按规定频率定期监督抽查，强化廉政风险隐患的防控治理，风险防控能力有效提升。常态开展廉政警示教育，组织廉政“警示教育月”活动，观看警示片 2 次，科室及支部组织廉政教育学习 20 余次。莱州海关党委和青岛海关党委第十四派驻纪检组指导创作的《黑白》廉政文化视频在海关总署门户网站《海关影像》栏目发布，在海关总署“清风国门”廉洁文化创意作品征集活动中获视频类二等奖，获评青岛海关廉洁文化作品征集一等奖，入围海关总署全国法治动漫微视频优秀作品。加强准军作风建设，组织“内务规范强化月”队列训练 6 次，组织内务督察 12 次，压紧压实监督管理责任，全年未出现酒驾醉驾、违法违纪等问题。

【队伍建设】2022 年，莱州海关以打造过硬领导班子、加强干部管理激励、抓好基层队伍建设为切入点，着力建设忠诚干净担当的高素质专业化海关干部队伍。规范选人用人，按照《党政领导干部选拔任用工作条例》《海关领导干部选拔任用工作办法》等有关规定，完成领导干部提拔任用及试用期满转正工作，按程序对提任干部开展任前谈话和廉政教育提醒。按照青岛关区职级晋升工作统一部署，稳妥做好职级关衔晋升、2021 年录用公务员转正定级、2022 年新录用公务员任职等工作。加强执法一线科长建设，配齐配强执法一线科长队伍，同时优化正副职配置，推进执法一线科长队伍年轻化。加强执法一线科长培养使用，通过外出参观、跟班学习、网络学习等形式增强执法一线科长业务能力。运用队伍管理平台抓好考核、管理，加强科级干部教育培训，提升执法一线科长带队伍、防风险能力。推动“虚拟科室”建设，创新选人用人措施办法，解决人力资源不足等问题，按照业务关联度高、工作协同性强的原则，将 6 个业务科室融合为 3 个“虚拟科室”，综合人员资质、工作经验等因素进行优化配置，实现“虚拟科室”人员无障碍流动，涉及关员占全体关员的 66.67%。明确“虚拟科室”工作职责，制定“虚拟科室”岗位操作手册，合理进行业务办公系统统一授权，实现信息互通共享。以“虚拟科室”为单位开展各类业务大学习、大交流，提升干部队伍综合素质。整合登临卫生检疫、港口查验等业务，缓解动植物检疫、企业稽核查等工作“双随机、一公开”人力紧张问题，充实窗口轮值、单证审核、关税征管等工作力量。强化干部监督管理。落实“一岗双责”，实施干部配偶、子女及其配偶从业情况自查抽查，重点抽查各执法一线科长，同时结合“海关重点项目和财物管理以权谋私”专项整治工作安排，抽查专项整治涉及人员，共计抽查15人次，抽查比率为42.86%，未发现干部及亲属“贴着海关发财”等情事。开展干部人事档案整理，收集归档各类材料100余份。培养优秀青年干部，实施“一对一青年培训计划”，为每名青年同志配备1名经验丰富的业务导师，做好老中青业务传帮带。让优秀青年干部“双科室”跨业务、多岗位锻炼，培育“一专多能”的复合型人才，解决查检“双随机”人员和专业资质不足短板。搭建建言献策平台，每月开展问卷调查，围绕“疫情下如何发挥青年力量”等主题开展调查，及时掌握青年同志思想动态，增进青年同志的主人翁意识。发挥青年生力军作用，特别是在疫情防控工作中，一线人员85%以上为青年同志，承担了港口卫生检疫、口岸查验、综合协调等大量工作，有效确保口岸安全。

【法治建设】2022年，莱州海关抓好法治宣传教育，以普法责任清单为抓手，动态维护、定期督促，推动“谁执法谁普法”责任制有效落实，抓住重要节点开展普法活动，组织开展“民法典宣传月”、“8・8”海关法治宣传日、“12・4”国家宪法日暨宪法宣传周相关活动，融合“报、网、端、微、屏”等唱响“法治好声音”。组织政策宣讲会4场，开展进口岸、进社区、进商超、进企业等普法活动20余次。擦亮“四知”特色普法品牌，建设普法“微景观、微场地、微角落”，使海关法治文化真正走到关员身边、走进群众心里。普法创新案例“‘双向画像’普法激活市场主体活力”入选青岛海关优秀普法案例并获推荐上报海关总署，创作拍摄普法微视频3件均获推荐上报海关总署，其中2件微视频作品入选海关总署向司法部推荐名单。大力推动践行新时代“枫桥经验”，完善机制队伍，推动矛盾争议在基层化解，提炼经典案例1个，相关工作经验形成3篇宣传稿件，获《中国国门时报》刊发。创新“一线三支点”机制，即：以执法规范化建设为主线，找准“帮扶、说理、议策”3个支点，推动新时代“枫桥经验”向各领域延伸，切实转化为法治惠民的工作实践。实行“枫桥团队”人才统筹管理，进一步充实莱州海关法治工作小组力量，遴选公职律师、法学专业人员，按照政治立场坚定、熟悉法律法规、业务专业精通、善做群众工作的标准吸纳各部门8名专家参与，担任践行新时代“枫桥经验”的骨干。一线前沿解决争议9个，“枫桥团队”案件办理环节解决争议4个，连年保持无行政复议诉讼情事。加强知识产权海关保护，加强宣传培育企业知识产权维权意识，引导1家企业完成海关总署知识产权保护备案，相关经验做法获《中国国门时报》刊发，参与撰写的1篇要情信息获青岛海关采用。参与青岛海关关区制度体系建设，组织提报的立法建议、制度立项评估建议获采纳23条、岗位操作手册修订建议获采纳33条，推进落实行政执法“三项制度”，1项经验做法被青岛海关推荐上报海关总署。

【疫情防控】2022年，莱州海关抓实防控督导工作，党委班子成员实地参与口岸一线封闭管理，跟班督导检查，有效提升防控作业安全，组建疫情防控三级梯队，加强人力统筹，保障一线防控人员身心健康。优化防控作业流程，优化登临检疫、标本采集、健康申报、消杀监督等作业流程，对高风险船舶开展“前置流调”，提前制定针对性检疫措施，开展出入境船舶无接触式检疫试点，运用科技手段降低交叉感染风险，6人获海关总署政治部通报表扬。提升防控和应急处置能力，组织卫生检疫培训6次、实操演练4次，检疫处理非洲猪瘟疫区船舶95艘次，封存疫区猪肉及制品2500千克，妥善处置外籍船员死亡、船员紧急就医、换班船员发热等情事，实施核酸检测278人次，结果均为阴性，有力保障国门安全。

【监管业务】2022年，莱州海关规范实施监管查验，查验大宗进出口商品84批次，货值16.19亿美元。检验出口危险化学品465批、出口危险货物包装618批，检出不合格15批次。检疫监管出入境船舶471艘次，监管供退船物料621批次，对监管场所实地和远程视频巡查200余次。组织开展安全教育月活动，制订安全生产月方案，开展“口岸危险品综合治理”百日攻坚行动，固化经验做法，开展监管作业场所存储危险品货物排查和清理工作，梳理辖区所有进出口危险化学品的危险特性、安全救助、防护措施等，按品种规格形成16份“明白纸”，实现分类有效管理。深入危险化学品生产企业宣讲政策，解读安全生产要求、危险化学品监管新政策，不断压紧压实企业安全生产主体责任。组织开展原油消防应急演练、反恐防爆应急演练，提升与口岸部门协同应急处置能力。加强视频监管，第一时间发现、第一时间处理，查处违规下船香烟案件1起，加强供退船业务监管，实地监管供船物料10余次，查处违规供船行为1次。多种方式向船员、船代、渔民等开展现场普法宣讲，组织国际禁毒日打击毒品走私宣传、国门生物安全宣传、打击象牙及濒危物种走私宣传共6次，巡查辖区非设关码头5次。

【保障国门生物安全】2022年，莱州海关制订并执行2022年度进出口食品、食用农产品、化妆品安全监督抽检及风险监测计划和国门生物安全监测计划，共监督抽检9批、163项次，风险监测13批、

▲2022年8月18日，青岛海关所属莱州海关关员对危险货物包装实施属地查验

128 项次；监测水生动物疫病样品 5 个，监测项目 14 项次；布置检疫实蝇监测点 14 个，集中检查与维护诱捕器 42 次；外来有害杂草监测共出动 72 人次，踏查监测点 32 个，监测线路里程 490 余千米。

【综合治税】2022 年，莱州海关提升综合治税工作质量，做好属地纳税人规范申报，参与青岛海关集中审核，开展关税与稽查联合作业，对某净水设备企业的特许权使用费对外支付完成补税。强化许可证监管，实现许可证申报、核扣、核查全链条无缝监管，审核涉证报关单 1164 票，同比增长 128%。开展税政调研，加强政策研究分析，定期分析辖区外贸形势报送地方政府。

【服务发展】2022 年，莱州海关参与烟台地区“五关联动”，统筹汇总烟台区域外贸政策优势，聚焦服务莱州外贸经济发展，发挥海关政策助力。深度释放 RCEP 和原产地政策红利，为 15 家企业提供“一对一”政策帮扶，签发 RCEP 原产地证 283 份，享惠货值 1236.56 万美元，企业出具原产地声明 72 份，货值 32.64 万美元。引导企业用足原产地优惠政策，实现原产地证网上办、自助打印，累计签发原产地证 8063 份。助推口岸经济提质增效。对接莱州市政府和港务公司，努力争取青岛海关政策支持，多次邀请专家现场提供技术指导，指导企业完善设施配套与场地建设，助推莱州港口岸进境粮食指定监管场地建设，为前期验收做好准备工作。优化口岸监管流程，针对莱州港出口成品油数量大、批次多、时间紧等困难，提前对接港务公司和船代企业，安排值班值守 20 批次，确保业务随时预约、货物随报随检、随验随放，平均压缩船舶在港作业时间 2 天左右。推广进口船边直提，实施出口抵港直装 124 批次，大幅提高港口装运效率和堆场利用率。持续提升贸易便利化水平，深入推进“提前申报”“两步申报”改革，进口整体通关时间保持 3.73 小时，提前申报率 91.34%，出口整体通关时间保持 1.52 小时，提前申报率 67.90%，全面提升进出口通关效率。

【企业管理】2022 年，莱州海关系统推进企业信用管理，不断将优质企业纳入 AEO 企业评选目录，精选与共建“一带一路”国家和地区、RCEP 成员方有业务往来且进出口贸易额较大的企业进行培育，高标准系统培育 3 家企业，其中 2 家通过青岛海关高级认证；组织参与烟台地区海关联合举办烟台市“AEO 示范市”创建大会暨

▲2022 年 11 月 21 日，青岛海关所属莱州海关关员对供船食品进行农残快速检测

授牌仪式，为企业争取奖励政策，2家高级认证企业获政府补贴33万元，有效提升企业获得感。组织3场海关政策宣讲会，系统推介AEO便利措施目录、知识产权、动植食海关管理等最新政策，形成优惠政策效能叠加，助力200余家参会企业全面了解海关优惠措施；走访专精特新企业10余家，结合企业特点和通关遇到问题为中小企业提供政策帮扶，助力其完善相关管理制度。组织开展“知海企航”信用管理宣传月暨2022年“诚信兴商”宣传月活动，深化海关企业信用管理机制建设，对接辖区企业需求，推动10余条便利措施落实。

【支持水产养殖业】2022年，莱州海关针对莱州产业特点，大力支持水产养殖业蓬勃发展。创新模式帮扶水产养殖出口，通过前期培育、中期监督管理、后期优化通关，优化活水生动物出口监管。注册水生动物养殖场5家，成功推荐输韩注册4家，监管石鲽鱼出口保持16年零通报。大力扶持特色水产深加工产业发展，制定帮扶辖区扇贝出口时间表、路线图，优化监管流程。提报《莱州市扇贝产业发展状况的调研报告》，推动地方政府加大对扇贝进出口企业的政策支持，新增备案出口扇贝企业3家，备案水产养殖场12个，出口扇贝921吨，货值1013万美元，实现莱州扇贝时隔5年以后重新出口。

【保税业务】2022年，莱州海关全面提升保税业务效能。新增油品保税仓储量15万立方米，莱州港区海关保税储罐容量达到65万立方米，保税仓库全年共进出货物338.74万吨。莱州海关对接华大控股（莱州）有限公司申请油品保税仓库需求，指导企业安装调试系统，完善关区配套设施管理，8月底保税仓顺利通过验收。海关对仓储原油即报即批，助力保税仓储“零待时”，进一步提升港口保税仓储效能，增强莱州港综合实力。

撰稿人

仲　珩

蓬莱海关

【概况】蓬莱海关于1997年开始筹建，1998年10月29日正式开关。2015年9月，海关总署批复同意烟台地区海关机构整合，蓬莱海关整合为烟台海关（副厅局级）驻蓬莱办事处（处级）。2018年，根据国务院机构改革方案，出入境检验检疫管理职责和队伍划入海关。海关总署批复同意撤销烟台海关驻蓬莱办事处并设立蓬莱海关，隶属青岛海关。蓬莱海关地处烟台市蓬莱区中心，内设办公室、综合业务科、业务运行和监控科等8个行政科室和1个事业单位——蓬莱海关综合技术服务中心。行政编制43人、事业编制6人。现有在编人员41人，其中行政编制35人、事业编制6人，均为大学以上学历，其中硕士研究生11名、博士研究生2名。在职党员30名，占比73%。

蓬莱海关管辖范围为烟台市蓬莱区（含原长岛县）。监管作业场所5个，分别是蓬莱港区、巨涛港区、栾家口港区、大金码头、京鲁船业舾装码头，共有开放码头泊位28个。进口商品主要是机电产品、钢铁制品、原木、水泥熟料、铝矿砂、葡萄酒，出口商品主要是机电产品、钢铁制品、石油沥青、铝制品、化工品、水产品及水果。

2022年，蓬莱海关监管进出口货物335.90万吨，同比减少13.54%；入库税款2.02亿元，同比增长5.69%；进出口总值13.31亿美元，同比下降26.91%；审核报关单2621票，同比增长4.88%；检疫出入境船舶424艘次，同比下降8.23%。

【党的建设】2022年，蓬莱海关党委班子发挥“头雁”效应，落实“第一议题”制度，加强政治理论学习，推动习近平新时代中国特色社会主义思想学深学透、融会贯通，开展理论学习中心组学习17次，引入“外智”开展专题辅导4次。研究制订蓬莱海关学习宣传贯彻党的二十大精神工作方案，明确5个方面工作内容、19项具体举措，开设网站专题专栏，开展知识竞赛，组织青年关员开展“学报告、谈体会、话担当”学习研讨活动。推进政治机关建设，开展捍卫“两个确立”、做到“两个维护”、强化政治机关建设专项教育活动和“学查改”专项工作，按照“六对照六看六查”要求，深入查摆问题24个，制定整改措施38条。通过“三会一课”、主题党日等载体，分层分类抓好党员干部思想教育和理论武装，巩固拓展党史学习教育成果，健全“我为群众办实事”长效化常态化工作机制。

开展专项整治，整理重点项目档案24卷，梳理形成5大类24项重点项目清单。开展风险排查，开展个人自查、专项互查、指引筛查、综合审查，建立问题及廉政风险清单，发送信件及调查问卷105份，组织9家企业开展座谈会，收集问题建议11条。及时调度总结，整理报送双周报表14期，日报50余次，编发工作提示3期，召开各层级会议20次，研究推动解决问题。推进问题整改落实，对照2份问题整改清单，共查摆整改6方面14个问题。注重成果转化，建立健全体制机制，修订蓬莱海关政府采购管理办法等4项制度，调整优化16项工作流程，修订完善廉政风险防控清单17处。推进支部标准化建设，第一党支部获评青岛海关“四强”党支部，“仙境速通”党建品牌晋升为青岛关区基层党建示范品牌。增设离退休干部党支部，建立离退休干部党员活动室，满足老干部文体活动需求。举办“欢庆七一建党，喜迎二十大”微党课大赛，各党支部以“三会一课”、主题党日、青年论坛等形式开展学习研讨20余次。组织党员干部、青年关员赴北隍城乡、黑山岛开展党团共建活动3次，同学“老海岛精神”。

【队伍建设】2022年，蓬莱海关科学使用职级职数，畅通职级晋升渠道，用好关衔激励政策，11人按期调整关衔。组织执法一线科长专题培训班，提升执法一线科长政治素质和执法能力。注重青年人才培养锻炼，开讲“蓬关大讲堂”2次，激励青年干部担当作为。开展家庭成员信息集中维护和干部人事档案自查，规范信息维护及干部档案管理。加强干部监督管理，开展海关工作人员违规投资企业及在企业兼（任）职问题自查，提升关员纪法观念，绷紧纪律规矩之弦。建设清廉海关，推进以案促改工作，领导班子和党员干部围绕3个方面问题、18项重点内容进行查摆，做实任务清单、问题清单、整改清单。召开特约监督员座谈会，与派驻纪检组开展工作会商，召开廉政风险排查防控机制工作推进会，答复监督建议书3份、日常监督工作单4份，排除廉政风险隐患。开展“警示教育月”活动，参观蓬莱廉政警示教育基地，组织观看《零容忍》《国门卫士岂容违纪破法》系列警示教育片，引导党员干部知敬畏、存戒惧、守底线。实施家庭助廉，发放《致党员干部家属一封信》，紧盯“八小时以外”生活圈，严禁酒驾醉驾。规范干部配偶、子女及配偶从业行为。倡树培育廉洁文化，联合青岛海关党委第十四派驻纪检组制作“清风国门”廉洁文化创意作品《请你尊重我》，获评海关总署三等奖、青岛海关二等奖。视疫情情况灵活开展“内务规范强化月”活动，分散分批组织开展队列训练。“驻在地方、服务地方”，组织赴社区开展卫生清扫、核酸检测等志愿服务630人次。改善帮扶村群众生产生活环境，助力美丽乡村建设。蓬莱海关“蓝飘带”志愿服务分队获评2022年度蓬莱区优秀志愿服务组织，2名同志获评2022年度蓬莱区“优秀志愿者”。

【法治建设】2022年，蓬莱海关发挥公职律师优势，成立“枫桥经验公职律师工作站”，搭建执法纠纷解决平台，完善纠纷化解机制，防范化解6项涉及缉私、稽查等领域的潜在执法纠纷。组织参加青岛海关2022年度制度立项和制度评估工作，提出7项制度评估建议。对16项制度进行合法性审查，确保“红头文件”合法合规。1人获评青岛海关2022年度优秀公职律师。配合审计署对青岛海关2021年以来履行监管职责和税收征管情况进行现场和延伸审计。推动“内控示范科室”创建，内控节点应用成效近70条。

【疫情防控】2022年，蓬莱海关落实“外防输入、内防反弹”总策略和“动态清零”总方针，守牢疫情防控外防输入关口。加强入境船舶和人员检疫，监管出入境船舶424艘次，检疫出入境人员8556人次，排查上下船船员1906人次，对申请下船船员、有症状者等实施采样1174人次。落实应急响应机制，妥善处置“奋斗号”外轮自检阳性突发情况。修订更新口岸疫情防控方案预案至第15版，组织安全防护培训14次，开展专项自查、视频监督检查50次，发现整改问题4个。加强封闭管理，落实高风险人员封闭管理措施，充实更新“一线、应急、预备”三级梯队，克服人力资源和属地管控困难。不断完善场所空间布局、管理制度，优化封闭管理模式。关心关爱一线封闭人员，建立封闭管理前走访慰问常态化机制，开展“夏送清凉”“冬送温暖”等集中慰问活动4次。全年共21轮42人次进入封闭管理，累计完成连续15个月的入境人员检疫岗位封闭管理工作。配备无接触式检疫、采样和监管设备，制订无接触式检疫试点工作方案，完善工作流程和管理制度，组织相关人员开展安全防护、设备操作与消毒等培训3场次。组建应急处置队伍，开展应急处置演练。开展入境船舶无接触测温流调29艘次，无接触采样14艘次、498人次，单艘次平均检疫时间由1个小时减少至15分钟，一线检疫人员自身感染及继发传播风险大幅降低。

【动植物检疫】2022年，蓬莱海关严把国门生物安全关，开展严防动植物疫情疫病传入和外来物种入侵“国门绿盾2022”行动，加强进境木材检疫查验，开展风险分析，提升查验科学性、有效性。全年共截获检疫性有害生物19批次、19种次。实施外来入侵物种踏查，发现曼陀罗、美国白蛾等5种外来入侵物种。持续开展国门生物安全监测，布置诱捕点33个，发现检疫性有害生物3种、11只。拓宽动植物疫情信息搜集渠道，上报并被海关总署采用境内外动植物疫情动态信息和检疫政策信息33条。

【监管业务】2022年，蓬莱海

▲2022年10月11日，青岛海关所属蓬莱海关关员开展实蝇检测

关强化实货监管能力，加大口岸环节查验力度，先后在出口一次性非医用口罩、纤维布、铜版纸等6批货物查验中发现规格与申报不一致、品牌与申报不一致等异常问题。聚焦“安全、卫生、健康、环保”监管要点，在自韩国和日本进口的旧机电中检出铭牌信息不符合国标要求等问题3个。升级改造监控指挥中心，全面守牢监管底线。

【“口岸危险品综合治理”百日专项行动】2022年，蓬莱海关加强口岸危险品综合治理，开展“口岸危险品综合治理”百日专项行动，密切部门间联系配合，确定重点风险指向，通过开展针对性人工精准布控，首次查发危险品涉检违规案件，涉及危险货物44吨，该案获评2022年度青岛关区“行政执法十大案例”。

【知识产权海关保护】2022年，蓬莱海关打击知识产权侵权，通过专项风险分析，查获一批腰带、女包等139件涉嫌侵犯知识产权货物。经线索核实并立案调查，对侵权货物实施扣留，依法对当事人予以行政处罚，对涉案侵权货物予以销毁，维护权利人合法权益。

【查缉走私】2022年，蓬莱海关开展打击走私“国门利剑2022”联合行动，巩固打击“洋垃圾”、象牙等濒危物种及其制品走私成效。办结3起缉私行政案件，合计案值1260万元。配合烟台海关缉私分局开展打击冻品走私专项行动，参与查发2起重大刑事案件。

【企业管理和稽核查工作】2022年，蓬莱海关推进稽查业务改革，以查发问题为导向，加大涉检、涉税领域稽查力度，完成7起稽查作业，其中2起被刑事立案，案值5689万元。强化后续监管，创新核查协作模式，全年联合开展核查55起。规范稽查作业流程管理，促进作业各环节标准化，稽查岗获“青岛海关规范执法示范岗”。签发各类原产地证书2302份，涉及货值14397万美元，完成原产地企业年度监督管理检查4次，发现问题2个。落实惠企政策，免征加贸企业风险担保金4.1亿元，助力企业复工复产。

【国家级葡萄酒技术贸易措施研究评议基地创建】2022年，蓬莱海关推进国家级葡萄酒技术贸易措施研究评议基地创建。搭建高水准线上评审平台，通过海关总署标法中心全国技术贸易措施研究评议基地评审。在第五届中国国际进口博览会上，海关总署标法中心、青岛海关、蓬莱区政府共同签署（蓬莱）葡萄酒技术贸易措施研究评议基地合作协议，并作基地创建典型经验交流。“蓬莱海关创建（蓬莱）葡萄酒技术贸易措施研究评议基地助力辖区葡萄酒走出国门”入选青岛海关、济南海关30个优化营商环境优秀案例。

【服务地方发展】2022年，蓬莱海关加强调查研究，履行服务地方发展职责。受青岛海关委托，牵头青岛关区中长期常态化疫情防控问题与对策研究，围绕“12个必”和“38个深入思考”，成立多个政研课题组开展系列研究，形成海关政研报告19篇。指导蓬莱港进境原木指定监管场地申建，通过海关总署考核验收，蓬莱成为烟威地区首个可经营进境原木的指定口岸，进一步助力木材产业发展，全年进口原木及木制品突破100万立方米，木材产业成长为蓬莱区8大核心主干产业和重点发展产业之一。推广应用进口“船边直提”和出口“抵港直装”监管模式，推进口岸快速提离，27票、2万余吨货物适用该模式通关，节省企业物流仓储费用200多万元。为海工企业量身打造急需物料属地查检“快车道”，通过预约查验、单证审核前移、根据需要灵活调整查验地点等方式完成54批进口货物属地查检，货值超1140万美元，查检作业时间缩短50%以上。设立进出口鲜活易腐农食产品属地查检绿色通道，47家企业通过绿色通道实现“快进快出”。解决企业堵点难点，围绕辖区葡萄酒企业关切，开展税政调研，国务院关税税则委员会第二次采纳蓬莱海关所提橡木桶进口关税税政建议，税率从12%降为5%。创新检疫监管模式，支持种质资源安全引进，优化通关流程，大幅缩短通关时长，指导拉菲进口优质葡萄苗木1.30万株。发挥企业协调员作用，为辖区内4家高级认证企业解决跨关区难题10余个，节省税款56.7万元。

【帮扶地方特色产业】2022年，蓬莱海关助力地方产业发展，加强出口企业备案管理，助力禽肉产业开发阿富汗、安哥拉等6个共建“一带一路”国家和地区市场，出口额达1656.3万美元，同比增长52.43%。新增葡萄酒备案企业2家，出口额72.8万美元，同比增长19.7%。推进AEO示范区创建，多形式开展政策宣讲和精准培育60余次。支持风电母港建设，指导企业自建开放泊位，风电产品出口总值达7.6亿元，同比增长16.7%。开展示范口岸建设，以服务远洋自捕渔业发展和培育精品酒庄为重点，以创新监管模式、完善质量管理、提升检测能力、强化技术性贸易研究为手段，加快推进进出口食品农产品示范口岸建设。辖区秋刀鱼出口量达1060.6吨，瓏岱酒庄出口量达2417.7升，实现法国等高端市场稳定出口。签发RCEP原产地证书90份，涉及货值571万美元。

【综合保障】2022年，蓬莱海关规范收发文把关，全年公文收发零差错。建立定期督查机制，实施精细化督查办理，提升机关运行效率。设立“政务公开专区”，推进海关领域基层政务公开标准化规范化工作。运用青岛海关12360热线、关长接待日、信访邮箱等途径，广泛收集意见建议，及时排查化解问题矛盾。开展信访维稳突发事件应急演练，提高应急处突能力。升级改造值班室软硬件环境，细化值班细则，组织专题培训，建立值班事

▲2022年3月16日，青岛海关所属蓬莱海关关员在出口葡萄酒企业开展查验工作

项目提醒制度，不定期开展值班抽查，严肃值班纪律。统筹做好企事业发展，全面提升技术服务中心检测能力，新增检测项目350个，全部通过CNAS复审，实现葡萄酒检测项目全覆盖。持续推进民生工程，利用“公益海关”精准扶贫电商平台，推动消费扶贫，集中采购食堂物品7000元。

撰稿人

冯　飞

海阳海关

【概况】海阳海关是海关总署于2014年9月批准成立的正处级隶属海关。2018年，根据国务院机构改革方案，出入境检验检疫管理职责和队伍划入海关。2019年3月27日，青岛海关确定海阳海关职能配置、内设机构和人员编制，设海阳海关为正处级隶属海关，受青岛海关直接领导。海阳海关于2019年5月28日正式开关，2020年1月1日起全面对外开展业务，管辖范围为山东省海阳市。海阳港区为国家一类开放口岸，现有开放泊位4个，其中1万吨级泊位2个、5000吨级和3000吨级泊位各1个，年设计吞吐能力150万吨。海阳港相关进出口、口岸监管业务均由海阳海关办理。2022年，海阳海关设有4个科室，在编人员共20人。2019年4月，经青岛海关直属机关党委批准，海阳海关设机关党支部；2020年7月，经青岛海关直属机关党委批准同意，撤销海阳海关机关党支部，设立海阳海关机关党总支，下设2个党支部，共有中共党员18名。2022年，被山东省文明委授予“山东省文明单位”荣誉称号。

【党的建设】2022年，海阳海关把学习宣传贯彻党的二十大精神作为首要政治任务，第一时间召开党委扩大会集体学习讨论，举办专题宣讲3期次、研讨5期次，参与人员总计41人次；扎实开展政治机关建设专项教育活动，关长带头讲“走好第一方阵”专题党课1次、廉政党课1次，查摆问题，全部整改到位；执行“第一议题”制度，共举办党委理论学习中心组集体学习14期、党委会23次，形成贯彻落实措施80余条。选优配强支委班子，“雷乡先锋·海阳红帆”党建品牌被青岛海关党委评为基层党建培育品牌，1个联合党支部达到过硬党支部标准，2名预备党员转为中共正式党员；领导干部落实双重组织生活，组织4次关员思想交流会、青年关员恳谈会。扎实推进“海关重点项目和财物管理以权谋私”专项整治工作，梳理分析领导干部配偶、子女及其配偶从业情况20人次，开展工作人员违规投资企业及在企业兼（任）职问题自查40人次；认真开展以案促改工作，开展警示教育和纪法教育，查找风险隐患并全部整改到位，守住廉政底线。驰而不息纠治“四风”，严防发生酒驾醉驾。持续推进文明单位建设，组建党员志愿服务队，实施“社区吹哨、党员报到”服务海阳市东村街道北山社区4大类21个实事项目，组织党员下沉126人次，累计服务500多小时，海阳海关党员志愿服务队被评为“海阳市优秀服务团队”。年内通过省级文明单位年度复审。

【队伍建设】2022年，海阳海关强化内务管理，结合准军建设要求，完善各项规范制度32项，形成闭环制度体系；着眼“过紧日子”，实行餐饮日清制、水电及各种耗材月公示制，把紧关口，避免浪费，获评“节约型机关”。加强内部安全生产、疫情防控、内务规范督察，制发督察通报7期，开展办公区域、宿舍生活区隐患专题排查70余次，开展消防专题检查2次，网络安全隐患检查4次，节能检查6次。提升业务管理，把业务操作规范逐条逐项量化标准要求，完善83项岗位守则；完善内审督察机制，强化过程管控，聘请政府机关、企业等单位特约监督员12人；向青岛海关相关部门提出岗位操作建议40条，被采纳23条。精准统筹治理，与海阳市委、市政府及相关部门建立起紧密的对接协商机制，协调落实疫情防控、党建等各方面工作；扎实推进“幸福青关”建设，倡导“努力工作、健康生活”，创造美好向上“亲如一家”的氛围。推进干部队伍建设，选优配强科级干部，干部队伍结构进一步优化。成立3个专业小组，打造“方圆小课题”“超超学法”等重点品牌，丰富办训形式，“小而精、务实管用、干部欢迎”的教育培训取得成效。截至年底，获青岛海关通报表扬11人次，上报地方优秀3人次、安全生产先进个人1人次。

【监管业务】2022年，海阳海关落实岗位责任制，实行领导带班和24小时应急值守；规范来访人员管理，抓实办公场所、监管场所预防性消毒；配合地方疫情防控部门落实好常态化疫情防控工作。做好一线关员防护和参加口岸一线闭环管理人员关心关爱工作，与地方卫健委、边防、海事及港务等部门建立联防联控机制，实施登临检查、卫生检疫，严防疫情从口岸输入，共计监管进境船舶4艘、船员59人，未发现异常。强化生物安全风险监测管理，开展鼠类、实蝇等有害生物监测264批次、进出口食用农产品和饲料安全风险监控44批次，筑牢国门生物安全防线。建立完善案件办理联动机制，深挖案件线索，全年立案一般行政案件3起，办结3起。做好出口食品生产企业境外注册推荐工作，组织专家组对众泰水产有限公司对韩推荐进行现场评审合格，并上报海关总署对韩推荐水产企业名

▲2022年4月13日，青岛海关所属海阳海关关员开展出口果园核查工作

单；助力海阳三贤电装有限公司通过认证，成为海阳市首家AEO高级认证企业。

【服务发展】2022年，海阳海关出台支持海阳市外贸平稳发展8条措施，支持核电、毛衫、食农产品等支柱产业快速发展。截至年底，核电公用型保税仓库在库设备货值达3.28亿美元。全年，出口食农产品2449批次、5.3万吨、货值6.9亿元，毛衫产业进出口总值27.3亿元；举办20场次政策宣讲会，指导企业用好海关AEO认证、RCEP、原产地签证及汇总征税等便利化政策，218家次企业参加；走访调研企业97家，建立台账，累计为200多家企业推送海关政策和信息近千篇次，解决企业咨询和反馈问题600多条次。全年，共审核放行报关单2956票，征收税款6562万元，检验检疫出境货物4529批；完成进境粮食加工企业备案6家，备案仓容近8万吨，进境粮食3万吨；新备案企业59家，审核加工贸易手册备案169份，备案金额5.95亿元；新获批出口农产品种植基地16家，惠及万余农户；出口整体通关时间0.21小时，进口整体通关时间19.65小时，两步申报应用率72.49%；签发原产地证书1885票，同比增长48.5%，其中RCEP证书1137票。

撰稿人

沈　超

第八篇

直属事业单位

青岛海关技术中心

【概况】青岛海关技术中心是直属于青岛海关的正处级事业单位，主要承担检测、检疫、化验、鉴定、咨询、培训和认证等职能。截至2022年年底，共有实验室面积10余万平方米，检测设备5000余台（套），内设部室41个；在编人员188人，其中博士学位38人、硕士学位72人，硕士以上学位占比58.5%，拥有正高级职称43人、副高级职称81人，副高以上职称占比65.9%；享受国务院特殊津贴2人，海关总署科技评估专家16人；拥有重点检测实验室18个，食品安全基准实验室4个，海关总署进出口商品质量安全风险一级监测点3个（进口铜精矿、进口危险货物及包装、进出口棉花），海关总署进出口商品质量安全风险验证评价实验室1个（家用电器），取得CMA和CNAS认可项目2.65万项，可组织能力验证的基质43种、检测项目259个。

青岛海关技术中心是海关总署认定的进出口商品检验鉴定机构，农业农村部、国家卫健委、国家市场监督管理总局认定的食品复检机构，国家认证认可监督管理委员会指定的CCC（China Compulsory Certification）认证测试机构，生态环境部、海关总署、国家市场监督管理总局认可的固体废物属性鉴别机构，生态环境部认可的危险废物鉴别机构，交通运输部认可的危险货物包装检验机构，山东省农业农村厅和畜牧兽医局认定的农产品质量安全检测机构，以及韩国食品药品安全部认定的食品检测实验室，印度尼西亚农业部认定的植物源食品检测实验室，沙特标准计量和质量组织认定的轮胎性能合格评定实验室，能够为保障监管执法、维护国门安全、服务经济发展提供有力支撑和坚强后盾。

全年，青岛海关技术中心共完成检测业务20.01万批、292.47万项，同比分别增长71.46%、减少14.42%。其中，法检业务9.83万批、218.71万项，同比分别增长95.82%、减少23.06%；开展委托检测业务12.18万批、73.76万项，同比分别增长55.81%、28.29%。

【党的建设】2022年，青岛海关技术中心以习近平新时代中国特色社会主义思想为指导，深入学习贯彻习近平新时代中国特色社会主义思想和党的二十大精神，抓紧抓实党史学习教育常态化长效化工作，引导党员干部用党的百年奋斗重大成就和历史经验增长智慧、增进团结、增加信心、增强斗志。调整党支部设置，强化基层党组织建设，筑牢战斗堡垒，将原来的4个党支部改设为8个，选优配强党支部书记，发展党员1人，预备党员转为正式党员12人；发挥党建引领作用，开展过硬党支部建设和评选，推动党建业务双融双促，通过青岛关区党建复核品牌1个（先进典型“三维培养法”）、培育技术中心党建品牌1个（犇牛科研创新团队）；开展政治机关建设专项教育和“学查改”、以案促改专项工作，持续推动全面从严治党落到实处、取得实效；推进“海关重点项目和财物管理以权谋私”专项整治工作，全面梳理排查可能发生以权谋私的问题和漏洞；制订巡察整改工作方案，制定整改措施，持续巩固拓展整改成果，做好巡察整改“后半篇文章”；完善风险隐患排查方案，排查风险并制定措施，防范化解重大、系统性风险；落实民主集中制，研究改革发展议题80余项；优化绩效管理，科学制定绩效奖励分配办法，提升绩效考核质效；加强队伍建设，畅通聘用人员晋升渠道，竞聘正高职称岗位9人；持续改善民生，开设民生超市，举办趣味运动会、子女夏令营等文体活动，不断提振干部职工精气神。

【保障执法】2022年，青岛海关技术中心落实总体国家安全观，把好国门质量安全关。抓实口岸疫情防控，举办青岛海关外来入侵植物检疫性线虫鉴定技能竞赛，提高一线业务水平；对新冠病毒核酸检测实行“7×24小时”工作制，完成法检样品43.90万份；从进境粮食中检出检疫性真菌34批、植物病原细菌9批，截获检疫性杂草1463批，全国首次截获检疫性杂草南方菟丝子，青岛关区首次截获玉米矮花叶病毒；从进境木材、种苗中检出线虫2187批、检疫性昆虫849批；配合“国门绿盾2022”和跨境电商寄递“异宠”综合治理专项行动，青岛关区首次截获多条木蠹象、四齿长小蠹等检疫性有害生物9种，邮寄渠道截获国家二级保护野生动物唐冠螺1件、检疫性昆虫47种；研发涉税化验鉴定新技术9项，技术封堵润滑油、蔗糖、饲料等走私骗税；配合隶属海关实施固体废物鉴别383批，检出固体废物118批；开展危险化学品属性鉴别338批，检出危险化学品281批。

【服务发展】2022年，青岛海关技术中心发挥技术优势，采取便利措施，全面服务外经贸发展。落实高级认证企业实验室检测绿色通道制度，对进口原油、矿石、粮食、木材等229批样品实现随报

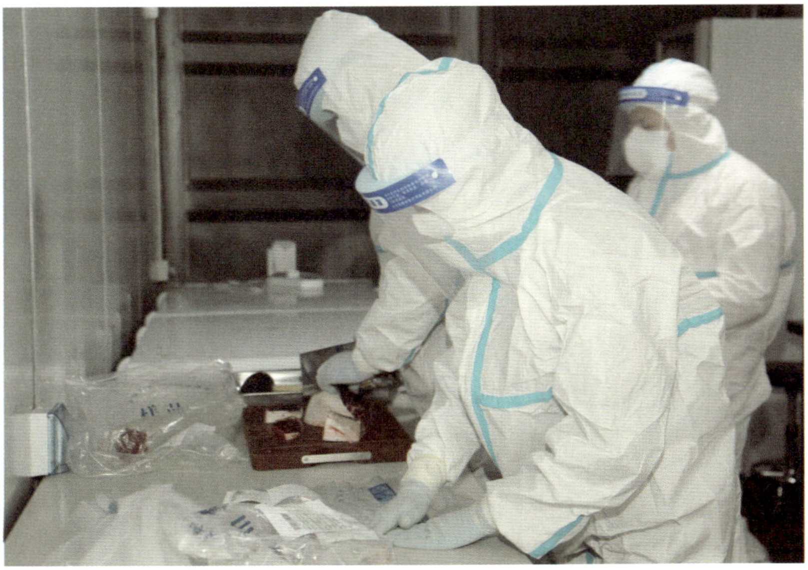

▲2022年1月5日，青岛海关技术中心对进口冷链和冰鲜产品实施快速检测

随检，检测时长缩短3天以上；深化与韩国融合测试研究院（KTR）等境外检测机构合作，推行“前置检测”模式，有关做法被山东省政府列为“中日韩区域经济合作”最佳实践案例；为出口二手车提供“一站式”检测服务，助力青岛口岸全年出口二手车数量同比增长近3倍；与胶州海关、地方政府联合成立RCEP服务专班，调研走访重点企业20余家，培训指导企业170余家。

【市场开拓】2022年，青岛海关技术中心开拓高附加值检测市场，着力培育拳头产业，打造官方品牌，拓展教育培训、标准讲解、认证咨询等业务，高质量完成委托检测12.18万批，实现经营创收1.24亿元。

【科技创新】2022年，青岛海关技术中心围绕海关监管执法和地方科技创新需求，扎实推进疫病疫情防控、物种基因鉴定、涉税化验鉴定、食品安全检测等关键技术研究，不断增强科技创新能力。主持制修订《食品中维生素K2的测定》《食品中甲醛的测定》等国家标准11项、《再生塑料中33种禁限用物质的测定　裂解气相色谱—质谱筛选法》等行业标准24项；完成“危险化学品及包装安全评价技术及标准体系的建立与应用”等省部级科研课题30余项，其中“离子色谱创新技术体系的国产应用替代及系列标准建立”获山东省科技进步奖二等奖，“婴童用品中典型化学风险物质分析技术研制及标准化应用”获广东省科学技术二等奖，“特色食品非靶向真实性鉴别关键技术创新及应用”获中国食品科学技术学会科技创新奖一等奖，“机电产品安全保障关键技术和装备的研发与应用”获青岛市科学技术二等奖；授权《一种球茎中分离风信子黄腐病菌的装置及其使用方法》等发明专利23项、《一种拉曼光谱仪取样器》等实用新型专利14项；发表技术论文54篇，其中《Proteomics analysis of Pacific oyster（Crassostrea gigas）under acute and longer-term chronic salinity stress treatment as examined by label-free mass spectrometry》等23篇被SCI（Science Citation Index）收录。

撰稿人

车立志　吴晨晨

青岛国际旅行卫生保健中心（青岛海关口岸门诊部）

【概况】青岛国际旅行卫生保健中心（青岛海关口岸门诊部）（以下简称“保健中心”）为青岛海关直属事业单位，保健中心建筑面积7000余平方米，现有CT、彩超、X光机、全自动分杯加样系统、大通量核酸提取仪等医学检查检测设备88套，可开展检验项目112项，其中经CNAS认证项目42项、经海关总署认证项目70项。设13个内设机构，在编职工56人，其中博士研究生4人、硕士研究生20人，正高级职称3人、副高级职称31人。承担出入境人员传染病监测、健康体检、旅行预防接种、卫生保健咨询、医疗保健门诊、卫生检疫技术科研开发与技术服务；承担青岛口岸卫生检疫技术保障和支持；承担青岛关区医学媒介生物种属鉴定及携带病原检测。

2022年，保健中心完成出入境人员健康体检1.45万人次，签发证书2.37万份；检测体检样本1.60万人份，检出乙肝、丙肝、梅毒等阳性共296例；对各口岸以及本中心检出的17份HIV初筛阳性标本进行确认，检出HIV-1抗体阳性9例；对出入境人员进行核酸检测8.95万人份；签发证书2.38万份，进行预防接种1.15万人次，对青岛关区各口岸送检的53批次、929只病媒生物进行种类鉴定和病原体检测工作。

【党的建设】2022年，保健中心开展“推进健康中国建设一起预防传染病——以实际行动践行党的二十大精神”等特色主题党日活动，抓实品牌建设，丰富“医心向党 倾情相护”“旅行守护者”党建品牌建设，服务保健中心业务工作建设和疫情防控等重点工作。各支部每月固定学习时间，授课交流相结合；学习党史及先进典型，先进引领、互学互助；以“学习”促“创建”，以“学习”促“发展”。开展“书香致远悦读荐书”活动，结合青年理论学习，党员同志们汇聚一堂，学习经典，凝聚力量。强化“四强”党支部建设，提升党建质量，把基层党组织建设成为有效实现党的领导的坚强战斗堡垒。所属3个党支部中，1个党支部顺利通过青岛海关“四强”党支部复核、1个党支部首次获评青岛海关“四强”党支部、1个党支部荣获青岛海关党建培育品牌。

【疫情防控】2022年，保健中心落实属地疫情防控要求，强化预检分诊，对来访人员逐一查验健康码、场所码、行程卡、核酸检测阴性证明和测量体温，做好闭环管理。执行国家卫健委和海关总署

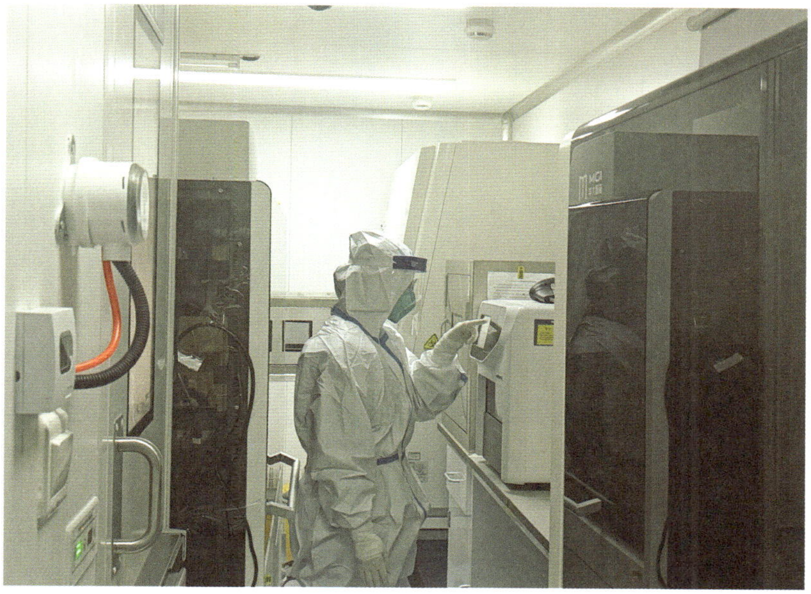

▲2022 年 10 月 15 日，青岛国际旅行卫生保健中心实验室人员在黄岛移动方舱实验室内检测新冠病毒

实验室检测有关规定，完善规章制度，规范各环节技术操作、分区操作，加强消毒通风，每日巡查生物安全，加强实验室质量控制和技术培训，执行个人防护要求。开展感染控制和安全防护监督，制定强化医院感染控制 10 条措施，每周进行一次关键部位环境采样。根据岗位实际细化防护要求，建立安全防护监督日志和培训考核记录。

【助力贸易强国】2022 年，保健中心为促进黄岛海港口岸跨境贸易便利化，营造良好口岸营商环境，将移动方舱实验室转移至黄岛前湾保税港物流园区，打破了固定实验室地域设置的局限性，实现了新冠病毒核酸检测窗口前移，缩短入境船员核酸检测时长。该实验室可为入境船员和海关工作人员提供新冠病毒核酸检测服务，服务地域范围覆盖青岛港前湾港区、董家口港区及黄岛口岸其他码头作业现场，距最近泊位仅百余米，每批次样品节省送检车程近 1.5 小时。通过该模式，实现了入境船员“零待时”全天候核酸检测服务，入境船舶平均在港待时由原来的 6.5 小时缩短至 2 小时。该实验室自投入使用到年底，共检测入境船舶 400 余批次、5000 余人次，便利紧急就医 10 批次，协助黄岛边防执法 1 批次，累计减少非作业靠泊时间约 1600 小时，为外贸、港口企业节省各类费用 9000 余万元。

【建设青岛胶东国际机场实验室】为适应青岛胶东国际机场转场后疫情防控新形势，缩短样本流转时间，降低样本运输风险，提高检测效率，保健中心与青岛胶东机场海关通力合作，推进青岛胶东国际机场实验室建设，精心准备，顺利通过山东省临床检验中心审核验收，取得合格证书，同时获得地方卫健委二级生物安全实验室备案，实现样本“国境门口”检测，提高旅客通关效率，节省大量的时间和费用，核酸检测在青岛胶东国际机场疫情防控中发挥了重要支撑作用。

【科技创新工作】2022 年，保健中心引入科学理念及方法，提高科研管理水平，以 2021 年度山东省重点研发计划（重大科技创新工程）“口岸外来有害生物联合监测与预警防控研究应用”项目攻关为契机，完善科研绩效管理办法，培养青年科技骨干，建立技术优良、结构合理的科研团队，各项科研任务稳步推进实施。科研工作多点开花，“口岸外来有害生物联合监测与预警防控研究应用”列入青岛市2023年推动黄河流域省际（省内）重点合作事项、重大活动清单，为防范疫病疫情传入传出，筑牢国门生物安全检疫防线提供了技术保障。主持承担的国家重点研发计划“口岸重要消化道病原体快速检测鉴定溯源和处置技术研究”获得科技部立项批复，获得资助1996.96万元，这是青岛海关首次获批此类科研项目；主持承担的1项国家质量基础共性技术研究与应用（NQI）项目顺利通过科技部专家组绩效评价，1项海关总署项目提交验收申请。发表论文6篇，获得实用新型专利7项。

【开展“健康管家”服务】 2022年，保健中心用心运维，优化前台服务、制证专岗、彩超医助岗等岗位，上下贯通提升健康管理整体效能，在做好海关职工健康体检的同时，以稳定老客户为基础，发展新客源为目标，继续巩固与体检单位的紧密联系，强调检前、检中、检后服务工作连续的重要性。与多家单位签订战略合作协议，多方向开展合作，为客户定制人性化、个性化、专业化的医疗服务及营造优质的医疗环境。全年，新增客户10余家，完成社会健康体检9737人次。社会服务部荣获青岛海关“三八红旗先进集体”。

撰稿人

任艺特

青岛海关后勤管理中心

【概况】青岛海关后勤管理中心为青岛海关直属事业单位，设14个内设机构，在编人员39人。主要承担青岛海关机关办公场所的物业管理、机关干部职工食堂的管理、机关公务车辆管理、机关涉案财物的保管、政府集中采购项目执行，以及机关基本建设项目的施工和竣工验收等工作。2022年，排除机关各类设备故障及提供维修服务累计3500余次，完成政府采购货物13批次、服务项目2个，协助开展涉案货物拍卖3批次，配合看样取样30余次以及销毁不合格产品约80吨，完成中山路办公楼维修改造工程。

【党的建设】2022年，青岛海关后勤管理中心推进党的政治建设，落实“第一议题”制度，加强党委班子自身建设，带头走好“两个维护”第一方阵，履行管党治党责任，真抓真管、敢抓敢管，以党建促业务，保证党的方针政策以及上级决议决定在后勤得到贯彻落实。加强工作部署，采用多种形式认真学习贯彻党的二十大精神，引领干部职工把思想和行动统一到报告精神上来，汲取奋斗力量，做到学以致用。结合以案促改、“警示教育月”、“海关重点项目和财物管理以权谋私”专项整治等重点工作，通过“三会一课”，联建联学、参观教育基地等方式，牢固树立党员干部核心意识、宗旨意识、责任意识，以案为鉴、警钟长鸣，筑牢思想防线。加强党组织建设，夯实战斗堡垒基础，强化党员综合素质，中心9名同志报名增援疫情防控一线，参加预备队和应急梯队，第三党支部获评青岛海关“四强”党支部，“厚德实干　红心向党”党建品牌被评为青岛海关党建培育品牌。

【疫情防控】2022年，青岛海关后勤管理中心贯彻落实各级对疫情防控任务的部署要求，把好“防疫关”，守住“安全线”，为干部职工营造一个安全、放心、舒心的工作环境。开展出入人员安全检查，对外来人员重点排查；加强办公场所安全消杀工作，按规定次数对重点区域和敏感部位进行消毒杀菌；加强食堂就餐管理，落实分时段就餐、间隔就座等制度；加强防疫物资管理，指定固定场所存放疫情防控物资，建立出入库台账，做好适时统筹发放工作。全年，共登记排查外来人员1.1万余人次，安全消杀2740余次，配合相关部门运送防疫物资36车次并做好管理和发放工作。

【安全生产】2022年，青岛海

▲2022 年 8 月 16 日，青岛海关机关食堂工作人员正在制作面食

关后勤管理中心结合部门职能，强化底线思维、红线意识，抓实抓细安全生产工作，遏制各类安全事故发生。定期开展安全生产大检查，加强对办公楼、宿舍、库房等水、电、气、线路、设施设备的日常检查，加大车辆安全、餐饮安全检查力度。对于发现的问题实行“当下改”和“长久治”相结合，能及时整改的立行立改，存在解决难度的及时上报，并列入问题和隐患台账，定期调度，长期跟进。全年，更新灭火器、消防卷盘等应急设施设备 300 余件（套），开展消防疏散、防暴力入侵，燃气泄漏、防汛等各类应急培训和演练近 30 次，发现并整改完成较大安全隐患 10 项。

【服务保障】2022 年，青岛海关后勤管理中心不断增强服务意识，从“衣、食、住、行”等各方面精心做好服务保障工作。为关区关员发放衣帽、鞋子以及配饰等共计 11 类 2.3 万余件（套），并做好与制作厂家的售后协调工作；在厉行节约前提下，丰富菜品花样，提升食堂餐饮水平，同时提供外卖盒饭服务，共计 2 万余份；为满足干部职工日常生活需求，机关超市新增商品 500 余种，淘汰滞销商品 300 余种，组织团购 307 次，扶贫专项团购 2 次，增加生鲜、水果蔬菜及农副产品等日常供应；做好房产资产管理工作，加强职工宿舍日常管理和维护工作，为新进关警员以及到青岛海关集中工作和以干代训的干部职工做好住宿服务保障 80 余人次；加强驾驶员安全知识教育和技能培训，安全行驶9.5万千米，保障第三届跨国公司领导人青岛峰会海关闭门会等重要会务工作。

【内控管理】2022年，青岛海关后勤管理中心持续贯彻落实“过紧日子”要求，不断提高精细化管理水平。进一步规范食堂采购、验收管理，出入库多人互相监督，库存物资每月盘点。结合“世界粮食日”和“全国粮食安全周”活动，加大宣传引导，增强大家“合理取餐、节约粮食”的思想自觉和行动自觉，杜绝“舌尖上的浪费”；加强办公用品管理，做到“货比三家”，选择性价比最优供应商定点采购，健全办公用品及耗材出入库登记制度，控制申领发放，每季度对领用情况进行公示；加强物业管理，设备维护修旧利废、合理更新，遵守比价规定有效节约费用。做好用水用电管理，杜绝跑、冒、滴、漏以及“长流水”“长明灯”等现象；加强装修改造工程监管，既确保安全、注重质量，又高度重视经费控制，理清项目经费支出，分项建立档案，及时开展审计，节约施工项目资金；持续深入推动所属企业经营管理，不断健全完善相关制度，优化企业经营结构，加强职工队伍管理，实现内控管理提质增效。

撰稿人

刘元臻

中国电子口岸数据中心青岛分中心

【概况】中国电子口岸数据中心青岛分中心（以下简称“数据分中心”）是青岛海关直属事业单位，承担为青岛关区进出口企业和执法部门提供电子口岸信息服务、系统运行维护与技术支持，电子口岸安全认证，青岛海关互联网服务的相关应用软件开发、培训与咨询服务，以及青岛关区内青岛、烟台、威海、日照、临沂、济宁、菏泽、枣庄共8个地市范围内进出口企业电子口岸数字证书制发等工作，同时协助中国电子口岸“单一窗口”在青岛关区的运维工作。

2022年，数据分中心不断强化系统运维保障，提升“三应”能力，全力促进高水平对外开放，加大科技创新，提升技术开发和市场开拓能力，防风险保安全，拓应用提服务，抓规范强管理，进一步提高工作效能，完成全年各项工作任务。

【党的建设】2022年，数据分中心以习近平新时代中国特色社会主义思想为指导，深入学习贯彻习近平新时代中国特色社会主义思想和党的二十大精神，主动强化政治引领，扎实开展政治机关建设专项教育活动和“学查改”、以案促改专项工作，推进党建与业务互促共融，有效推动各项事业健康发展。“强基提质”工程取得积极成果，党支部被青岛海关直属机关党委授予关区“四强”党支部荣誉称号，支部品牌“关企e速通”通过关区党建示范品牌复核。扎实推进专项整治工作，防范化解重大风险。对涉及的7个信息化建设类和1个工程建设类重点项目，以及财物管理方面内容进行了全面、系统自查。加强廉政文化建设，树牢廉洁自律意识，守住拒腐防变思想防线。

【特色应用系统】2022年，数据分中心认真贯彻习近平总书记重要指示批示精神，参与青岛市承担的重大国家战略项目的规划、设计及建设工作，完成“中国—上海合作组织地方经贸合作综合服务平台”中海关业务云查询、智能查验辅助系统、转关作业无纸化系统、货物在途监管系统、通关状态推送服务、上合数据展示平台6项青岛海关特色应用建设。截至年底，共服务上合示范区辖区314家企业。

【网络安全】2022年，数据分中心“人防、技防”并重，构建“管理+技术”立体网络安全防护体系，确保2022年网络攻防演习和党的二十大期间安全事件零发生。成立专项工作组，落实海关总署以及青岛海关工作部署要求，制订工作任务计划64

项，责任明确到人；采用云盾、网盾、态势感知、流量回溯等监测手段，实施24小时监控和防御；敏感时期封网运行，加强监控和值班值守，做好应急处置工作。

【助力优化营商环境】2022年，数据分中心与青岛市商务局紧密合作，规划建设中国（青岛）跨境电子商务综合试验区公共服务平台2.0，围绕“一平台+一中心+六体系”（跨境电子商务综合服务平台+境电子商务大数据中心+信息共享、金融服务、智能物流、电商信用、风险防控、统计检测六大体系）平台建设运营方案，打造青岛市跨境电商综合试验区一站式综合服务平台。平台于9月上线运行，实现青岛市跨境电商企业“一点接入、一站服务、一平台汇总”。该平台获评青岛2022年度数字经济发展典型案例。

【助力地方经济发展】2022年，数据分中心不断提升市场综合竞争力，全力拓展并完善智慧园区方向产品，完成智慧园区平台规划方案，并成功承接烟台综合保税区西区智慧园区平台“智慧化辅助通关”和“特色化园区服务”版块系统建设工作，共开展2个板块5个系统的开发工作。为青岛海关业务部门和隶属海关的业务改革提供技术保障，完成陆海联动、海铁直运辅助管理系统、水水转关辅助系统复制推广的技术支持，进口粮食轨迹跟踪监控系统等的应用系统开发。搭建国际船舶供退物料通关服务平台，实现无纸化申报。

【服务企业】2022年，数据分中心以“省级青年文明号”“党员示范岗”为先锋，做好对外服务热线服务工作，推行“7×24×365”工作制及应急通关服务办实事制度，采取“周末+夜间”等接

▲2022年9月12日，青岛海关数据分中心热线专员为企业解答相关咨询

听服务模式，通过微信群和QQ群等方式为企业及时解决问题；通过建立“企业问题台账清单”，将清单中“共性问题”解决方法通过群发布、添加网站常见问题、增补知识库的方式进行推广，持续提升服务效率和服务质量，保持“零投诉，零服务事故”，及时解决企业燃眉之急，保障企业顺利通关；建立“为群众办实事”长效机制，持续推广“不见面，网上办”，与企业主动进行电话、微信沟通，指导企业线上办理；对于因业务紧急确需到现场办理的企业，为其提供户外服务。全年，累计接听企业咨询电话4.49万个，解决企业问题4.37万个，共为1.18万家进出口企业办理新企业入网业务，累计制发电子口岸卡2.53万张。

撰稿人

毕冰鑫

第九篇

荣誉榜

2022 年青岛海关获得省部级及以上荣誉表（集体）

序号	集体名称	荣誉称号	荣誉授予单位
1	青岛海关本级及所属黄岛海关、青岛胶东机场海关、即墨海关、胶州海关、日照海关、威海海关、荣成海关、济宁海关、菏泽海关、莱州海关、蓬莱海关、海阳海关	全国第二批节约型机关	国家机关事务管理局、中直管理局、国家发展改革委、财政部
2	青岛海关	省级文明单位	山东省精神文明建设委员会
3	青岛海关法规处	全国普法工作先进单位	中央宣传部、司法部、全国普法办
4	青岛海关进出口食品安全处	山东省食品产业高质量发展表现突出集体	山东省委、山东省人民政府
5	青岛海关科技处机关党支部、关税处机关党支部、政工办机关党支部、青岛海关所属黄岛海关舱单管理科党支部、青岛海关所属青岛胶东机场海关旅检党总支、青岛海关所属青岛大港海关企业注册备案科党支部、青岛海关所属荣成海关稽查科党支部	党建示范品牌	中共海关总署委员会
6	青岛海关所属黄岛海关报关大厅、烟台海关驻港口办事处税收征管科、烟台海关驻芝罘办事处稽查二科、青岛大港海关综合业务一科、日照海关综合业务科、威海海关综合业务一科、龙口海关业务大厅、荣成海关综合业务一科、济宁海关报关大厅、临沂海关综合业务科、莱州海关综合业务科、蓬莱海关报关大厅、技术中心化工矿产品检测中心	一星级全国青年文明号	全国创建青年文明号活动组委会

2022 年青岛海关获得省部级及以上荣誉表（个人）

序号	姓名	职务职称	荣誉称号	荣誉授予单位
1	杜辉	青岛海关卫生检疫处科长	全国消除疟疾工作先进个人	国家卫健委、海关总署、国家中医药管理局
2	生成选	青岛海关进出口食品安全处副处长	2020—2021 年度全国无偿献血奉献奖金奖	国家卫健委、中国红十字会总会、中央军委后勤保障部卫生局联合颁发
3	曲明	烟台海关缉私分局侦查一科三级高级警长	公安部好警嫂	中共公安部委员会
4	于健波	烟台海关驻港口办事处查验一科科长	全国海关百名优秀执法一线科长	中共海关总署委员会
5	吴俊卿	青岛胶东机场海关旅检三科科长	全国海关百名优秀执法一线科长	中共海关总署委员会
6	姚斌	青岛大港海关查验一科科长	全国海关百名优秀执法一线科长	中共海关总署委员会

2022 年青岛海关获“光荣在党 50 年”纪念章名单

青岛海关机关（15 名）

王文山　杨作省　曾建武　李三祥　宋振平　宋吉国　焦守政　李凤运　杨恩全　林志勇　周兆和　于盛惠　王　漾　马志安　潘丽娴

黄岛海关（1 名）

周建国

烟台海关（4 名）

曹崑江　汤华斌　李慎学　杜言志

青岛大港海关（8 名）

李　红　张龙德　傅春乐　隋安瑜　陈同梅　李泽山　邓善英　杨　武

日照海关（1 名）

赵自厚

龙口海关（1 名）

冯重光

第十篇

海关统计资料

2022 年山东省各地市进出口总值表

地区	进出口		出口		进口	
	金额（亿元）	同比（%）	金额（亿元）	同比（%）	金额（亿元）	同比（%）
总计	33324.9	13.8	20355.8	16.2	12969.1	10.3
青岛	9117.2	7.4	5361.1	9.0	3756.1	5.1
烟台	4547.4	10.5	2750.9	12.4	1796.5	7.8
潍坊	3419.9	30.6	2477.2	36.4	942.7	17.5
东营	2626.5	27.9	674.8	21.6	1951.7	30.3
济南	2208.9	13.9	1431.8	22.0	777.1	1.5
威海	2095.6	3.1	1567.5	4.9	528.2	–1.9
临沂	1875.1	6.7	1711.3	8.3	163.8	–7.1
日照	1397.7	20.4	545.3	35.4	852.4	12.5
淄博	1234.1	3.0	731.6	1.0	502.5	6.2
滨州	1227.1	19.3	506.3	9.5	720.9	27.3
济宁	848.2	25.0	637.8	31.4	210.3	8.9
菏泽	654.3	15.1	313.0	11.0	341.3	19.2
德州	622.1	21.4	489.1	46.6	133.0	–25.7
聊城	614.0	15.7	408.3	11.4	205.7	25.2
枣庄	431.0	42.8	397.5	42.9	33.5	42.3
泰安	405.9	39.5	352.4	82.4	53.5	–45.3

注：经国务院批复同意山东省调整济南市莱芜市行政区划，撤销地级莱芜市，其所辖区域划归济南管理（山东省统计局便函〔2019〕55 号），因此自 2019 年 1 月起将济南莱芜数据合并，原 17 地市调整为 16 地市。

2022 年山东省进出口主要国别（地区）总值表

国别（地区）	进出口		出口		进口	
	金额（亿元）	同比（%）	金额（亿元）	同比（%）	金额（亿元）	同比（%）
合计	33324.9	13.8	20355.8	16.2	12969.1	10.3
美国	3640.6	9.4	2954.3	9.0	686.3	11.3
韩国	2783.3	3.6	1856.1	6.6	927.2	–2.0
马来西亚	2740.8	85.8	632.4	43.5	2108.4	103.8
俄罗斯	2046.8	59.2	587.1	23.4	1459.7	80.3
日本	1922.7	5.8	1540.2	10.5	382.6	–9.6
巴西	1443.2	–10.2	344.8	32.5	1098.4	–18.5
澳大利亚	1291.9	–2.5	550.6	40.3	741.3	–20.5
越南	932.5	35.1	705.8	33.8	226.7	39.3
阿联酋	824.4	54.0	344.4	36.3	479.9	69.8
泰国	742.7	9.0	444.3	19.8	298.4	–3.9
* 东盟	6590.6	53.1	3450.3	43.8	3140.3	64.9
* 欧盟	2953.3	2.5	2403.3	8.8	550.0	–18.4

注：东盟、欧盟包括本表已列名的有关国家；因英国脱离欧盟，自 2020 年起，欧盟不包含英国。

2022 年山东省进出口贸易方式总值表

贸易方式	进出口		出口		进口	
	金额（亿元）	同比（%）	金额（亿元）	同比（%）	金额（亿元）	同比（%）
合计	33324.9	13.8	20355.8	16.2	12969.1	10.3
一般贸易	21844.9	12.2	14902.4	18.4	6942.5	0.9
加工贸易	5055.2	11.7	3736.0	20.2	1319.2	–7.0
保税物流	5357.3	32.1	682.1	4.9	4675.2	37.2
其他贸易	985.9	–12.9	963.8	–12.1	22.1	–37.0
对外承包工程出口货物	58.3	–10.6	58.3	–10.6	0.0	—

2022 年山东省进出口企业性质总值表

企业性质	进出口		出口		进口	
	金额（亿元）	同比（%）	金额（亿元）	同比（%）	金额（亿元）	同比（%）
合计	33324.9	13.8	20355.8	16.2	12969.1	10.3
民营企业	24555.2	17.7	15338.4	19.7	9216.8	14.7
外商投资企业	5966.6	1.7	3913.7	4.1	2052.9	–2.6
国有企业	2795.0	10.8	1098.6	18.4	1696.4	6.4

2022年山东省出口前20位主要商品总值表

商品	出口	
	金额（亿元）	同比（%）
机电产品 *	8840.3	17.0
文化产品 *	1574.5	23.6
农产品 *	1394.0	12.6
高新技术产品 *	1382.9	5.9
服装及衣着附件	1320.4	8.4
汽车零配件	1226.4	12.9
基本有机化学品	873.0	45.0
纺织纱线、织物及其制品	855.0	3.0
钢材	838.8	2.1
游戏机及其零附件	771.1	48.7
橡胶轮胎	766.5	12.8
塑料制品	654.5	19.9
计算机与通信技术	588.4	–11.6
电工器材	522.0	30.3
电子元件	475.2	10.5
家用电器	396.0	–1.0
家具及其零件	394.1	5.6
玩具	375.2	17.0
汽车（包括底盘）	365.9	43.5
水产品	344.3	20.4

注：机电产品、高新技术产品、农产品、文化产品包括本表中已列名的有关商品。

2022 年山东省进口前 20 位主要商品总值表

商品	进口	
	金额（亿元）	同比（%）
原油	4087.9	33.3
机电产品 *	2306.8	–1.6
金属矿及矿砂	1687.9	–16.8
高新技术产品 *	1607.4	4.7
农产品 *	1574.7	11.2
电子元件	1034.0	16.7
电子技术	1010.6	18.0
粮食	463.4	6.9
肉类（包括杂碎）	349.5	–2.5
纸浆、纸及其制品	332.0	22.5
天然及合成橡胶（包括胶乳）	319.1	12.3
水产品	298.2	50.3
计算机与通信技术	263.1	–12.1
初级形状的塑料	232.7	1.5
未锻轧铜及铜材	185.2	–26.4
自动数据处理设备及其零部件	181.6	–3.8
成品油	177.9	34.5
计算机集成制造技术	176.4	–4.8
基本有机化学品	144.5	15.3
计量检测分析自控仪器及器具	123.3	13.8

注：机电产品、高新技术产品、农产品包括本表中已列名的有关商品。

“中国海关史料丛书”
编委会